Tom Brown, Jr.

«Großvater»

Ein Leben für die Wildnis

Tom Brown, Jr.

«Großvater»
Ein Leben für die Wildnis

Lehr- und Wanderjahre eines indianischen
Schamanenheilers und Kriegers

Die Lebensgeschichte des Stalking Wolf

Ansata-Verlag
Rosenstraße 24
CH-3800 Interlaken
Schweiz
1994

Aus dem Amerikanischen von Thomas Lindquist
Lektorat: Erich Wilzbach

Titel der Originalausgabe:
GRANDFATHER
A Native Americans's Lifelong Search for Truth
and Harmony with Nature
Originally published by The Berkley Publishing Group
200 Madison Avenue, New York, N. Y. 10016, USA

Deutsche Ausgabe:

Umschlagbild: Robert Wicki
Satz: Jung Satzcentrum GmbH, Lahnau
Druck: Kösel GmbH & Co., Kempten/Allgäu
ISBN 3-7157-0174-9

Inhalt

Einleitung

Großvater paßte nicht in unsere Zeit. Man konnte ihn nirgends einordnen. Seine Weisheit blieb dem Denken der modernen Gesellschaft fremd; seine Werte entsprachen nicht den Werten der Welt von heute. Die Begrenzungen des modernen Menschen bedeuteten ihm nichts, denn seine Welt der Natur und der Unendlichkeit kannte keine Grenzen. Ich bezweifle, daß Großvater um sein Alter wußte oder um die Geschichte des Ortes, wo er heranwuchs. Als einer der Uralten war er auch Mensch, auch natürliche Kreatur – vor allem aber Geist. Seine Heimat war die Wildnis; dort hatte er alles gefunden, alles erprobt; dort war er zum Manne gereift. Immer blieb er ein Sucher nach der Wahrheit: er wollte zur Reinheit finden, die allem zugrunde liegt – und diese wollte er bewahren. Er führte ein Leben von einer Schlichtheit, wie nur wenige sie kennen; doch in ihr verbarg sich ein Reichtum, der aus Schönheit erwuchs und der nicht abhing von den falschen Götzen des Fleisches.

Ich kenne nicht die vollständige Geschichte von Großvaters Leben, von all seinen Wanderungen. Aber ich weiß, daß er sich sein ganzes Leben auf Wanderschaft befand, überall Kenntnisse sammelnd in den Künsten des Überlebens, der Spurensuche und in vielem anderen, um sie zu bewahren und weiterzugeben. Vor allem suchte er nach der geistigen Wahrheit. So lehrte er mich zum Beispiel nicht nur die Herstellung von Pfeil und Bogen, wie sie von seinem indianischen Volk einstmals benutzt wurden, sondern er lehrte mich, zwölf Arten von Bogen und Pfeilen anzufertigen. Seine Überlebenskenntnisse bezog er aus allen Regionen Amerikas, vom Norden Alaskas bis zur Wildnis Argentiniens, von der Ostküste bis zur Westküste des Kontinents. Die Fertigkeiten, die er lehrte, stammten aus den Überlieferungen der verschiedenen Nationen und Kulturen; er wählte solche Dinge, die für alle nützlich sind, nicht nur für einige wenige. Dies galt auch für die Vermittlung seines philosophisch-religiösen Wissens, das noch umfassender war als seine praktischen Kenntnisse und Fähigkeiten.

Großvater wurde in einer kleinen, nomadisch lebenden Sippe von lipanischen Apachen geboren, irgendwann in den 80er Jahren des vorigen Jahrhunderts, noch bevor das Volk der Apachen gänzlich in Reservate umgesiedelt worden war. Einzelheiten aus seiner Kindheit, über die er sich stets sehr unbestimmt äußerte, kann ich nur den Geschichten entnehmen, die er erzählte. Die ersten zwei Jahre seines Lebens verbrachte er im Südwesten der Vereinigten Staaten. Dann wurde das Land mit Krieg überzogen, dem die meisten seiner Verwandten zum Opfer fielen. Sein Urgroßvater, ein ehrwürdiger Schamane und Krieger, zog mit ihm in die Einsamkeit wegloser Wüsten und Berge. Dort lebte er in einer Gruppe von alten Leuten und wenigen Kindern und wurde in den traditionellen Lebensformen der Indianer erzogen. Es war ein einfaches Nomadenleben, geschützt vor dem Krieg und verborgen vor den Augen derer, die beabsichtigten, die Jahrhunderte alte Lebensart der amerikanischen Ureinwohner zu vernichten. Die Alten, die die Habgier der Weißen und die von ihnen verursachten Zerstörungen sahen, erlaubten nicht, daß Dinge aus der Außenwelt bei ihrem kleinen Volk bekannt oder gar benützt wurden. Sie führten ein einfaches, lauteres Leben, beruhend auf uralten Kenntnissen und natürlicher Weisheit. Während die meisten Stämme dem Elend der Reservate und der Unterdrückung durch die Weißen zum Opfer fielen, lebten Großvaters Leute unbehelligt in Freiheit. Für alle, bis auf die

Geister der Berge, mochte es scheinen, als existierten sie gar nicht.

Großvaters Volk hatte die Fertigkeiten des Überlebens, des Pirschens und Fährtenlesens zu absoluter Vollkommenheit entwickelt; denn solche Fertigkeiten waren wichtig für ihr Überleben. Ihre Fähigkeit, sich jeder Entdeckung zu entziehen, machte sie nahezu unsichtbar; ihre strenge Wachsamkeit gab ihnen Sicherheit inmitten der rauhen Felsen und Einöden, die sie ihre Heimat nannten. Geschickt wanderten sie von einem Lagerplatz zum anderen, in ursprünglicher Freiheit lebend wie ihre Vorfahren. Die Macht ihrer «Medizin», aus ihrer Weisheit und Religion erwachsen, nahm durch solch asketisches Leben noch zu. Das Geistige wurde zur leitenden Kraft dieser kleinen Gruppe. Sie strebten danach, in Frieden zu leben, auf dem Pfad des Schöpfers zu wandern und die alten Lebensformen lebendig zu halten. Ihr Leben war gekennzeichnet durch äußerste Einfachheit im Materiellen und im Spirituellen. Aus ihrem tiefen Verständnis des Spirituellen erwuchs ihnen die Fähigkeit, miteinander und mit den Kräften der Natur auf wirklich unbefangene Art umzugehen. Oft erzählte Großvater von seinem Volk, von seinen Lehren und seinem harmonischen Zusammenleben. Sein Vermächtnis bestimmt bis zum heutigen Tag die Richtung meines Lebens.

Es ist schwierig, ein Buch über Großvater zu schreiben. Nicht etwa, weil ich zu wenig Geschichten aus seinem Leben wüßte, sondern weil es ihrer zu viele sind. Es fällt schwer, diejenigen auszuwählen, die in ein Buch passen würden. Heute erkenne ich, daß es mehrerer Bücher bedürfte, um nur die wichtigsten Erfahrungen seines Lebens wiederzugeben – und dennoch wäre damit nicht annähernd alles gesagt. Es wurde also zur qualvollen Aufgabe für mich, jeweils zu entscheiden, welche Episoden aus Großvaters Leben ich in dieses Buch aufnehmen sollte. Aber ach, ich mußte mich auf diejenigen beschränken, die seine wichtigsten Lehren enthalten. So vieles mehr gehört zu seinem Wissen – so vieles, das ich auslassen mußte.

Eine weitere Schwierigkeit bei der Wiedergabe dieser

Geschichten lag darin, daß ich sie nur aus zweiter Hand kenne. Beim Nacherzählen war ich oft auf Vermutungen angewiesen. Mein einziger Trost ist die Tatsache, daß Großvater, wenn er uns eine Geschichte erzählte, sie nicht nur mit Worten erzählte, sondern geradezu wiederbelebte, mit allem Gefühl und allen Details. Dabei wurden auch wir Teil der Geschichte und fühlten, was er fühlte. Welch großartige Geschichtenerzähler waren die Ureinwohner Amerikas! Für mich ist es eine Ehre, daß ich bei einem der besten ‹Storyteller› in die Lehre gehen durfte. Dennoch bleibt es stets problematisch, die Lebensgeschichte eines anderen Menschen zu erzählen. Wie sehr ich mich auch bemühe, gibt es doch die Möglichkeit, daß etwas übersehen oder nicht genügend hervorgehoben wird.

Und noch eine Schwierigkeit beim Erzählen einer Geschichte über Großvater: er ging ganz in seiner sensiblen Wahrnehmung für die Welt der Natur und des Geistigen auf. Ich bin mir sicher, daß er, wie lebendig er eine Geschichte auch wiedergab, dennoch einen wesentlichen Teil der Erfahrung auslassen mußte. Beinahe jeden Tag werde ich an seine fast unglaubliche Beobachtungsgabe erinnert. Für die meisten Menschen ist ein kurzer Spaziergang im Wald etwas Alltägliches – aber für Großvater war es ein Erlebnis voller Naturwunder und geistiger Ekstasen. Keine zehn Schritte konnten wir zusammen gehen, ohne daß Großvater mich auf zahllose Einzelheiten aufmerksam machte, die ich übersehen hatte. Was mir auf spiritueller Ebene entging, war noch erschreckender. Dies stellt mich oft vor die Frage, wie viele wichtigen Dinge Großvater in seinen Geschichten womöglich ungesagt ließ. Ohne deren Kenntnis aber kann ich seiner reichen Erfahrung nicht voll gerecht werden.

Dieses Buch zu schreiben war eine der schwierigsten Aufgaben meines Lebens. Das liegt nicht an den unzähligen Stunden, die ich in meinen alten, verstaubten Tagebüchern blätterte, um meine Erinnerungen aufzufrischen. Auch liegt es nicht an der Tatsache, daß ich so oft an jene Orte in den Pine Barrens, New Jersey, zurückkehren mußte, wo diese Geschichten einst erzählt wurden. Die Schwierigkeit liegt vor allem darin, daß ich mich schuldig fühle. Ich habe Schuldgefühle, weil ich es überhaupt wage, ein solches Buch zu schreiben, und weil ich weiß, daß ich Großvater nicht gerecht werden kann. Schuldgefühle empfinde ich auch bei dem Gedanken, ich könnte etwa die falschen Geschichten in mein Buch aufgenommen haben. Ich muß mich darauf verlassen, was mir mein Herz sagt und dann mein Bestes versuchen.

Meine Leser und Schüler fragen mich, warum ich mich jetzt entschließe, ein Buch über Großvater zu schreiben. Nach vierzehn Jahren als Lehrer und nach zwölf Büchern glaube ich, daß solch ein Buch manche Antworten geben kann: vor allem auf Fragen nach dem Ursprung der Philosophie, die ich lehre. Immerhin hatte Großvater den größten Einfluß auf mein Leben. Und die Art, wie er selbst seine Kenntnisse erwarb, ist wohl wichtiger als die Frage, wie dieses Wissen an mich weitergegeben wurde. Seine Philosophie und sein Wissen entstammten nicht unmittelbar der Kultur der amerikanischen Ureinwohner, sondern waren das Resultat seines lebenslangen Wanderns und Suchens. Darum wollte ich erfahren, wie Großvater zu den Schlußfolgerungen gelangte, die er vertrat, und welche Umstände und Lehrer ihn zu solcher Erkenntnis führten.

Meine Bücher *The Tracker, The Search* und *The Vision* handeln von Teilen meiner Lebensgeschichte. Die verschiedenen Handbücher über Survivalkenntnisse, Fährtensuche und Naturbewußtsein zeigen die verschiedenen Fähigkeiten auf, die man braucht, um in der Wildnis zu leben und ein naturverbundener Mensch zu werden. *Das Vermächtnis der Wildnis* und *Das Wissen der Wildnis* handeln hauptsächlich von der Philosophie der Wildnis und der tieferen spirituellen Suche. Dieses Buch über Großvater ergänzt diese Schriften, indem es – unkompliziert erzählend – den Ursprung dieser Lehren aufzeigt. Es soll meinen Lesern und Schülern zeigen, wer Stalking Wolf war, und welchen bleibenden Einfluß er auf mein Leben hatte – und auf das Leben vieler anderer.

1
Großvaters Suche

Großvater hatte sich, wie ich heute weiß, nur drei Aufgaben gestellt. Seine erste Aufgabe bestand darin, möglichst viele der alten Überlieferungen in der Kunst des Überlebens, der Fährtensuche und des Eingehens auf die Natur zu lernen, zu bewahren und weiterzuvermitteln. Er war bedürfnislos und lebte von dem, was die Erde ihm gab. Wichtig erschienen ihm nicht nur die praktischen und materiellen Kenntnisse seines eigenen Volkes, sondern die Fertigkeiten aller Menschen, die in Verbundenheit mit der Erde leben. Seine Lehrer waren Leute, die ursprüngliches Wissen vermitteln konnten: vorwiegend amerikanische Ureinwohner, aber auch Menschen aus anderen Kulturen, die in der Wildnis zu leben verstanden. Er war an allem interessiert und wollte alles lernen. Auf der Suche nach solchen Kenntnissen führte ihn sein Weg von Alaska bis nach Südamerika, von der Ostküste bis zur Westküste des amerikanischen Kontinents und in die Binnenregionen. Immer auf Wanderschaft, lernte er Fertigkeiten, die in jeder Situation anwendbar waren, in jedem Klima, in jeder Landschaft. Und er erprobte alle diese Kenntnisse jederzeit und überall, um herauszufinden, ob sie sich allgemein bewährten. Dabei bemühte er sich nicht nur, typische Fertigkeiten der Männer zu lernen, sondern auch die der Frauen.

Großvater wußte, daß diese altüberlieferten Fertigkeiten für den modernen Menschen verloren waren. Doch für ihn erschlossen sie den Weg, der den Menschen zurück zur Erde führen, ihn aus dem strangulierenden Griff der Gesellschaft befreien konnte. Solche Kenntnisse des Überlebens waren ein Mittel, um den Kampf zwischen Mensch und Natur zu beenden. Konflikte und Ausplünderung sollten der Harmonie eines vollkommenen Gleichgewichts weichen. Mit Hilfe solcher Kenntnisse könnte der Mensch sich in der Wildnis zu Hause fühlen als in einem wahren Garten Eden, wo aller Kampf ein Ende findet. Darum blieb Großvater immer bemüht, diese Fertigkeiten zu bewahren und anzuwenden – ein Bemühen, dem er treu blieb bis zu dem Tag, da er seine letzte Wanderung antrat.

Die zweite große Aufgabe seines Lebens war, altüberliefertes spirituelles Wissen zu bewahren: nicht nur die Überlieferungen seines indianischen Volkes, sondern auch die Weisheit all derer, die in Verbundenheit mit der Erde leben. Er strebte nicht nach Erkenntnissen, die nur für einige verbindlich waren, sondern nach einer allgemeinen Wahrheit. Er suchte nach einem spirituellen Wissen, das lebendig und anwendbar wäre. Alle Menschen sollten teilhaben an der dynamischen Verbindung mit der Natur und der geistigen Welt. Unsere körperliche Existenz, das wußte Großvater, bildet nur einen kleinen Teil des gesamten Naturbewußtseins. Der Mensch muß weiterstreben, über die Grenzen des Körperlichen hinaus, sonst bleibt sein Leben schmerzlich getrennt von der natürlichen Welt. Denn ohne spirituelles Wissen kann der Mensch weder im Einklang leben mit der Natur noch mit dem Übernatürlichen.

Großvaters höchste Aufgabe aber war, alles aufzunehmen, was Philosophien und Religionen ihn lehren konnten. Er suchte die allen gemeinsame Wahrheit, frei von menschlichen Krükken. Unabhängig von Riten und Zeremonien, von religiösen Dogmen oder philosophischen Lehren, forschte er nach der «reinen Wahrheit», befreit von irreführenden Äußerlichkeiten. Dieses Streben nach Wahrheit und spirituellem Wissen war die treibende Kraft seines Lebens. Bei allem, was er tat, stand das Geistige an erster Stelle. Auch wenn er Rick und mich in praktischen Fertigkeiten unterrichtete, gelang es ihm, uns die spirituelle Essenz deutlich zu machen. Alles, was er uns lehrte, enthielt eine höhere, geistige Dimension; alles, was wir gemeinsam taten, war Ausdruck seiner gesamten Lehre.

Durch die Suche nach «Wahrheit» entfernte sich Großvater auf seinem Lebensweg von seinem Volk und von allem, was man nach geläufigen Maßstäben als «normales Leben» bezeichnet. Er mußte die Menschen seines Stammes verlassen, um ganz seiner Berufung zu leben. Dreiundsechzig Jahre dauerte seine Wanderung, oft an der Grenze zwischen Leben und Tod. Er überstand Gefahren und Entbehrungen, an denen andere gescheitert wären. Niemals begnügte er sich mit oberflächlichem Verständnis, immer strebte er nach dem tieferen Sinn alles Wissens und aller Erkenntnis. Er war hart gegen sich selbst – härter als alle, denen ich begegnet bin. Wie sehr wünsche ich mir selbst jene unerbittliche Entschlossenheit, die ihn auszeichnete! Nichts konnte ihn abhalten, seinen Weg zu gehen, auch nicht die anscheinende Vergeblichkeit seiner Vision, diese Erde dennoch zu retten, indem er seine Wahrheit lehrte. Selbst in Zeiten, da niemand auf ihn hören wollte, blieb er unverzagt. Denn er hielt fest an der Hoffnung und konnte nur leben für seine Vision – oder gar nicht leben.

Ein paar Monate nach unserer ersten Begegnung erwähnte Großvater das Motiv, das ihn auf seine lange Wanderung geführt hatte. Wir brannten vor Neugier, doch erst nach langer Überredung schickte er sich an, uns seine Geschichte zu erzählen. Es war die Geschichte von einem weißen Koyoten und einem Kriegergeist, die ihm das Ziel seines Weges zeigten. Eines Abends, am Lagerfeuer, tief in der Wildnis der Pine Barrens, offenbarte uns Großvater seine Vision. Sie hatte ihn zu seiner langen Suche veranlaßt, zu dem mühevollen, einsamen Weg, den er gehen mußte, ohne Fragen stellen zu können.

Großvater war aufgewachsen wie alle Kinder seines Stammes: Zuerst mußte er lernen, Kräuter zu sammeln, Essen zu bereiten und die Geräte des täglichen Lebens instand zu halten. Er lernte auch den geistigen Gehalt und die mythologische Bedeutung dieser Verrichtungen kennen. Alles, was das Leben im Lager anging, blieb den Frauen des Stammes vorbehalten. So kam es, daß Frauen seine ersten Lehrmeister waren. Die von ihnen vermittelten Fertigkeiten wurden als ebenso wichtig erachtet wie das, was für Jagd und Spurensuche zu lernen war. In seinem Volk gab es keinen Unterschied zwischen Mann und Frau, was geistige Kraft und geistiges Wachstum betraf. Alle Fähigkeiten waren notwendig, um das Überleben der Gemeinschaft zu sichern. Von alters her waren die Frauen berühmt für ihre heilerischen Fähigkeiten. Von ihnen lernte Großvater die Kunst des Heilens, aber auch Fürsorglichkeit und die unendliche Geduld einer Mutter – Eigenschaften, die ihm sein Leben lang zustatten kamen. Auch sein erstes spirituelles Wissen verdankte er den Frauen. Es ermöglichte ihm die Anfangsschritte auf dem spirituellen Pfad.

Großvater lebte als Jüngster in dieser kleinen, aus ihrer Heimat vertriebenen Schar von Apachen; darum galt er als das Kind aller. Aber sein Urgroßvater, Coyote Thunder, blieb stets seine wichtigste Bezugsperson und sein bedeutendster Lehrer. Auch in der Zeit, als Großvater in die Hand der Frauen gegeben war, wachte Coyote Thunder über seine Erziehung.

Als Großvater sieben Jahre alt war, kam er vollends in die Obhut Coyote Thunders und der anderen Stammeskrieger, um von ihnen in die Lebensweise der Männer eingeführt zu werden. Zuerst lernte er die Künste der Jagd. Dazu gehörte die Herstellung von Pfeilen und Bogen, von Lanzen, Keulen und Fallen. Wie früher, als er von den Frauen die Pflichten des Lagerlebens erlernte, war jede Lektion über die Jagd – über jedes Werkzeug, jeden Handgriff – begleitet von Erzählungen, die den tieferen spirituellen Sinn unterstrichen. Später wurde er im Spurenlesen und im Fallenstellen ausgebildet; auch wies man ihn hin auf den hohen Rang, den die Jagd einnahm. Großvaters Meisterschaft im Pirschen trug ihm den Namen «Stalking Wolf» ein. Denn eines Tages beobachteten seine Lehrer, wie er einen Wolf anpirschte, das wachsamste und klügste aller Tiere, und ihn leicht mit der Hand berührte. Und darum verliehen sie dem Jungen in feierlicher Zeremonie seinen neuen Namen.

Stalking Wolf, bald einer der größten Jäger seiner Gruppe, versorgte das Lager mit Fleisch. Wenn er dann heimkehrte von der Jagd, sorgte er zuerst für die Kranken und Schwachen; er brachte ihnen die Heilkräuter, die er gesammelt hatte. Schon in seinem zehnten Lebensjahr führte er eine Gruppe von Jägern an. Aber der Junge ging lieber allein auf die Jagd – und einmal, als er durch die Wildnis streifte, hatte er eine Vision, eine mächtige Vision, die sein Leben veränderte und ihn auf den Weg eines Medizinmannes führte. Wohl hatte er schon Visionen gesucht, wie es das Ritual verlangt, und diese Bemühungen vertieften seine Einsicht und sein Verständnis. Aber die großen Lebensvisionen kommen selten – und nur nach langer Vorbereitung und beharrlichem Streben. Und dies war die erste Vision, die ihm den Weg und den Sinn seines Lebens offenbarte; sie erwies sich als Kraft, die ihn bei seinen künftigen Visionssuchen leiten sollte.

Für Stalking Wolf war es ein besonderer Tag. Er wollte den Berglöwen jagen, ein Tier, dessen Wachsamkeit erfordert, daß der Jäger allein geht. Vier Tage hatte er gefastet und sich vorbereitet, und ohne Aufenthalt war er dorthin gewandert, wo sein Vater einst einen weißen Berglöwen erlegte, dessen Fell seinem Sohn heute noch als Hülle seines Medizinbeutels diente. Am Ziel angekommen, erstieg er einen Berg, um dort zu beten. Und nun erschien ihm der Geist eines Kriegers aus alter Zeit. Reglos stand der Geist und sah Großvater an, mit einem prüfenden Blick, der Großvater bis ins Herz drang. Als er aber mit dem Geist durch Worte und Gebärden in Verbindung zu treten suchte, erhielt er keine Antwort. Beide standen und sahen sich lange an. Großvater war gebannt und voller Furcht. Dennoch wußte er instinktiv, daß dieser Geist als Abgesandter des Lichtes gekommen war, nicht als Bote der Dunkelheit.

Schließlich trat der Geist näher. In der rechten Hand hielt er ein Stirnband – althergebrachter Kopfschmuck der Pfadfinder – und in der linken den gefiederten Stab der Schamanen. Wortlos, mit einer schlichten Geste, überreichte er Großvater das Stirnband und dann, nach kurzem Zögern, den Schamanenstab.

Großvater konnte vor Aufregung keinen Gedanken fassen und blieb zitternd stehen. Der Geist aber trat zurück und blickte ihn schweigend an, während Großvater die Gaben andächtig in erhobenen Händen hielt. Großvater spürte die sakrale Kraft dieser Gegenstände. Langsam zog er sie an sich heran und drückte sie an seine Brust. Es war ein symbolischer Ausdruck für die Annahme der Geschenke, für ihr geistiges Besitzergreifen. Als der Alte dies sah, lächelte er und nickte zustimmend. Mit erhobener Hand machte er das Zeichen für zehn Winter, zehn Jahre. Dann verschwand er vor Großvaters Augen – und an seine Stelle trat ein riesiger, weißer Berglöwe. Das Tier hob den Kopf, brüllte zum Himmel und wandte sich dann ab; seine weiße Gestalt verblaßte und löste sich auf in graue Schatten.

Großvater war erschüttert. Die Gegenstände in seiner Hand waren alt und abgewetzt vom langen Gebrauch, aber sie sahen sehr schön aus. Großvater spürte ihre ehrfurchtgebietende Macht und das Geheimnis, das sie bargen, und er empfand die Ehre, sie in Händen zu halten. Sie waren faszinierend und unwiderstehlich, als lebte in ihnen das Wissen ganzer Zeitalter. Bis zum Abend blieb Großvater an der Stelle sitzen, dachte an alles, was ihm dort widerfahren und war vom Geheimnis überwältigt. So viele Fragen bewegten sein Herz, aber die Antworten, die er fand, blieben rätselhaft.

Schließlich erhob er sich und stieg hinunter zum Bach, um sich zu waschen. Aus der nebligen Dämmerung erschien ihm wieder der Kriegergeist, begleitet von dem weißen Berglöwen, der neben ihm herschritt. Reglos verharrte der Geist am anderen Ufer und sah ihn aufmerksam an. Nach einem langen, bedeutsamen Schweigen hob er die Hand und machte das Zeichen für sechzig Winter, dabei auf Großvater deutend. Der Berglöwe reckte sich und sprang über den Bach, herüber zu Großvater. Mit leisem Brummen überbrachte er ihm die Medizin der Krieger auf Wanderschaft, während am jenseitigen Ufer der Kriegergeist mit der Hand in die vier Himmelsrichtungen wies. Als er sich schließlich nach Osten wandte, lösten er und der Berglöwe sich langsam in Schatten auf. Und am östlichen Horizont, wohin der Geist gedeutet hatte, sah Großvater am Rande eines Fichtenwaldes einen weißen, jungen Koyoten stehen. Doch auch diese Erscheinung löste sich im Mondlicht auf. Großvater blieb allein zurück, tief erschüttert und bedrängt von vielen Fragen. So sehr er sich auch bemühte, fand er doch keine Antworten.

Vier Tage blieb Großvater an diesem heiligen Platz. Er wartete auf Erklärungen, suchte nach Antworten, hoffte auf eine Vision, die seine Verwirrung aufheben könnte. Aber Erde und Geisterwelt blieben stumm, und so machte er sich auf den Rückweg zu seinem Stamm, um den Rat der Stammesältesten und Schamanen zu erbitten, wie es die Tradition im Falle von Offenbarungen und Visionen verlangt. Stets hatten die Ältesten ihm geholfen bei seiner spirituellen Suche, doch er fragte sich, ob sie ihm auch diesmal beistehen könnten. Ja, er war sich nicht einmal sicher, ob er ihnen mitteilen sollte, was er erlebt hatte, und ob er ihnen den heiligen Stab und das Stirnband zeigen sollte. Rührte sein Zögern, von diesen Dingen zu berichten, etwa aus einem Besitzgefühl? Oder verriet er durch solche Mitteilungen vielleicht ein heiliges Vertrauen zwischen ihm und dem Kundschaftergeist? So nahm er sich Zeit für den Rückweg zum Lager und erforschte sein Herz nach Antworten.

Schon als er das Lager von weitem sah, wußte er, was er zu tun hatte. Er mußte die Ältesten um Rat fragen. Diese Antwort hatte Großvater in seinem Herzen gefunden, und er hatte ein gutes Gefühl dabei. Er wußte, daß er nur der Klarheit seines Herzens vertrauen durfte. Darum bat er die Ältesten, ihn vor das Feuer der Ratsversammlung zu rufen und anzuhören, wie es der Tradition entsprach. Er überreichte ihnen Geschenke – als Dank für ihre Bereitschaft, ihm ihre Zeit und Weisheit zu schenken. Mit einem zeremoniellen Tanz schilderte Großvater an diesem Abend seine Vision; ausführlich berichtete er von ihrem Verlauf und ihren Symbolen. Er präsentierte auch die heiligen Gegenstände, die er empfangen hatte, aber keiner der Ältesten wagte sie anzufassen, denn alle spürten die geheimnisvolle Macht, die diese Objekte in sich bargen. Nachdem Großvater von seiner Vision berichtet hatte, stellten die Ältesten ihm noch einige Fragen, dann schickten sie ihn fort. Denn der Brauch verlangte, schweigend aus dem Kreis der Ältesten zu treten, nachdem von dem Erleben berichtet war. Dies gab den Ältesten Zeit, über die Vision zu sprechen, und dem Ratsuchenden gab es Zeit zur Meditation. Auch fanden die Ältesten dadurch Gelegenheit, sich auf Zeremonien oder Prüfungen vorzubereiten, die sie dem Suchenden aufzuerlegen gedachten.

Vier Tage später wurde Großvater aus den Bergen zurückgerufen, von seinem Platz der Stille und des Gebets, und trat vor die Ältesten hin. Sie empfingen ihn in einer großen Reisighütte am äußersten Rand des Lagers. Die Stimmung war andächtig und feierlich. Sie saßen im Halbkreis um ein kleines Feuer, und der Rauch vieler heiliger Kräuter hing schwer unter den Dachsparren. Außerhalb dieses Halbkreises saß Großvater allein vor dem Feuer und wartete geduldig auf die Antwort der Ältesten. Coyote Thunder sprach als erster. Seine Stimme war brüchig vor Alter und bebte vor Traurigkeit; doch der Glanz in seinen Augen verriet Hoffnung und Stolz. Er offenbarte Großvater, daß die Vision und der Geist ihn auf einen Pfad führen wollten, den er einschlagen müsse. Um seiner Vision zu folgen, solle er sich zehn Winter lang der Schulung zum Scout unterziehen – eine der wichtigsten Positionen in der Stammesgruppe. Danach solle er diesen Pfad für abermals zehn Winter verlassen und nach der Würde eines Schamanen und Heilers streben. Und schließlich, so sagte Coyote Thunder, müsse er sein Volk verlassen und sechzig Winter lang allein wandern, stets nach Wissen und Offenbarung strebend, bis seine Vision erfüllt sei.

Großvaters Herz jubelte bei der Vorstellung, ein Scout – ein Kundschafter – zu werden, und er fühlte sich hoch geehrt, daß er für den Pfad des Schamanen auserwählt worden war. Doch seine Seele war traurig bei dem Gedanken, sein Volk, seine Heimat für so lange Zeit zu verlassen. Er fragte Coyote Thunder, ob es eine Möglichkeit gebe, bei ihnen zu bleiben und dennoch die Vision zu erfüllen, eine Möglichkeit, die Ehre seines Auftrags mit allen zu teilen und dadurch sein Volk zu ehren. Aber Coyote

Thunder blieb unerbittlich: «Ein Mensch, der nicht für seine Vision lebt, ist ein lebender Toter. Solange man sicher ist, daß die Vision keine Gedankenspiegelung war, darf man niemals von ihr abweichen. Die heiligen Gegenstände, die ich hier sehe, sind echt, und darum ist deine Vision echt.»

Und weiter erklärte Coyote Thunder, daß Großvater vom Schöpfer berufen sei und gehorchen müsse, um dem geistigen Wohl seines Volkes und auch der Erde zu dienen. Coyote Thunders Herz werde traurig sein, wenn Großvater fortgehen müsse, doch seine Reise sei wichtig, ja lebenswichtig für die Gemeinschaft. Zuletzt sagte Coyote Thunder: «All die Jahre warst du meine Hoffnung und mein Leben. Wenn aber deine Lehrzeit zu Ende ist, wirst du gehen müssen, zum Wohle aller.» Die anderen Ältesten, Männer wie Frauen, bekräftigten Coyote Thunders Worte und ermutigten Großvater zu seinem Weg. Es gab keine Stammeszeremonie und kein Fest nach dieser Ratsversammlung, denn Großvater hatte das Leben eines Scouts gewählt. Dazu gehörte, daß er sich für die Dauer seiner Ausbildung von den anderen trennen mußte. Allein würde er nun schlafen, allein essen, allein leben.

In der Folgezeit wanderte Großvater oft hinaus in die wildesten Einöden, wochenlang und ohne Hilfsmittel oder Werkzeuge von Menschenhand. Er erprobte seine Überlebenskenntnisse, bis sie zum unfehlbaren Instinkt wurden. Er lernte, auch die einsamsten und unwirtlichsten Orte als sein Zuhause zu betrachten und fand Trost und Sicherheit dort, wo andere Menschen nur den Tod finden würden. Die Fähigkeit, sich ohne Vorräte in jeder Umwelt zu behaupten, ist von wesentlicher Bedeutung für einen Scout. Diese Überlebenstechniken zu erlernen, auch ihre geistige Bedeutung zu erfassen, war jetzt Großvaters wichtigste Aufgabe. Erst durch das Überleben in der Wildnis lernt ein Scout, ganz mit dem Land zu verschmelzen und auch in den unwirtlichsten Gegenden Obdach zu finden.

Das Überlebenstraining trennte Großvater für lange Zeit von seinem Stamm. Es machte ihn vertraut mit vielen Landschaften und Umweltbedingungen. Er lernte zu überleben in den trokkensten Wüsten, auf den Hochplateaus der Tafelberge, in den flachen Prärien und in den unwegsamsten Wäldern. Hitze und Frost wußte er zu meistern. So leicht bestand er alle Prüfungen, die ihm die Ältesten auferlegten, daß die Krieger es kaum glauben konnten. Wo Hunger und Durst jeden anderen entkräftet hätten, schien er aufzublühen. Er konnte überleben, wo niemand sonst überlebt hätte. Er konnte große Entfernungen so schnell zurücklegen, daß selbst Tiere ihm nicht zu folgen vermochten. Kein anderes Stammesmitglied war ihm ebenbürtig in seinem Können, und selbst die ruhmreichen Ältesten wunderten sich über seine Fähigkeiten.

Nachdem er die Kunst des Überlebens beherrschte, wurde er in die Künste des Pirschens und Fährtenlesens und der bewußten Wahrnehmung eingeführt. Absolute Meisterschaft in diesen Künsten war höchst bedeutsam für einen Scout. Die Fähigkeit, sich lautlos und unsichtbar durch eine Landschaft zu bewegen, wo es kaum Deckung gab, und die Fähigkeit, alles mit einem einzigen, wachsamen Blick wahrzunehmen, gehören zusammen. Solche Kenntnisse, gepaart mit der Fähigkeit zu überleben, machen den Scout zu einem geistähnlichen Schattenwesen, geheimnisvoll und unberechenbar wie die alten Ninjas in Japan. Auch auf diesem Gebiet wurden die Großvater auferlegten Lektionen und Prüfungen alsbald gesteigert. Die Proben, die er vor den Ältesten ablegte, forderten ihn bis an die Grenzen von Körper und Geist.

Unerbittlich arbeitete Großvater an sich selbst. Er forderte mehr von sich, als die Ältesten von ihm verlangten. Immer blieb seine Vision die treibende Kraft, und immer versuchte er die Erwartungen der Ältesten zu erfüllen. Unentwegt übte er sich im Pirschen und Jagen; unbemerkt ging er im Lager aus und ein. Schließlich gelang es ihm, jede Fährte zu verfolgen, jedes Tier anzupirschen und sogar mit der Hand zu berühren. Dabei bewegte er sich mehr wie ein Geist als ein Mensch aus Fleisch und Blut. Auch Gefahren nahm er bei seinen Prüfungen auf sich, wenn er wilde Tiere anpirschte, wobei ein einziger Fehler ihn das Leben kosten konnte. Schließlich schlich er sich auch an andere Menschen heran: an die Lagerplätze feindlicher Stämme, an die Forts der Kavallerie, an die Farmen der Siedler. Mit solchen Proben seines Könnens vollbrachte er Höchstleistungen: wenn er sich etwa im offenen Gelände bewegte, ohne jemals von seinen Feinden entdeckt zu werden oder Spuren zu hinterlassen. Mit Recht trug er seinen Namen: «Der den Wolf anpirscht.»

Von größter Bedeutung aber war die Wachsamkeit, die Großvater lernte und durch Prüfungen bewies. Für ihn, wie für jeden Scout, war das Wahrnehmen aller Dinge, ob fern oder nah, entscheidend für das eigene Überleben wie für das Überleben seines Volkes. Denn die Wachsamkeit des Scouts garantierte die Sicherheit der anderen. Darum übte Stalking Wolf seine Wachsamkeit auf allen Gebieten, nicht nur auf materieller Ebene, sondern auch auf der höheren spirituellen Ebene. Seine Fähigkeiten gingen schließlich weit über den Rahmen normaler Sinneswahrnehmungen hinaus: er konnte die Lebenskraft selbst wahrnehmen. Seine körperliche Wachsamkeit und seine geistige Wahrnehmung waren so eng miteinander verbunden, daß er oft nicht erklären konnte, warum er etwa eine Bewegung in der Ferne bemerkte. Absolute Bewußtheit war sein normaler Daseinszustand. Man sagte von ihm, daß er wisse, wenn ein Vogel meilenweit entfernt eine Feder verlor. Diese gesteigerte Bewußtheit begann unvermeidlich die klare Trennung zwischen der inneren und der äußeren Dimension aufzulösen und führte zu einer Einheit des Selbst, wobei es nichts gab, was Großvater nicht wahrgenommen hätte.

Dann aber kam ein Teil der Ausbildung, den Großvater verabscheute, aber dennoch durchstehen mußte – das Töten. Das Kennzeichen eines guten Scouts war die Fähigkeit, sich unsichtbar zu machen und sich, ohne entdeckt zu werden, in allen Situationen zu bewegen. Manchmal aber hing das Überleben von den kämpferischen Fähigkeiten ab. Großvater haßte den Krieg, all das Leiden und Morden, aber wie er die anderen Fähigkeiten des Überlebens, des Pirschens und Fährtenlesens und der Wahrnehmung gelernt hatte, so mußte er auch das Kämpfen lernen. Er wußte, daß es nötig werden konnte, sich im Kampf zu wehren, aber er war nicht glücklich über seine kriegerische Geschicklichkeit. Wenn er in Prüfungen sein Können beweisen mußte, verletzte er seinen Gegner niemals. Er nahm ihm die Waffen, fesselte ihn oder markierte seine Haut mit roter Farbe, wo er den tödlichen Streich geführt hätte. Nur wenige Male mußte er wirklich kämpfen, konnte aber die Auseinandersetzung rasch beenden – aufgrund der Kraft, die er durch sein diszipliniertes Leben erworben hatte.

Manchmal führte Großvater eine Gruppe von Kriegern in ferne Regionen, um übermütige Nachbarn unter Kontrolle zu halten und so die Sicherheit des eigenen Stammes zu gewährleisten. Nur einmal kam es dabei wirklich zum Kampf: als er nämlich eine junge Frau seines Stammes aus der Gefangenschaft befreien mußte. Auch dabei ließ er die Feinde am Leben – unverletzt, aber beschämt. So wurde er ein mächtiger Anführer seines Volkes, ein hervorragender Scout, und obwohl er noch jung war an Jahren, nannten viele ihn einen Ältesten – oder einen Großvater, das heißt soviel wie Lehrer. Bei den benachbarten Stämmen und der Kavallerie stand er im Ruf sagenhafter Tapferkeit. So gefürchtet war er bei manchen, daß sein flüchtiges Auftauchen am Rand eines Lagers die Krieger in helle Panik versetzte. Wenn bei benachbarten Stämmen etwas mißlang oder abhanden kam, lächelten die Leute und machten Großvater verantwortlich. Wenn jemand allein wanderte und sich beobachtet fühlte, hieß es, «der Wolf liegt wieder mal auf der Lauer».

Nachdem Großvater fast ein perfekter Scout geworden war, riefen die Ältesten ihn wieder vor ihre Versammlung. Nur fünf Winter waren vergangen seit jenem ersten großen Treffen, und wie damals kamen sie in der großen Hütte am Rande des Dorfes zusammen. Wieder trat er vor die Ältesten, aber diesmal herrschte eine ganz andere Stimmung in der Hütte und im Kreis der Stammesführer. Die Hütte war noch dieselbe, das Feuer in der Mitte glomm schwach, und wieder hing der Duft heiliger Kräuter in der Luft. Jetzt aber war der Raum angefüllt mit Kultgegenständen des Stammes, und die Ältesten hatten festliche Gewänder angelegt. Eine einsame Trommel tönte leise aus dem dunklen Hintergrund, und man spürte, daß sich außer den Ältesten noch ein anderes Wesen hier aufhielt. Es war ein überwältigendes Gefühl, so als ob der Geist über ihnen allen stünde und mit wohlwollender Aufmerksamkeit alles beobachtete – abwartend und die Worte der Ältesten leitend. Es schien, als lauschten die Führer des Stammes – über die Geräusche der Nacht hinaus – auf Stimmen, die nur ein reines Herz vernehmen konnte.

Sechs Tage lang blieb Großvater in der Hütte und empfing die Lehren der Ältesten. Alle fasteten; alle beteten. Niemand legte sich zum Schlafen nieder. Solange einer der Ältesten mit Großvater sprach, schlummerten andere im Sitzen. Großvater schwankte vor Erschöpfung, sein Geist und sein Körper waren wie betäubt von der Intensität des Erlebens, aber er hielt durch. Er wußte: Hier vollzog sich seine Einweihung, es war sein erster Schritt auf dem Weg zum Schamanen. So hatte seine Vision es ihm bestimmt. Dies war die treibende Kraft seines Lebens. Er wollte für seine Vision leben – oder gar nicht leben.

Die Lektionen, die ihm während dieser Zusammenkunft in der Ratshütte erteilt wurden, verwiesen auf die ethischen Gesetze, nach denen ein Schamane und Heilkundiger lebt; sie wiesen den Pfad zu einer höheren spirituellen Stufe. Jede der Unterweisungen war von Gesängen, Hymnen und Zeremonien umrahmt. Dann kam Bewegung in die feierliche Runde der Ältesten, und Großvaters Geist fühlte sich befreit von physischer Erschöpfung. Am Ende des sechsten Tages mußte sich Großvater seiner ersten Prüfung unterziehen: zwei Monate lang mußte er zu Fuß die Wüste durchqueren. Danach sollte er, falls er noch am Leben wäre, zu den Ältesten zurückkehren und weiteren Rat empfangen.

Die Wüste glich einem Feuerofen. Seine Aufgabe war, in dieser öden Leere ohne Werkzeuge, ohne Kleidung und ohne Feuer zu überleben. Er durfte kein Tier in der Falle fangen oder töten. Von den Blättern der Pflanzen sollte er leben wie der Hirsch, und Tau von den Steinen lecken wie die Mäuse. Kein Obdach durfte er bauen, denn er mußte wandern und immer weiterwandern – bis an die von Hunger, Durst und Erschöpfung gesetzten

Grenzen. Es war ihm nicht erlaubt, mit anderen Lebewesen Verbindung aufzunehmen, nicht einmal mit dem Schöpfer. Für die anderen existierte er nicht mehr; man betrachtete ihn als Toten. Es war seine erste Prüfung, die Prüfung einer langen, schlaflosen Visionssuche, mit der er sich selbst und dem Schöpfer beweisen sollte, daß er würdig wäre, den Pfad der Schamanen zu wandeln, daß dieser Pfad ihm wichtiger wäre als sein eigenes Leben, daß er bereit wäre, alles aufzuopfern für seine Vision.

Rückblickend erinnerte sich Großvater nur an die ersten vier und an die letzten sieben Tage. Alles andere blieb unbestimmt wie im Traum. Aus den ersten vier Tagen hatte er lebhafte Erinnerungen an Durst und Erschöpfung, an die Eintönigkeit der Landschaft und die Glut des Sandes, die seine Fußsohlen verbrannte und seine Seele ausdörrte. Nichts sprach zu ihm. Da gab es kein Zeichen von Mitgefühl oder Anteilnahme. Bis auf Angst und Schmerzen schien er nicht mehr zu existieren.

Am vierten Tag, so erinnerte er sich, war er von einem hohen Felsblock gestürzt; als er auf dem glühenden Sand aufschlug, schien es ihm, als fiele sein Körper auf einen feurigen Amboß. Dann schwand ihm alle Realität. Surrealistische Bilder drängten auf ihn ein, füllten die Leere in seinem Kopf. Erlebtes und Gelerntes, Symbole und Zeichen bestürmten ihn und verwandelten sein Denken in eine brodelnde Masse zusammenhanglosen Wissens. Er erinnerte sich an lange und kürzere Abschweifungen der Phantasie. Großvater sah die Geistwesen von Tieren, Pflanzen und Steinen, von Wind und Wasser und hörte deren Stimmen. Er erinnerte sich, wie er all dies erkannte – und dann an gar nichts mehr.

Er erwachte, meilenweit entfernt von dem Ort, wo er von jenem Felsblock gestürzt zu sein glaubte. Die herbstlichen Farben ringsum verrieten ihm, daß die Jahreszeit fortgeschritten war, daß Wochen seit seinem Sturz vergangen sein mußten. Körperlich war er unbeschädigt, er empfand keine Erschöpfung mehr, weder Hunger noch Schmerz oder Durst. Seine Haut, vordem versengt und schrundig, fühlte sich glatt und weich an wie am ersten Tag seines Lebens. Doch an die letzten Wochen seiner

Reise fehlte ihm jegliche Erinnerung, und er hatte alles vergessen, was er unterwegs gelernt haben mochte. Er wußte, daß die Hölle dieser Wüste ihm nichts mehr anhaben konnte. Er fühlte sich wie wiedergeboren und schien jetzt unempfindlich zu sein für Schmerz oder Freude. Leicht wanderte er dahin, ohne vom Stofflichen beschränkt zu werden. Seine Sinneswahrnehmungen überstiegen menschliches Maß. Instinktiv wußte er Dinge über das Leben, über die Schöpfung, die er niemals bewußt gelernt hatte. Und er begriff, daß er – mit der Verschmelzung der inneren und äußeren Dimension – von den Zwängen des Überlebens befreit worden war. Es gab nur noch die Harmonie seiner Seele mit dem universellen Geist: Er hatte das heilige «Eins-Sein» erreicht.

Am Morgen des verabredeten Tages kehrte er ins Lager zurück. Die Ältesten staunten, denn es war, als ob Großvaters Lebenskraft von innen heraus leuchtete. Frisch und erholt stand er da, stark und unbeschädigt. Es schien, als habe der Schöpfer ihm das Leben genommen, nur um ihn lebendiger zu machen, als er je gewesen – und mit mehr Kraft und Wissen. Fünf Winter lang nahmen die Ältesten ihn in die Lehre. Schnell und mühelos lernte er seine Lektionen, und mit Leichtigkeit legte er alle Prüfungen ab.

Seine Kenntnis des überlieferten Wissens nahm täglich zu. Doch die Monde verstrichen, und Großvater erkannte, daß die Alten ihn nichts mehr lehren konnten. Es war nur noch eine Vertiefung dessen, was er auf seiner ersten Visionssuche in der Wüste erfahren hatte. Diese Vision in der Wüste war geheimnisvoll, ja schrecklich gewesen; aber nie hatte Großvater an der Wahrheit dessen gezweifelt, was der Geist zu ihm sprach, was der Schöpfer von ihm verlangte. Alles war möglich, das wußte er. Man brauchte nicht zu fragen, warum. Man brauchte nur absoluten Glauben.

Gegen Ende seiner Ausbildung begannen die Ältesten ihn als Großvater anzusprechen, obwohl er erst Anfang zwanzig war. Zuerst nannte Coyote Thunder ihn Bruder, aber bald nannte auch er ihn, wie die anderen, Großvater. Er empfing alle Ehren eines Stammesältesten. Oft zog er allein in die Wildnis hinaus, um zu beten, um Visionen zu suchen oder um einen entfernt lebenden Kranken zu heilen. Schnell lernte die Gruppe, auf Großvaters Weisheit und Macht zu vertrauen und seine Führung anzunehmen.

Eines Tages, als er von einer langen Wanderung zurückkehrte, entdeckte er, daß seine Leute verschwunden waren. Keine Spur mehr von Nahrungsvorräten, Feuerstellen oder Hütten. Der Ort schien wie leergefegt vom Feuerwind der Wüste, und nicht einmal seine scharfen Augen sahen die geringste Spur. Im Mittelpunkt dessen, was einst Lagerplatz gewesen, fand er lediglich sein Scoutstirnband und den Stab des Schamanen. Im Kreis um die Lanze hingen sechzig Federn. Da wußte er, daß die Zeit gekommen war, wie seine Vision es ihm einst bestimmt hatte, und daß er nun wandern mußte – allein und fern von seinem Volk.

Als Stalking Wolf die Lanze aus der Erde zog, heulte von weit her ein Koyote. Er blickte auf, und dort, auf einem Felsvorsprung in dunstiger Ferne, stand Coyote Thunder. Sein Urgroßvater winkte ihm feierlich Lebewohl, und Großvater wußte: es war vielleicht das letzte Mal, daß er ihn sah. Coyote war schon sehr alt, mehr als hundert Winter, und nicht mehr bei guter Gesundheit. Plötzlich hörte er den Ruf eines anderen Koyoten. Die Nebel der fernen Berge verzogen sich, und dort, wo Coyote Thunder gestanden hatte, sah er einen kleinen Jungen in den Kleidern der Weißen, der im Sand seltene Steine sammelte – «sprechende» Steine, die von alten Zeiten kündeten. Der Junge stand auf und winkte Großvater zu, wie Coyote Thunder es getan hatte; dann war auch er verschwunden.

Großvater versuchte herauszubekommen, was diese Erscheinungen bedeuteten. Zuerst war Coyote Thunder dagewesen, und dann ein Junge – ein weißer Junge, der mit Steinen spielte. Es machte keinen Sinn. Aber das Land blieb stumm und unerbittlich, und Großvater fühlte sich sehr einsam.

Mehr als zwanzig Jahre lang war der kleine Stamm seine Familie gewesen. Jetzt war er ein Fremder geworden, weil seine

Vision es befahl. Diese Vision schien kein Ziel zu haben – bis auf die Wanderung selbst, vielleicht. Gab es noch mehr? Er wußte, daß er den Rest seines Lebens damit verbringen sollte, Antwort auf diese Frage zu finden. Jetzt aber saß er am einstigen Lagerplatz seiner Leute und hielt Ausschau nach einem Ausgangspunkt für seine Reise, seine Suche nach der Vision. Um sich abzulenken, baute er eine Schutzhütte; denn er hatte beschlossen, so lange an diesem Platz zu bleiben, bis sein Weg klar vor ihm lag. In der Nacht träumte er von einem weißen Berglöwen, der ihn zum Ort seiner ersten Visionssuche führte.

Bevor die Morgensonne am Horizont aufstieg, hatte Großvater sein Lager abgebrochen und machte sich auf den Weg zum Ort seiner ersten Vision. Dort war er seit damals nicht mehr gewesen, und jetzt verlangte es ihn, sich wieder an der lauteren Einsamkeit zu erquicken. Er hoffte Antwort zu finden oder wenigstens einen Hinweis. Großvater wanderte rasch, wie ein Scout, und vermied alle Gefahren, ob real oder eingebildet. Seine Gedanken eilten voraus zu dem heiligen Platz, wo alles begonnen hatte: für ihn, für seinen Vater und für so viele vor ihm. Der Marsch dauerte viele Tage; es ging durch Wüsten, über Berge und durch Wälder. Sein trainierter Körper ließ ihn unbeschwert ausschreiten; mühelos flog er dahin wie ein Adler, der am Himmel schwebt. Die Sonne ging eben unter, als er die letzte Anhöhe erreichte, die sich vor dem heiligen Platz erhob. Auf dem Gipfel angekommen, überfluteten ihn Erinnerungen an seinen ersten Aufenthalt. Sein Herz schlug schneller, sein Körper zitterte vor Erwartung – bis sein sehnsüchtiges Auge den Horizont streifte, und ihm übel wurde von dem, was er sah.

Dort unten dehnte sich eine Bergwerksiedlung. Riesige Löcher klafften in der Erde, und der Boden war aufgerissen vom Straßenbau. Überall lagen Abfälle umher, rostige Maschinen und schlammige Wasserpfützen befanden sich dort, wo einst der klare Bach plätscherte. Bauten waren achtlos und willkürlich über die Landschaft verstreut, und in der Luft hing ein Gestank von Whisky und schalem Schweiß. Der Wind trieb trunkenes Gelächter heran, Zank und Geschrei der Einwohner. Leute stolperten zwischen den Häusern umher, warfen Flaschen auf die Erde, rempelten sich an und brüllten. Dieser heilige Ort war vernichtet, entweiht. Bäume hatte man abgehauen, Felsen verschoben und so die Einsamkeit zerstört. Voll Entsetzen sah Großvater, daß an der Vorderfront eines Hauses das prächtige Fell eines weißen Berglöwen hing. Ein Koyote sang in Großvaters Nähe, und die Leute dort begannen blindlings mit ihren Gewehren nach der Hügelkuppe zu feuern, wo Großvater saß. Im Kugelhagel glitt Großvater vom Hügel in die Geborgenheit der Wildnis, während es in seinem Kopf wirbelte vor ungläubigem Zorn und Schmerz.

Ziellos wanderte er viele Sonnenaufgänge lang umher und versuchte diese Weißen zu verstehen, die keine Achtung vor der Natur hatten und keine Rücksicht kannten. Er wußte nicht, warum der Berglöwengeist ihn hierher gerufen hatte. Warum? Welchen Grund gab es für all diese Zerstörung und Entweihung, welchen Grund gab es, daß er Zeuge alldessen sein sollte? Je länger er nachdachte über diesen heiligen Platz, desto sicherer wußte er, daß er zurückkehren und die Lehre aufspüren mußte, die in solcher Verwüstung enthalten sein mochte. Was immer der Sinn und die Absicht, Großvater mußte seiner Vision folgen und nach der Weissagung seines Traumes suchen, wie sehr es auch schmerzte. Es war eine unvollständige Antwort, aber momentan sein einziger Hinweis. Andere Antworten würde er nicht erhalten, solange er nicht diesem einen gehorchte. Am schlimmsten quälte ihn das Gefühl, daß er es hätte wissen müssen, lange bevor er den heiligen Platz erreichte. Hatte die spirituelle Kraft eines Scouts ihn verlassen? Oder machten die Geister ihn taub für die Warnung? Er würde zurückkehren zu dieser verkommenen Stadt, nur diesmal als Scout, um einen besseren Überblick zu gewinnen.

Im Schutz der Nacht schlich er zurück zu der Stadt. Er wußte, daß er in der Umgebung von Ansiedlungen auf Menschen stoßen konnte. Die Schatten der Nacht aber warnten ihn, er spürte die Angst dieser Leute, ihre Unfähigkeit, mit der Landschaft zu verschmelzen – besonders bei Nacht. Er aber fühlte sich in der nächtlichen Wildnis geborgen wie zu Hause. Er kam leicht voran; kein Vogelzwitschern, kein Tierlaut verriet sein Kommen. Es war, als sei er unsichtbar.

Lange bevor der Morgen graute, erreichte er den Hügel vor der Stadt. Dort unten war alles still. Wie ein Phantom glitt er zur Straße hinab und ging lautlos an Pferden und Hunden vorbei. Alles blieb still. In trostloser Einsamkeit lag die Straße: Die Luft war verpestet von Kotgeruch und von den Ausdünstungen unreiner Menschen. Abfälle, faulige Essensreste und zersplitterte Flaschen lagen überall verstreut und erschwerten das Vorwärtskommen. Auf den Planken hölzerner Bürgersteige schliefen Männer den dumpfen Schlaf der Trunkenheit. Manche umklammerten im Schlaf ihre Schnapsflaschen, andere hielten ihre Revolver in der Hand – wie in bewußtlosem Kampf gegen die Nacht und ihre eingebildeten Schrecken. Großvater bewegte sich ungehindert durch die Stadt, spähte in alle Gassen, blickte in Fenster und starrte in klaffende Bergwerksstollen. Er suchte nach Antworten auf die Fragen in seinem Herzen, bis die Schwärze des Himmels einem stählernen Grau des nahenden Morgens wich. Da zog er sich in die Berge zurück, in einen kleinen Höhlenspalt, um dort zu schlafen, verborgen vor den Augen der Menschen.

Als er erwachte, war es schon spät am Nachmittag. Das erkannte er am Verhalten der Vögel. Der Himmel war dunkel verhangen, und Nebelschleier breiteten sich über die Hügel. Großvater schlich zurück zum Stadtrand und versteckte sich in einem verfallenen Werkzeugschuppen. Von dort aus konnte er das Hin und Her der Einwohner beobachten. Großvater sah, wie unnatürlich sie sich bewegten, denn ihre eckigen, kastenförmigen Häuser und ihre schweren Kleider schnitten sie ab von den natürlichen Elementen. Sie sahen nichts von den Wundern der Natur – und unbemerkt schwebten am Himmel die Adler. Diese Leute lebten in einem Vakuum, getrennt von allem, außer sich selbst und dem Schmutz, den sie verursachten.

Wie seltsam schienen diese Menschen. Sie fügten sich nicht in die Wildnis ein, sondern fürchteten sie, hielten sie in sicherer

Distanz – wie ein Mann, der mit einer Giftschlange umgeht. Sie kannten keine Achtung vor dem Land, vor den Tieren, den Pflanzen oder gar dem Wasser. Abfälle wurden bedenkenlos weggeworfen, lebendige Bäume und Büsche achtlos vor den Behausungen gefällt. Überall abscheulicher Schmutz. Diese Menschen lebten nicht besser als ihre gezähmten Haustiere: beide hausten im eigenen Schmutz, anscheinend nur, um zu fressen und irgendwann zu sterben. Gelacht wurde nur im Rausch und auf Kosten anderer, sonst lachte niemand. Die Gesichter in dieser Siedlung wirkten so gequält und erstarrt vor Traurigkeit, daß Großvater sich fragte, wodurch dieses Leben wohl so vergiftet war. Immer neue Fragen bedrängten ihn. Warum schützten sich diese Leute durch schwere Kleidung gegen die Wirklichkeit der Natur? Warum sperrten sie sich in sterile Häuser und hasteten so ziellos umher, warum opferten sie soviel Zeit und Mühe für die einfachsten Verrichtungen des Überlebens? Woher kam ihre Gier nach Annehmlichkeiten, Komfort und Sicherheit? Für Großvater blieb es unbegreiflich, wie Menschen solchen Aufwand treiben konnten, um sich gegen das Leben selbst abzuschotten.

Ein Junge fiel Großvater auf, ein Indianer unbestimmbarer Herkunft. Sein Haar war achtlos kurzgeschoren, und er trug alte, zerschlissene Lumpen der Weißen, die um ihn herumschlotterten. Sein Gang wirkte mühsam und unbeholfen in seinen schweren Stiefeln, ganz anders als die lautlosen, geschmeidigen Bewegungen seiner Vorfahren. Er stolperte hinter einem Fuhrwerk herum und stapelte Säcke auf eine Rampe. Einer der Säcke platzte und sein Inhalt ergoß sich auf die schmutzige Straße. Ein kräftiger weißer Mann, der die ganze Zeit auf der Rampe gestanden hatte, brüllte den Jungen an, trat ihm gegen die Brust und stieß ihn mit dem Gesicht in den Schlamm. Andere lachten, als der Mann ihn mit einer Peitsche zu schlagen begann. Der Junge wand sich am Boden vor Schmerz und Scham, aber die anderen Männer verschwanden gleichgültig im Haus. Großvater sah es voll Entsetzen: sie hatten den Jungen schlimmer mißhandelt als ihre Tiere.

Regen prasselte nieder und hüllte das Dorf in Nebel und Dunst. Der junge Mann lag im Schlamm, reglos wie ein Toter. Großvater konnte die Wut in seinem Herzen nicht mehr bezähmen. Geduckt sprang er aus dem Schuppen, schlüpfte an einem der Häuser vorbei und kniete schließlich neben dem Jungen. Er schleppte ihn in den Schuppen, hüllte ihn in eine Decke und wiegte ihn in den Armen, bis er wieder zu Bewußtsein kam. Für einen Moment schlug der Junge die Augen auf, versuchte sich zu orientieren, dann schwanden ihm erneut die Sinne. Großvater wachte die Nacht bei ihm, fertigte aus Riemen und Stangen ein Traggestell und schleppte den halbbewußtlosen Jungen zu einer Höhle, weit fort von der Stadt. Er machte Feuer und fertigte ein weiches Reisigbett für den Jungen. Nachdem er sich vergewissert hatte, daß sein Schützling ruhig schlief, glitt er wieder hinaus in die Nacht, um Nahrung zu suchen.

Am nächsten Morgen erwachte der Junge, noch verstört und verängstigt. Sein Gesicht und sein Rücken zeigten vernarbte Striemen von früheren Peitschenhieben, dazu die frischen Wunden vom letzten Tag. Der Junge fürchtete, die Männer könnten ihn verfolgen und ermorden, aber Großvater zerstreute seine Angst. Es dauerte eine Weile, bis der Junge sich soweit beruhigt hatte, daß er Großvaters Fürsorge akzeptieren konnte; aber dann erwachte ein längst vergessenes indianisches Erbe in ihm, und er vertraute Großvaters machtvoller Medizin. Als kleines Kind war er von dem Mann, der ihn geschlagen hatte, seinen Eltern geraubt worden. Man hatte ihn wie einen Sklaven gehalten, wie ein Lasttier oder einen Prügelbock. Er mußte bei den Tieren schlafen und seine Nahrung aus dem Müllhaufen klauben. Eine Flucht hätte seinen sicheren Tod bedeutet, denn der Mann hätte ihn gehetzt und getötet wie andere vor ihm. Der Junge, der die Fähigkeiten seiner Ahnen verloren hatte, fürchtete sich davor, in der Wildnis überleben zu müssen. Er war nie in den alten Traditionen unterrichtet worden, aber in seinem Innersten fühlte er sich hingezogen zur Lauterkeit der Natur, zu einem Leben fern von dem Wahnsinn, in dem er existieren mußte.

Manches erfuhr Großvater von diesem Jungen: die Greuel der

Weißen, die Unterdrückung in den Reservaten, Hunger und Krankheit, Trunksucht und Kindesraub. Er erfuhr, daß die Alten nicht mehr ihre Religion praktizieren durften; auch durften sie nicht mehr auf die Jagd gehen und Nahrung beschaffen. Statt dessen lebten sie wie Gefangene auf unfruchtbarem Land, wo sie keine Nahrung fanden, wo in der Winterkälte die Greise und Kinder erfroren, wo in der Sommerglut viele dem Durst und den Seuchen zum Opfer fielen. Weiße Indianeragenten wurden fett und reich, indem sie staatliche Kleider- und Lebensmittellieferungen unterschlugen, die für die Reservate bestimmt waren. Verfehdete Stämme wurden zusammengesperrt, Krieger gefoltert oder ermordet, alte Traditionen vernichtet. Die einst so stolzen Stämme waren enttäuscht und gebrochen; Hoffnungslosigkeit und Abhängigkeit machten sich breit.

Der Junge erzählte auch von der Religion des Weißen Mannes, und daß keine zwei Weißen sich einig seien, was gut und rechtens sei. Sie hatten den Menschen dieses Landes ihre Religion aufgezwungen, und obwohl diese manches Gute enthielt, lebten die Weißen selten nach den Wahrheiten, zu denen sie sich bekannten. Ihre Schwarzkutten sprachen von Liebe und Frieden, aber das Leben der meisten war Habgier, Machtkampf und Krieg. Dies verwirrte die Menschen. Die Ältesten, die sich von den Lehren des Weißen Mannes abwandten, wurden vertrieben, geschlagen, ausgehungert und sogar ermordet. Die Jungen wurden auf Schulen geschickt, wo sie die Lebensart der Weißen lernten, nur um bei der Rückkehr ins Reservat festzustellen, daß sie in keiner der beiden Welten mehr leben konnten. Auf gutgläubig unterzeichnete Verträge folgten Lügen und Täuschungen – und schließlich die Gefangenschaft im Reservat.

Die Zahl der Weißen war groß, und überlegen waren ihre Waffen, aber es mangelte ihnen an der Fähigkeit, im Einklang mit der Erde zu leben. Weil die Weißen die Natur fürchteten, galt sie ihnen als wild und gefährlich – als etwas, das sie durch ihre Zivilisation zu unterwerfen suchten. Der junge Indianer flehte Großvater an, ihn die alten Traditionen zu lehren, damit er fern von der Hölle der Weißen leben könnte. Und Großvater war ohne Zögern dazu bereit.

In diesem Augenblick heulte ein Koyote von den fernen Hügeln herab, Donner rollte über den Himmel, und Großvater wußte, warum er noch einmal an diesen Ort geführt worden war. Er hatte den Wahnsinn von Menschen gesehen, die im Widerspruch zur Natur lebten, und er hatte die Grausamkeit erkannt, die aus solcher Trennung entspringt. Er hatte gesehen, wie die Kinder dieser Erde, unterdrückt durch die Weißen, ihre Fertigkeiten und ihren Glauben verloren. Doch er wußte: eines Tages würde der Weiße Mann für seine Sünden bezahlen müssen.

Mehr als einen Mond kümmerte sich Großvater um diesen eingeborenen Jungen. Er pflegte ihn gesund, lehrte ihn einfache Techniken des Überlebens, nahm ihn mit auf die Jagd und brachte ihm die alten Wahrheiten nahe. Weil ungewollte Begegnungen mit den Leuten aus der Stadt immer häufiger wurden, zogen die beiden sich tiefer in die Sicherheit der Berge zurück. Sobald der Junge stark genug war, um sich unentdeckt im Gelände zu bewegen, beschloß Großvater, weiter nach Norden zu ziehen. Bevor sie aufbrachen, ging Großvater ein letztes Mal in die Siedlung – um «den Löwen zu befreien», wie er sagte. In der Nacht schlich er in die Stadt, pirschte durch die Straßen und kletterte die Wand des Hauses hinauf, das den weißen Berglöwen gefangen hielt. Er schnitt das Fell ab, betete und brachte dem Geist rituelle Opfergaben dar; dann barg er das Fell des Löwen in einem Hirschlederbeutel. Traurig schlich er sich davon und überließ diesen einst heiligen Ort dem wuchernden Wahnsinn der Weißen. Lieber wäre er geblieben, um für die Heiligkeit dieses Ortes zu kämpfen, aber er wußte, daß daraus nur Haß und Leid erwachsen würden. Mit aufgewühltem Herzen blickte er daher der lauteren Freiheit der Berge entgegen.

Oft sprach Großvater von seiner Zeit in den Bergen, als er bis ins Innere Kanadas wanderte und wieder zurück in südlichere Regionen. Einige Jahre blieb der junge Indianer bei ihm und ließ sich in den alten Traditionen unterweisen, bis er genügend

Kenntnisse hatte, um sich in jeder Situation zu behaupten. Schließlich nahm er eine junge Indianerin zur Frau und zog sich in die wilden Hochregionen der kanadischen Rocky Mountains zurück. Großvater besuchte die beiden, wann immer er in die Nähe ihrer Hütte kam, bis der junge Mann eines Tages getötet wurde, als er hilfesuchend sein krankes Baby zu einer Missionsstation brachte. Ein paar Farmer aus der Umgebung hielten ihn irrtümlich für einen Dieb, da sie ihn mit einem Bündel im Arm aus dem Missionshaus laufen sahen. Das Bündel war sein neugeborener Sohn – und Vater und Kind starben im selben sinnlosen Kugelhagel. Großvater sollte nie begreifen, wie jemand glauben konnte, daß irdischer Besitz wertvoller sei als ein Menschenleben. Ob Dieb oder nicht, der junge Indianer hätte nicht sterben dürfen.

Etwa um die Zeit, als der Junge den Tod fand, verließ Großvater die Zuflucht der Rocky Mountains und lebte fortan in den Wüsten. Wie in der Zeit seiner Einsamkeit in den Bergen, übte er seine Fertigkeiten bis zur Vollkommenheit, lebte nach seinem spirituellen Glauben und ging oft auf Visionssuche. Wann immer es möglich war, suchte er die Ältesten der benachbarten Stämme auf, lernte, was er von ihnen lernen konnte, und gab auch sein Wissen weiter. Manche dieser Alten wurden lebenslange Freunde und Führer für ihn, und oft besuchte er sie auf seinen Reisen. Er ging auch heimlich in die Reservate der Indianer, sammelte hin und wieder eine Gruppe von Kindern um sich und unterwies sie in den alten spirituellen Überlieferungen. Doch oftmals wurde er von den Weißen vertrieben, manchmal sogar von den Indianern selbst. So erfolgreich hatten die Weißen ihnen die Angst vor den alten Überlieferungen eingeimpft und vor den Rückwirkungen, die solches Wissen haben könnte, daß sie ihre Kinder davon fernzuhalten suchten. Meistens aber war Großvater und seine Lehre willkommen.

Und immer wieder lockte ihn der Ruf seiner Vision in ein anderes Land. Seine spirituelle Suche führte ihn an die Westküste Amerikas, bis nach Alaska hinauf, durch die Prärien des Mittleren Westens, durch das Tal des Mississippi und wieder zur

Ostküste, dann nach Mexiko und in die Länder Mittelamerikas. Auf seinen Wanderungen durchquerte Großvater mehrmals den Kontinent, immer lernend, immer nach geistigen Dingen strebend und mehr und mehr über sich selbst hinauswachsend. Er blieb gewöhnlich so lange in einer Gegend, bis die Vision ihn weiterführte. Aber auch dort, wo er sich niederließ, gab es kein Ausruhen. Denn er blieb immer ein Scout, lebte im Verborgenen und stets in der Furcht, von den Weißen entdeckt zu werden. Sie würden ihn gefangennehmen, in ein Reservat sperren oder gar Schlimmeres mit ihm anstellen. Darum hielt er sich fern von der Welt des Weißen Mannes, lebte in der Wildnis nur in Gesellschaft der Geister und besuchte, je älter er wurde, um so seltener die Ältesten der Ureinwohner.

Den größten Teil seines Lebens blieb er auf Wanderschaft. Überall, wohin er kam, wurde er Zeuge der sinnlosen Zerstörung der Erde und der Vernichtung seines Volkes. Wie ein wucherndes Krebsgeschwür breitete sich die Verwüstung aus. Keine Gegend schien davor sicher, kein Ort blieb unberührt – auch nicht die rauhen Einöden, wo er als junger Mann Zuflucht gefunden hatte. Je mehr er sah, desto öfter zweifelte er an seiner Berufung zum großen Lehrer. Bereitwillige Schüler, ob jung oder alt, fanden sich immer seltener in dieser so rasch sich wandelnden Gesellschaft. Und viele von denen, die geeignet schienen, waren bestenfalls neugierig und nicht bereit, die Opfer und Mühen auf sich zu nehmen, die eine Ausbildung in den alten Traditionen erforderte. Die moderne Gesellschaft hatte Menschen hervorgebracht, die nach sofortiger Befriedigung ihrer Bedürfnisse strebten, auch nach schnellem und leichtem Lernen. Diese neuen Werte waren unvereinbar mit den alten Lehren. Großvater war alt geworden, und seine Zeit wurde knapp. Verzweiflung und Einsamkeit quälten ihn, und seine Hoffnung schwand. Seine Vision hatte ihn in eine Erschöpfung geführt, die mit dem Alter nichts zu tun hatte. Das Narrentreiben dieses modernen Lebens schien kein Ende zu nehmen.

Auf dem Höhepunkt seiner Mutlosigkeit und Altersmüdigkeit, als seine Vision schon verblaßte, beschloß Stalking Wolf, seinem Leben ein Ende zu setzen. Ihm war, als hätten die Geister ihn verlassen, als hätte er seine Vision nicht richtig befolgt, als sei alles verloren. Also machte er sich noch einmal auf den Weg in seine Heimat, um sein Volk zu finden: falls es verschwunden sein sollte, wie so viele andere Völker, wollte er nicht mehr leben. Er wollte die Zerstörung der Erde nicht länger mit ansehen. Er wollte den Rest seiner Tage bei seinem Stamm verbringen oder gar nicht mehr leben.

Nach langer Wanderung kehrte er zurück an den heiligen Ort, wo er seine erste Vision gehabt hatte: jenem Ort des alten Scoutgeistes, des weißen Berglöwen und des weißen Koyoten. Auf der Hügelkuppe über dem Tal angekommen, erwartete er, jene verwahrloste Bergwerksiedlung wiederzusehen, aber sie existierte nicht mehr. Sie war vom Antlitz der Erde gelöscht – durch die Flammen des Feuers, durch Wüstenstürme und durch den Zahn der Zeit. Kaum daß noch Narben sichtbar waren. Die Natur hatte zurückgefordert, was einst ihr gehörte. Und Großvaters Herz jubelte.

Bei jenem Felsvorsprung, wo seine Vision zu ihm gesprochen hatte, schlug er sein Lager auf. Hier fühlte er sich in Sicherheit; hier wollte er bleiben, bis der Tod kam. Als die Sonne unterging, trat ein einsamer Koyote auf einem fernen Berggrat hervor und stimmte sein trauriges, altes Lied an. Donner rollte über den klaren Himmel. Zitternd stand Großvater da und wußte: es war der Ruf seines Urgroßvaters. Noch mehr Koyoten stimmten ein, und weiter rollte der Donner, bis die Nacht widerhallte von seinem Gebrüll. Danach herrschte Stille. Und jetzt erschien ihm, wie einst vor vielen Jahren, der alte Kriegergeist. Hoch aufgerichtet stand er vor dem flammenden Horizont, stark, wie aus Stein gemeißelt. Er gab Stalking Wolf ein Zeichen und deutete mit der Hand nach Osten, diesmal aber nachdrücklicher, mit größerer Bestimmtheit. Seine Gestalt löste sich in Schatten auf und verschwand; zu sehen blieb nur die ostwärts weisende Hand. Großvater gehorchte und wandte den Blick nach Osten. Ein kleiner Junge, der dort im Kies nach seltenen Steinen suchte, drehte sich um und sah Großvater an; dann lächelte er und verwandelte sich in einen weißen Koyoten, der schließlich im letzten Flimmern des Sonnenuntergangs verblaßte. Und so trat Großvater noch einmal die Reise nach Osten an. Ob aus Zufall oder Bestimmung – ich war es, der dort am Fluß nach Fossilien suchte, als ich Großvater zum erstenmal sah. Ich lächelte ihm entgegen und hatte ein Gefühl, als ob ich ihn seit jeher kenne – und in der Ferne hörte ich einen Koyoten heulen. Großvater strahlte, und Tränen flossen ihm über die Wangen, doch ich selbst war damals zu jung, um zu wissen warum.

Das war alles, was Großvater uns beiden, Rick und mir, einstweilen von seinem Leben und seiner Vision offenbarte. Wir verstanden die Kraft, die ihn bewegte, und daß er nur die Wahl gehabt hatte, für seine Vision zu leben oder zu sterben. Ehrfürchtig dachten wir an die dreiundsechzig Jahre, die er wandernd und suchend verbracht hatte, alles aufopfernd, woran die meisten Menschen hängen. Er kannte kein Zuhause außer der Wildnis und keinen anderen Besitz als die Wahrheit seines Herzens. Noch viele Monate sollten vergehen, bevor Großvater von den vielen Erlebnissen sprach, die ihn auf dieser langen Wanderung beeindruckt hatten. Aber für diesen ersten Abend hatten wir genug Stoff, um nachzudenken, und wir begannen, ihn zu verstehen.

2
Der Ruf der Trommel

Rick und ich hatten uns immer fremd gefühlt in dieser Gesellschaft. Was uns betraf, so gab es zwei verschiedene Welten. Es gab Großvaters Welt der Wahrheit der Natur und des Geistes, und es gab die sterile Falschheit der Welt der Gesellschaft. Die beiden stimmten nur selten überein, und dies brachte uns manchmal in eine mißliche Lage. Wir waren hin und her gerissen zwischen dem, was wir in der natürlichen Welt für richtig hielten, und dem, was wir tun mußten, um mit dieser Gesellschaft in Frieden zu leben. Anscheinend gab es keine Lösung für diesen Konflikt. Was Großvater uns lehrte, was wir von den Gesetzen der natürlichen und spirituellen Welt wußten und was wir im Herzen als wahr erkannten, paßte einfach nicht zu dieser Gesellschaft. Was die Gesellschaft uns lehren wollte, funktionierte dagegen nicht in der reinen Welt der Natur. Es gehörte nur zu den Spielen, denen sich die Menschen hingaben.

Rick und ich führten alsbald ein Doppelleben. Wir lernten, daß wir das Spiel mitspielen mußten, nur um in der Schule und in den Augen der anderen dazuzugehören. Wir mußten schweigen über die vielen Dinge, die wir in der Natur und in der geistigen Welt gelernt hatten – insbesondere in der geistigen Welt. Ich zweifelte nicht daran, daß man uns auslachen würde, wollten wir nur ein Wort darüber verlieren, was wir in der Geisterwelt erlebten. Schlimm genug, daß Rick und ich bei vielen als Sonderlinge galten. Die anderen verstanden nicht, wieso wir unsere Zeit am liebsten im Wald verbrachten – und gar bei diesem merkwürdigen alten Mann. Manchmal behandelten sie uns, als hätten wir eine ansteckende Krankheit, als wären wir nicht ganz normal. Bald erzählten Rick und ich nichts mehr von der Wildnis – von den Dingen, die wir dort lernten. Wir mieden das Thema geradezu, wenn wir mit Kameraden zusammen waren.

Einmal, ich war noch ganz jung und kaum vertraut mit spirituellen Dingen, wurde ich fürchterlich ausgelacht. In einem entlegenen Winkel unseres Schulgeländes hatte ich eine Pfeilspitze gefunden – im dichten Gestrüpp, abseits vom Schulhof. Meine Kameraden sahen mich von dort kommen, die Pfeilspitze in der Hand, und wunderten sich, wieso ich in diesen Teil des Schulgeländes gegangen war. Ich hatte damit gegen eine Vorschrift der Schulleitung verstoßen. Auf die Fragen der anderen Jungen und des Lehrers erzählte ich, daß mich eine Geisterstimme dorthin geführt hätte – ohne zu ahnen, daß ich damit etwas ganz Absurdes sagte. Für mich war es selbstverständlich, mich von meiner inneren Vision führen zu lassen. Und ich verstand überhaupt nicht, warum die Kameraden mich auslachten oder warum der Lehrer mich sofort zum Direktor schickte.

Der Direktor glaubte kein Wort meiner Erzählung. Er schien sogar besorgt, weil ich offenbar Stimmen hörte, die mich riefen. Er meinte, ich hätte wohl eine zu lebhafte Phantasie und die Pfeilspitze stamme vermutlich von zu Hause. Sie sei nur ein Vorwand, um mich vom Schulhof zu entfernen. Zur Strafe bekam ich an drei Tagen Arrest nach der Schule. Noch schlimmer war, daß die Jungen nicht aufhören wollten, mich zu verspotten. Sie behaupteten, daß ich mir unsichtbare Freunde einbilde, wie kleine Kinder es tun. Und das Gespött verfolgte mich bis nach Hause, wo meine Eltern mir vorwarfen, ich hätte meinen Lehrer angelogen. Es war ein Wendepunkt in meinem Leben, denn nun erzählte ich niemandem mehr von den Geistern. Bis zu diesem Tag hatte ich geglaubt, daß alle Menschen ihrer «inneren Vision» folgten oder die Stimmen der Geister hörten.

Am nächsten Wochenende, in unserem Lager im Wald, berichtete ich Großvater, was in der Schule passiert sei und was meine Lehrer gesagt hätten. Und ich erzählte ihm von meiner Befürchtung, im Kopf nicht ganz richtig zu sein, weil ich Stimmen vernähme, die keiner von meinen Freunden höre. Auch sagte ich ihm, daß die anderen mich für einen Eigenbrötler hielten, gar für verrückt, und daß ich oft dafür ausgelacht würde. Großvater lächelte und sagte: «Du hast die Pfeilspitze gefunden, nicht wahr? War es etwa deine Phantasie, die dich dorthin führte, oder die Stimme eines Geistes? Hättest du keine Pfeilspitze gefunden, dann wäre es Einbildung gewesen. Aber du hast eine Pfeilspitze gefunden, und darum ist es die Wahrheit. Nur das Endresultat sagt uns, ob etwas wahr ist oder nur eingebildet.»

Dann erzählte er uns, daß er als Kind ähnliche Erfahrungen durchmachen mußte, wenn auch nicht ganz so schlimme. Immerhin wird die Geisterwelt von den Ureinwohnern Amerikas, auch den Kindern, fraglos akzeptiert. Sie ist Teil ihrer Wirklichkeit. Aber sogar die Kinder einer spirituell hochstehenden Gemeinschaft können grausam sein, wie Großvater erleben mußte. Er war sich anfangs als Sonderling vorgekommen und hatte nicht gewagt, anderen von seinen Erlebnissen auf der spirituellen Ebene zu erzählen, nicht mal den Ältesten seines Stammes. Er glaubte, daß er sich die spirituellen Erscheinungen einbildete, die er sah. Manche seiner spirituellen Erlebnisse waren großartiger als diejenigen, die diese Ältesten hatten, und so fürchtete er, ihnen den Respekt schuldig zu bleiben, wenn er davon berichtete.

Seine ersten spirituellen Begegnungen, sagte Großvater, habe er in früher Kindheit gehabt. Es begann mit einem fernen Trommeln in der Wildnis. Ging er nachschauen, wer wohl die Trommel schlüge, so fand sich niemand. Manchmal entdeckte er Spuren eines früheren Lagers, aber keinen Trommler. Zuweilen hörte er außer der bei Zeremonien geschlagenen Trommel noch eine andere Trommel dröhnen. Ihr Rhythmus stand ganz im Einklang mit dem der realen Trommel, aber wo eigentlich nur eine sein sollte, hörte er zwei oder mehr Trommeln. Er konnte auch angeben, aus welcher Richtung diese geheimnisvollen Trommelrhythmen kamen, und manchmal glaubte er sogar das Wirbeln und die Schwingungen zu spüren.

Dennoch erzählte Großvater nur ungern von diesen Erlebnissen. Er wußte ja nicht, ob auch die Ältesten solche geheimnisvollen Trommelrhythmen hörten und ob auch sie Trommeln dort vernahmen, wo niemand die Trommel schlug. Bei den Zeremonien paßte er auf, wie die anderen reagierten; er beobachtete ihren Gesichtsausdruck, wenn er auf das Trommeln aus der Wildnis lauschte – aber nichts verriet ihm, daß auch die anderen etwas hörten. Manchmal lächelte wohl ein Ältester in die Richtung, aus der die Trommel klang, wandte sich aber schnell wieder ab. Manchmal machte Großvater sogar Andeutungen, ohne sich festzulegen, doch erntete er nur befremdete Blicke. Wenn er von Trommeln sprach, sagten die anderen, er habe eine zu lebhafte Phantasie.

Allmählich glaubte Großvater tatsächlich, daß er sich diese geheimnisvollen Trommelrhythmen nur einbilde, daß sie keine echte spirituelle Erfahrung seien. Er fürchtete ernstlich, er sei vielleicht nicht ganz normal. Auch gab es die Möglichkeit, daß die Trommeln ein Zeichen des Bösen waren, das ihn ins Verderben locken wollte. Er hatte viel über solche Dinge gehört und machte sich Sorgen. Darum versuchte er die Trommelrhythmen aus seinem Kopf zu verdrängen, sobald er sie hörte – aber das gelang ihm nicht. Beinahe ein Jahr begleiteten ihn diese Rhythmen, dann verschwanden sie plötzlich. Viele Monde vergingen, ohne daß Großvater Trommeln in der Ferne hörte, auch nicht mehr bei den Zeremonien. Endlich glaubte er, daß alles, was er gehört hatte, nur in seiner Phantasie existierte.

Viele Monate, nachdem Großvater zum letztenmal Trommeln gehört hatte, befand er sich draußen in den Hügeln, um dort die Gegend zu erkunden. Wie im Flug war ihm der Tag vergangen, und jetzt sank die Sonne dem Horizont entgegen, während er den Rückweg zum Lager antrat. Tiefe Schatten fielen über das Land, belebten die Farben der kargen Einöde und steigerten die mystische Stimmung des Abends. Großvater verweilte ein wenig, um den Sonnenuntergang zu betrachten und zu beten, wie er es um diese Tageszeit immer tat. Schon früh lernten die Kinder seiner Sippe, die Stunde der aufgehenden und der untergehenden Sonne zum Gebet und zur inneren Einkehr zu nutzen. Für Großvater war es stets ein besonderer Augenblick, wenn die sinkende Sonne den Himmel leuchtend entflammte. Dann legte er sein ganzes Herz in sein Gebet und widmete dem Schöpfer seine volle Aufmerksamkeit.

Während er betete, hörte er Gesang von einem benachbarten Hügel herüberklingen. Anfangs glaubte er, es sei einer der Ältesten bei seiner täglichen Andachtsübung. Doch als er die Augen aufschlug und über das kleine Tal zu dem anderen Hügel hinüberschaute, war dort niemand zu sehen. Und noch immer tönte der Gesang herüber. Inzwischen war er überzeugt, daß der Sänger sich jenseits der gegenüberliegenden Hügelkuppe befand, außerhalb seines Gesichtsfeldes, und darum beschloß er hinüberzugehen und diesen Mann zu finden. Obwohl es schon dunkel wurde, lief er flink hinunter ins Tal und kletterte den jenseitigen Hügel hinauf. Je höher er stieg, desto lauter wurde das Singen, doch als er die Spitze erreichte, verstummte es plötzlich.

Erschreckt und verwundert stellte Großvater fest, daß da niemand war. Er fürchtete schon, seine Phantasie hätte ihn wieder einmal getäuscht. Verzweifelt suchte er nach Fußspuren auf der staubigen Erde. Aber es gab keine menschlichen Spuren in dieser Gegend, auch keine älteren Abdrücke, nur die Fährten von Tieren. Inzwischen war es völlig dunkel geworden, und Großvater glaubte, daß ein böser Geist ihn hierher gelockt haben könnte – doch die Gegend sah nicht nach schlechter Medizin aus. Dennoch beeilte er sich, das Lager zu erreichen, denn immerhin konnte es doch eine böse Erscheinung sein. Er nahm sich vor, dem ersten Ältesten, dem er begegnete, von dem sonderbaren Gesang zu erzählen, den er gehört hatte. Unterwegs aber beschloß er, lieber doch nichts zu verraten – aus Angst, als furchtsames Kind ausgelacht zu werden.

Auch als er das Lager erreicht hatte, kam ihm dieses Lied nicht aus dem Sinn. Es war eine Sprache, die er nicht verstand, und ein Tonfall, den er noch nie gehört hatte. Keine Zeremonie seines Stammes erinnerte auch nur annähernd an jene Hymne, und dies bestärkte ihn in seinem Vorsatz, den Ältesten nichts davon zu erzählen. Er wußte noch immer nicht, ob der Gesang ein gutes oder ein böses Zeichen war, und obwohl er den Text des Liedes auswendig konnte, zwang er sich, nicht mehr daran zu denken. Keinesfalls wollte er als törichtes Kind verlacht werden – oder sich sagen lassen, daß seine Phantasie, gepaart mit Furcht vor der Dunkelheit, ihm einen Streich gespielt habe. So sehr quälte ihn die Erinnerung an diesen Gesang, daß er sich sogar vor den nächtlichen Schatten rund um das Lager fürchtete.

Er fand kaum Schlaf in dieser Nacht, und absurde Träume suchten ihn heim. Er träumte von einem alten Mann, der auf einem ähnlichen Hügel saß und einen ähnlichen Sonnenuntergang betrachtete, wie er ihn an diesem Abend erlebt hatte. Der Alte schien nicht böse zu sein, auch tat er nichts Ungewöhnliches. Anscheinend saß er nur da, ins Gebet vertieft. Mehrmals hörte Großvater dieses Lied im Traum, und manchmal kam es von dem alten Mann auf jenem Hügel. Zweimal wurde er durch den Gesang aus dem Schlaf gerissen und wußte nicht, ob er ihn im Traum oder in Wirklichkeit gehört hatte. Und immer vernahm er das gleiche Lied. Für Großvater war es eine qualvolle Nacht voller Angst und Schrecken.

Doch beim ersten Morgengrauen fühlte Großvater seine Furcht der Neugier weichen. Vielleicht hatte das Licht des neuen Tages die Ängste der Dunkelheit vertrieben – jedenfalls beschloß er, mit aller Vorsicht der Sache auf den Grund zu gehen. Er wollte noch einmal jene Hügelkette aufsuchen und feststellen, ob der Gesang noch immer erklänge. Er mußte wissen, ob diese Hymne tatsächlich aus der Geisterwelt stammte oder nur in seiner Einbildung bestände und vor allem, ob sie guten oder bösen Ursprungs war. Nachdem Großvater seine Pflichten im Lager erledigt hatte, machte er sich noch einmal auf den Weg. Er war neugierig, ob er das Lied auf jenem Hügel noch einmal hören würde. Er ging allein, weil er fürchtete, die anderen könnten ihn für närrisch halten.

Fast den ganzen Nachmittag suchte er auf dem Hügel, wo er den Gesang vernommen hatte. Aber auch jetzt, bei Tageslicht, gab es kein Anzeichen für die Gegenwart eines Menschen auf der Hügelkuppe. Nur seine eigenen Fußspuren fand Großvater und natürlich die Fährten mancher Tiere. Vielleicht, so dachte er sich, hatte er nur das Echo eines Gesangs vernommen, der in Wahrheit von anderswo hergekommen war. Beinahe überzeugt davon, daß dies die Ursache der rätselhaften Erscheinung war, begann er jetzt die Umgebung der Hügelkuppe abzusuchen. Doch er fand nichts, was auf die Anwesenheit von Menschen hingedeutet hätte. Auch ältere Fußspuren waren nicht zu finden.

Schließlich, während der Abend dämmerte, kletterte Großvater noch einmal zur Kuppe hinauf, wo er zum ersten Mal die Stimme gehört hatte. Großvater vertiefte sich in sein Abendgebet – und erschrak, als er wieder Gesang vernahm. Er schlug die Augen auf und sah drüben, auf einem fernen Hügel, das deutliche Bild eines alten Mannes, desselben, den er nachts im Traum geschaut hatte. Aber so rasch, wie das Lied eingesetzt hatte, hörte es wieder auf, und die Silhouette des Mannes verschwand. Großvater kniff ein paarmal die Augen zusammen und wechselte auch seine Haltung, um sich zu vergewissern, daß er sich nicht getäuscht hatte.

Großvater war jetzt überzeugt, daß der Alte von seinem Hügel herabgestiegen war, um ins Lager zurückzukehren. Rasch lief auch er ins Tal hinab und kletterte den Hang gegenüber wieder hinauf. Er war entschlossen, den Alten einzuholen. Doch oben angekommen, konnte er keinen Menschen entdekken. Wieder suchte Großvater gründlich nach Spuren, aber zu seinem Entsetzen fand er nur seine eigenen Fußabdrücke vom letzten Tag. Er mußte sich fragen, ob er vielleicht nur ein großes Tier gesehen und irrtümlich für einen Menschen gehalten habe. Aber so gründlich er suchte, fand er doch keine Spuren. Die Sache wurde ihm unheimlich, und er begann sich zu fürchten – noch mehr als am letzten Abend. Weil es aber ein frommes Lied gewesen war, das er gehört hatte, wollte er nicht glauben, daß dieser Mann ein böser Geist sein könnte. In steigender Panik lief er ins Lager zurück.

Bevor er das Lager erreichte, verlangsamte er seine Schritte und versuchte, sich zu beruhigen. Seine Kameraden sollten nicht glauben, daß er sich etwa vor der Dunkelheit fürchtete. Unweit von den Hütten tauchten plötzlich vor ihm die Umrisse eines Mannes auf, der mit gekreuzten Beinen auf dem Boden saß. Mit einem Angstschrei schrak er vor der Erscheinung zurück – und plötzlich breitete der Mann Flügel aus und flog lautlos davon. Eine Eule war es, die vor Großvater gesessen hatte. Die Nacht hatte seine Wahrnehmung so getäuscht, daß er glaubte, einen Mann in der Ferne sitzen zu sehen, nicht eine Eule in der Nähe. Jetzt lachte er über sich, über den dummen Streich, den seine Sinne ihm gespielt hatten. Und er nahm an, daß es dort auf dem Hügel genauso gewesen wäre. Immerhin hatte er nicht daran gedacht, nach den Spuren großer Vögel zu suchen. Zufrieden mit dieser Erklärung beschloß er, am nächsten Morgen noch einmal auf jene Hügelkuppe zu klettern und dort nach Vogelspuren zu suchen.

Nach tiefem traumlosem Schlaf hatte sich Großvater wieder zu dem Hügel begeben. Überall in der Gegend, wo er das Phänomen gesehen hatte, suchte er nach den Spuren eines großen Vogels – aber es gab keine. Auch als er die Suche auf das umliegende Gelände ausdehnte, fand er keine Abdrücke von entsprechender Größe. Und nun war er wirklich überzeugt, daß seine Phantasie ihm einen Streich gespielt, daß es sich nur um ein Schattenspiel auf den Felsen gehandelt habe. Was aber den Gesang betraf, so blieb er unschlüssig. Den Wind konnte er nicht verantwortlich machen, denn es war windstill gewesen. Er konnte nur vermuten, daß der Klang aus der Welt der Geister herrührte. Ob er Gutes oder Böses bedeutete, das wußte er nicht. Aber bislang war ihm kein Leid geschehen, und darum glaubte er, es müsse ein guter Geist gewesen sein.

Später an diesem Abend tönte der Gesang erneut vom Hügel herab, verstummte diesmal aber bald. Mehrmals noch suchte

Großvater den Hügel auf, und jedesmal um die gleiche Abendstunde hörte er die Hymne. Dann verstummte sie eines Abends für immer, und die Hügel lagen in regloser Stille. Immer wieder ging Großvater zu jener Stelle hinaus, aber weder hörte er den Gesang, noch sah er das Bild eines Mannes. Auch gab es keine Sinnestäuschungen mehr. Inzwischen hatte er sich mit der Tatsache abgefunden, daß dieses Rätsel, ob ein Geist oder ein Mensch aus Fleisch und Blut gesungen hatte, ungelöst bleiben würde. Jedesmal, wenn er die Hügel aufsuchte, wurde seine Furcht geringer, bis sie schließlich gänzlich verschwand.

Einen Monat später kehrte Großvater noch einmal dorthin zurück – diesmal zusammen mit einem Freund. Sein Freund, er hieß Stone, war mit seinen zehn Jahren um einiges älter als Großvater. Die meisten Jungen träumen in diesem Alter von männlichen Taten und spielen nicht mehr mit kleineren Kindern. Stone und Großvater aber spielten den ganzen Tag dort bei den Hügeln und vergaßen, daß es überhaupt einen Altersunterschied gab. Spielerisch übten sie sich im Anschleichen, wobei jeder dasselbe Tier anzupirschen versuchte. Wer am nächsten an das Tier herankam oder es sogar berühren konnte, bevor es die Flucht ergriff, hatte gesiegt. So wurde es schließlich Abend, und Großvater hatte die Mehrzahl aller Spiele gewonnen. Stone war wütend darüber, daß ein so kleiner Junge ihn beim Pirschen geschlagen hatte. Als die Dämmerung kam, merkte Stone, daß er Großvaters Vorsprung niemals einholen könnte, und er wurde noch zorniger – beinahe ausfällig gegen Großvater. Aber Großvater hatte zuviel Spaß an diesem Spiel, um Stones veränderte Stimmung überhaupt zu bemerken. Plötzlich, als Stone und Großvater einen Hirsch anpirschten, hörte Großvater wieder die Hymne, lauter und deutlicher, als er sie je vernommen hatte. Mit einer heftigen Bewegung drehte er sich nach dem Hügel um, von wo der Gesang herübertönte – und verschreckte den Hirsch, der davonsprang. Im gleichen Moment wandte auch Stone den Kopf und schaute in dieselbe Richtung wie Großvater, und dann warf er ihm einen fragenden, aber unverhohlen ärgerlichen Blick zu.

Stone war wütend auf Großvater, weil sie sich beide in dem Moment, als Großvater sich umwandte, gleich nah an den Hirsch herangepirscht hatten. Stone hätte diese Runde gewinnen können, denn Großvater stand vor einem dichten Gebüsch, während Stone freie Bahn zu dem Hirsch hatte. Ohne viel nachzudenken, fragte Großvater seinen Freund, ob auch er die Hymne gehört habe, und deutete nach dem fernen Hügel. Großvater mußte annehmen, daß Stone die Töne gehört habe, weil er den Kopf in dieselbe Richtung drehte. Stone aber tobte vor Wut und nannte Großvater einen Lügner. Großvater habe dies nur getan, weil ihm klar gewesen sei, daß er dies Spiel verlieren würde. Stone verlangte, als Sieger anerkannt zu werden, und Großvater gab bereitwillig nach. Dann fragte er noch einmal, ob Stone wirklich keinen Gesang gehört habe.

Die beiden machten sich auf den Heimweg, und Stone – der wohl wußte, wie hoch Großvater ihn beim Spiel geschlagen hatte – begann ihn zu hänseln, weil er eingebildete Stimmen höre. Stone dachte wohl, er könne seine Niederlage abschwächen, indem er Großvater verhöhnte. Er nannte ihn ein ängstliches kleines Kind mit überspannter Phantasie, das in Gesellschaft erwachsener Männer nichts zu suchen habe. Nur kleine Kinder, so spottete er, hören Stimmen und erfinden sich unsichtbare Freunde – besonders wenn ihnen klar wird, daß sie beim Spiel verlieren müssen. So hänselte er Großvater den ganzen Weg bis zum Lager, und er beschuldigte ihn sogar, gemogelt und geschwindelt zu haben. Jetzt kamen noch andere Jungen hinzu, die sich – angetrieben von Stone – an dem Spott beteiligten. Großvater mußte gegen Tränen ankämpfen, Tränen der Wut.

Beim Lager angekommen, stieß Stone Großvater zu Boden und drückte sein Gesicht in den Staub. Großvater wehrte sich und bäumte sich auf, konnte sich aber nicht befreien. Die anderen Jungen verspotteten ihn johlend als Betrüger und Lügner, als Knirps, der bei echten Männern – wie sie es seien – nichts zu suchen habe. Weinend biß Großvater die Zähne zusammen, versuchte zu kämpfen, konnte sich aber nicht losmachen. Als die anderen seine Tränen sahen, verhöhnten sie ihn erst recht, johlten in gespieltem Weinen los und nannten Großvater ein «Baby». Ihr boshaftes Geschrei gellte durchs Lager, und ein paar Älteste liefen herbei, um den Streit zu beenden. Großvater versuchte nicht mehr, seine Tränen zu unterdrücken, so gedemütigt fühlte er sich. Stone befreite sich aus dem Griff der Ältesten und stieß Großvater noch einmal zu Boden – so hart, daß er aus dem Mund blutete.

Wieder traten die Ältesten dazwischen und verlangten Auskunft, wie der Streit angefangen habe. Stone platzte sofort heraus und erzählte, wie Großvater eingebildete Stimmen gehört und den Hirsch verscheucht habe – wobei er natürlich zu sagen vergaß, daß Großvater bei dem Spiel weit in Führung gewesen sei. Einer der Ältesten fragte Großvater, ob es stimme, was da gesprochen wurde. Zögernd gab Großvater es zu, versuchte aber alles zu erklären. Der Älteste hob jedoch die Hand und gebot ihm Schweigen. Er herrschte Großvater an, es sei unehrenhaft für einen richtigen Mann, bei solchen Dingen zu lügen oder zu schwindeln. Damit wandten sich alle ab und ließen Großvater stehen, beschämt und unter Tränen. Nur Stone drehte sich noch einmal um, machte eine verhöhnende Geste und grinste triumphierend.

Traurig und wütend, weil die Ältesten seiner Darstellung des Geschehens nicht glauben wollten, wußte sich Großvater keine andere Hilfe, als die Hymne anzustimmen. Kaum hatte er die ersten Worte gesungen, blieb die ganze Gruppe überrascht stehen, und einer der Ältesten sah Großvater in höchster Verwunderung an. Dieser Älteste stand in dem Ruf, mächtige Medizin zu haben; als er sich Großvater zuwandte, folgte die ganze Gruppe seinem Beispiel. Nun sang der Alte das Lied mit bis zum Ende. Noch immer verwundert und mit Tränen in den Augen fragte er Großvater, wo er das Lied gehört habe. Ohne Zögern erzählte ihm dieser von seinem Erlebnis in den Hügeln. Der Alte lächelte nur und sagte, halb an die Gruppe gewandt, halb an Großvater: «Dies ist ein sehr altes Lied, das ich als Kind gelernt habe. Es ist kein Lied unseres Volkes und war seit vielen Jahren vergessen.

Der Junge spricht die Wahrheit. Er ist kein Betrüger und kein Lügner.» Damit wandte er sich ab, und die anderen folgten ihm.

Kein Wort wurde mehr mit Großvater über die Hymne gesprochen, auch nicht von den Ältesten. Allerdings merkte er, daß diese ihn seither anders behandelten. Von allen Seiten wurde ihm zugelächelt, wenn er vorbeiging – herzlicher als sonst. Auch die Spielkameraden verhielten sich anders zu ihm. Gewiß, sie spielten noch immer zusammen, aber irgendwie hielten sie Abstand zu ihm, als sei er ein Fremder. Großvater hatte das Gefühl, als sei etwas Besonderes um ihn. Auch nahm er an, daß die Leute der Sippe in seiner Abwesenheit oft über ihn sprachen, und dies machte ihn selbstbewußter. Dennoch wurde, während viele Wochen ins Land gingen, kein Wort mehr über die Hymne gesprochen, die Großvater gehört hatte.

Nach einer Weile glaubte Großvater, vor allem weil niemand ihn auf den Gesang ansprach, daß der Ältere damals nur so gesprochen habe, weil er ihn für verrückt hielte. Warum aber hatte dieser Älteste das Lied mitgesungen? Er spürte jetzt, daß die anderen ihn beobachteten, besonders die Ältesten. Suchte er sie aber zu ertappen, wie sie ihn aus dem Augenwinkel anstarrten, wandten sie rasch den Kopf, sobald er sie ansah. Wenn er allerdings jemanden überraschte, der ihn beobachtete, sah er immer nur freundlich lächelnde Gesichter. Manchmal entdeckte er sogar, daß jemand ihm folgte, wenn er durch die Gegend streifte. Dann taten die Leute so, als machten sie nur einen Spaziergang oder wären mit anderen Dingen beschäftigt.

Es war eine verwirrende Zeit für Großvater, und er gewöhnte sich daran, immer öfter allein zu bleiben. Nach einer Weile spielte er kaum noch mit anderen Kindern – weniger, weil sie ihn nicht mitspielen ließen, sondern weil er nicht wollte. Er war ganz zufrieden, allein zu bleiben, die Gegend zu erforschen und viel Zeit mit sich selbst zu verbringen. Auch fand er, daß die Ältesten öfter das Wort an ihn richteten, als sie es früher getan hatten. Sie zeigten mehr Aufmerksamkeit und Interesse für das, was er tat, und besonders sein Urgroßvater ermutigte ihn oft, allein fortzugehen, während er selbst Großvaters Pflichten im Lager übernahm.

Anfangs hörte Großvater keine Trommeln und keine Hymnen mehr, auch nicht bei langen Wanderungen durch die einsamsten Gegenden – nicht einmal bei den Hügeln, wo er zum erstenmal den Gesang vernommen hatte. Einmal, als er auf einem Fels saß und zu dem «Singenden Hügel» hinüberschaute, wie er den Ort jetzt nannte, entdeckte er dort den Medizinmann des Stammes. Der Alte saß genau an der Stelle, wo Großvater das Bild des singenden Mannes gesehen hatte. Darum fragte er sich, ob nicht dieser Älteste der wahre Urheber des Gesangs gewesen sei. Immerhin hatte er die Hymne gekannt, als Großvater sie sang. Aber während der ganzen Zeit, die der Älteste dort im Gebet verbrachte, hörte Großvater keinen Gesang. Merkwürdig war nur, daß der Alte zu Großvater hinüberwinkte, als er ging, ohne sich von dessen Anwesenheit zu überzeugen.

Kurz nachdem Großvater diesen Ältesten auf dem Singenden Hügel entdeckt hatte, hörte er wieder Trommeln – und bald auch Gesang im gleichen Rhythmus. Er war weit von dem Singenden Hügel entfernt, in einer kahlen Wüstengegend, wo er das Land meilenweit überschaute. Er blickte in die Richtung, aus der Trommelschlag und Gesang kamen, konnte aber niemanden sehen. Das geschah mitten am hellen Tag, und es gab weder Schatten noch vorspringende Bodenwellen, die seine Sicht behindert hätten. Lange saß er und lauschte, aber zu seiner Verwunderung war es ein Trommeln und Singen, das er noch nie gehört hatte. Mehrmals wechselte die Trommel den Rhythmus, und auch der Gesang veränderte sich, doch Großvater konnte die Worte nicht verstehen.

Mehr von spiritueller Absicht getragen als von körperlicher Energie, begann er in die Richtung zu laufen, aus der die Trommel ertönte. Je weiter er lief, desto lauter wurde Trommeln und Gesang, bis er sich ganz von diesen Klängen umgeben fühlte. Irgendwie spürte er, daß er in den Mittelpunkt eines unsichtbaren Kreises getreten war. Auch spürte er die Gegenwart irgendwelcher Wesen – begleitet von blassen, sich rasch verflüchtigenden Erscheinungen sitzender oder umherlaufender Menschen. Doch ebenso plötzlich wie alles gekommen, verschwand es wieder. Großvater stand vor der unermeßlichen Weite der offenen Wüste, tief verwirrt und von Staunen ergriffen. Noch zitternd von der Intensität des Erlebten, schwor er sich, niemandem zu erzählen, was er gehört und gesehen habe.

Nach diesem Zwischenfall hörte Großvater beinahe jeden Tag das Trommeln und Singen. Immer öfter auch begegneten ihm Erscheinungen von Menschen, aber anscheinend wollten sie nicht mit ihm in Verbindung treten. Er wußte noch immer nicht, ob er sich alles nur einbildete oder ob er wirklich spirituelle Begegnungen hatte. Dennoch verlor er zu niemandem ein Wort darüber. Zu sehr fürchtete er die Reaktion der Ältesten. Tatsächlich fürchtete er jegliche Reaktion, ob positiv oder negativ. Nach allem, was er gehört hatte, wußte er, daß einem Begegnungen mit Geistern nicht ohne weiteres zuteil wurden. Oft mußte man sehr aktiv auf Visionssuche gehen, um Verbindung mit der spirituellen Welt aufzunehmen; noch häufiger mußte man zu diesem Zweck ernsthafte zeremonielle Handlungen verrichten. Großvater war alles so leicht zugefallen, und nun fürchtete er, andere zu kränken, die hart arbeiten mußten, um ähnliche Erlebnisse zu haben.

Einmal, als Großvater wieder allein auszog, war er überrascht, einen Mann am Weg stehen zu sehen. Die Erscheinung des Mannes war so durchsichtig, daß er genau hinsehen mußte, um ihn im Auge zu behalten. Lange blieb er stehen, in ängstlichem Staunen, bis der Geist nähertrat und vor ihm verharrte. Der Geist sah ihn lange an, dann sprach er: «Sage der Frau von Owl Man Dancing, daß ihr Mann am Leben ist. Doch er ist schwer verletzt und braucht sofort Hilfe, sonst wird er sterben.» Nun gab der Geist Großvater genaue Anweisungen, wo Owl Man Dancing zu finden sei. Er müsse sich eilen und Hilfe holen. Dann verstummte er und verschwand.

Ohne Zögern eilte Großvater zurück ins Lager. Er wußte, Owl Mans Frau sorgte sich, weil ihr Mann allein auf die Jagd gegangen und seither nicht heimgekehrt war. Eine Woche war er schon überfällig, und seine Frau befürchtete, daß er tot sei. Als Großvater sich dem Lager näherte, fiel er in einen langsamen, zögernden Trott. Einerseits hatte er den Wunsch, den anderen zu erzählen, was der Geist ihm gesagt hatte, andererseits fürchtete er, wieder als Narr verspottet zu werden. Als er ins Lager kam, beschloß er, niemandem ein Wort zu sagen. Das heißt, bis er Owl Mans Frau weinend vor ihrer Hütte sitzen sah, getröstet von mehreren Ältesten. Ohne zu zögern, lief er zu ihr hin und berichtete, was der Geist ihm aufgetragen hatte. Inzwischen war es Großvater gleich, was die anderen von ihm halten mochten; er war gern bereit, auf ihre Fragen zu antworten.

Zu Großvaters großer Verwunderung rannten jetzt alle eilig umher; man holte das ganze Lager zu Hilfe und brach in die Richtung auf, wo, wie Großvater gesagt hatte, Owl Man zu finden sei. Alle liefen los und ließen Großvater stehen, ohne ihn weiter zu beachten. So entfernte er sich und wußte nicht recht, ob die Leute, denen er die Sache erzählt hatte, nun glaubten, daß der Mann, mit dem er gesprochen hatte, ein Mensch sei – und nicht etwa ein Geist. Allmählich beschlichen ihn Zweifel, und er stellte sich vor, wie beschämt er wäre, wenn man Owl Man Dancing nicht finden würde. Und er beschloß, für eine Weile aus dem Lager zu verschwinden, zumal der Suchtrupp noch vor Einbruch der Nacht zurückerwartet wurde.

Die restlichen Stunden des Nachmittags gestalteten sich qualvoll für Großvater, der sich Vorwürfe machte wegen dem, was er getan hatte. Man könnte ihn für verrückt halten, stellte er sich vor, und dann würden alle ihn meiden. Gewiß würde man ihn nicht aus der Familiengruppe verbannen, aber man verhielte sich anders zu ihm. Wie er im schwindenden Tageslicht dahinwanderte, sah er plötzlich wieder den Geist vor sich stehen, der ihm die Botschaft überbracht hatte. Der Geist schenkte Großvater ein freundliches Lächeln und teilte ihm mit, daß Owl Man Dancing gerettet sei. Er sagte, Owl Mans Bein sei nicht gebrochen und würde in den nächsten Monaten heilen. Herabstürzende Felsen hätten ihn eingeklemmt; darum sei es so wichtig gewesen, Hilfe zu holen. Dann forderte er Großvater auf, ins Lager zurückzukehren.

Es war schon dunkel, als Großvater das Lager erreichte, doch herrschte noch ungewöhnliche Geschäftigkeit; auch hörte man Singen und fröhliches Lachen. Es schien, als feiere die ganze Gemeinschaft ein Fest, obwohl seines Wissens jetzt keine Feste gefeiert wurden. Schon vom äußeren Rand des Lagers sah er in der Mitte ein großes Feuer brennen, um das viele Menschen lachend und plaudernd versammelt waren. Vor dem Feuer lag Owl Man zufrieden lächelnd, den Kopf auf den Schoß seiner Frau gebettet. Andere saßen bei ihm und berührten ihn mitfühlend, wenn sie mit ihm sprachen. Zweifellos feierte man ein Freudenfest anläßlich der Rückkehr Owl Mans, dessen Bein übrigens bandagiert war, wie Großvater sah. Großvater fühlte sich sehr erleichtert, nun zu wissen, daß der Geist die Wahrheit gesprochen hatte. Weil er aber keine Fragen beantworten wollte, schlüpfte er leise ins Zelt seines Urgroßvaters und sank bald in friedlichen Schlaf.

Am nächsten Morgen schlich Großvater sich leise aus dem Lager, noch bevor die anderen erwachten. Er dachte, es sei besser, wenn die Aufregung sich ein wenig lege, bevor er die Fragen der Ältesten und seiner Kameraden beantworten müßte. Nachdem er den ganzen Vormittag draußen herumgelaufen war, machte er sich auf den Rückweg. Unterwegs traf er eine Gruppe junger Frauen, die eßbare Kräuter sammelten. Sie lächelten ihm zu und begrüßten ihn herzlich, doch mehr wurde nicht gesprochen. Wieder im Lager, taten alle, als wäre nichts geschehen. Niemand erwähnte die Rettung Owl Mans, niemand dankte ihm oder würdigte gar seinen wichtigen Beitrag zu Owl Mans sicherer Rückkehr. Auch Owl Mans Frau sprach kein Wort – sie schenkte ihm nur ein herzliches Lächeln. Es war, als habe er mit alldem nichts zu tun.

Diese Behandlung verwirrte Großvater, und er überlegte, ob er alles nur geträumt habe. So ging es tagelang weiter, doch endlich gab Großvater auf und versuchte nicht mehr daran zu denken. Nach ein paar Wochen hatte er den ganzen Zwischenfall beinahe vergessen. Großvater nahm seine einsamen Spaziergänge wieder auf; ab und zu begegnete er Geistern, aber es gab keine Kommunikation wie damals mit dem Geist, der ihn benachrichtigt hatte, in welcher Gefahr Owl Man schwebte. Großvater fühlte sich im Stich gelassen von der Geisterwelt; denn falls das ganze Geschehen nicht nur ein Traum gewesen war, so hatte sie ihm keineswegs weitergeholfen. Er hatte immer gehört, daß es Geister gebe, um die Menschen zu führen, aber jetzt fühlte er sich ganz und gar verlassen.

Vielleicht, so dachte Großvater, hatte er unwissentlich etwas falsch gemacht, und die Geister schwiegen, weil sie verärgert waren. Je mehr er darüber nachdachte, desto mehr quälte es ihn. Schließlich gab er einfach auf und achtete nicht mehr auf spirituelle Begegnungen. Wenn ihm Geister erschienen, ging er ihnen aus dem Weg und versuchte, nicht daran zu denken. Er wollte von alldem nichts mehr wissen, die Enttäuschung war einfach zu groß. Er stellte sogar seine einsamen Wanderungen ein und widmete sich mehr den Pflichten im Lager; er lernte neue Fertigkeiten oder übte sich in den alten, die er schon kannte. Er bemühte sich, durch Arbeit Klarheit in seine Gedanken zu bringen und versuchte, wann immer möglich, sein Bewußtsein vom Kopf in die Hände zu verlagern. Lieber wollte er die ganze Sache vergessen, als sich weiter damit zu befassen.

Dann aber merkte er, daß die anderen, besonders die Ältesten, sich Sorgen machten wegen seines Verhaltens. Sie sagten ihm, er solle aufhören, sich im Lager zu beschäftigen und lieber wieder Ausflüge in die Wildnis machen, wie er es früher getan hatte. Manche flehten ihn beinahe an, wieder hinauszugehen, und sagten ihm, er sähe gar nicht glücklich aus. Großvater mußte sich selbst eingestehen, daß er sich bei all seiner Geschäftigkeit keineswegs glücklich fühlte. Gerne wäre er allein losgezogen, um das Land zu erforschen, aber er glaubte, weitere Begegnungen mit Geistern nicht mehr ertragen zu können. Und dann, eines Morgens, trat einer der Ältesten an ihn heran und belehrte Großvater, daß Menschen, die nach spirituellen Dingen strebten, immer mit Enttäuschungen rechnen müßten. Aber sie hätten zu lernen, solche Enttäuschungen zu verwinden und sich um jeden Preis um spirituelle Erleuchtung zu bemühen. Ohne ein weiteres Wort ging der Älteste fort.

Diese Eröffnung erschreckte Großvater, denn sie war überraschend und ohne Vorankündigung gekommen. Vor allem aber bekam er genau die Antwort, auf die er gewartet hatte. Unverzüglich machte er sich wieder auf den Weg zum Singenden Hügel und begann dort, zum erstenmal seit vielen Tagen, ernsthaft zu beten. Wie nie zuvor legte er sein Herz ins Gebet und bat den Schöpfer um Vergebung dafür, daß er so leicht aufgegeben hatte. Auch die Geisterwelt bat er um Verzeihung und flehte, sie möge ihm helfen. Er sagte, sein Wunsch, die Welt der Geister kennenzulernen, sei stärker als alles andere, was er sich jemals gewünscht habe; er sei nun gewillt, sein ganzes Leben dieser Suche zu widmen. Kaum waren die Worte ausgesprochen, hörte er wieder Gesang – klarer diesmal denn je. Als er sich aufrichtete, sah er den alten Mann, der einst auf diesem Hügel vor ihm gestanden hatte. Neben ihm saß ein Trommler, der die Trommel in langsamem Rhythmus schlug, während er Großvater lächelnd ansah. Der alte Mann hörte auf zu singen und legte Großvater liebevoll die Hand auf die Schulter. Die Berührung war tröstlich, und Großvaters Seele jubelte. Der Alte sprach: «Sage den Ältesten, daß du jetzt bereit bist. Und gib dies dem alten Mann, der mein Lied gesungen hat!» Dabei deutete er auf den Boden vor Großvaters Füßen. Dann waren die Erscheinungen plötzlich verschwunden. Großvater blieb allein zurück und starrte auf den leeren Boden.

Großvater war beeindruckt, beinahe erschüttert von dieser Begegnung. Als er auf den Boden blickte, sah er nur Erde und ahnte nicht, was der Alte ihm hatte zeigen wollen. Dann kniete er hin und untersuchte genauer die Stelle, die der Mann ihm gezeigt hatte. Halb im Sand vergraben, lag dort eine geschnitzte Figur, das Bildnis eines Büffels, das einmal der Anhänger einer Halskette gewesen war. Vorsichtig grub er die Figur aus dem Sand und versuchte auch das dazugehörige Band zu fassen, aber es war schon morsch und zerfiel zu Staub. Das Bildnis schien sehr alt und kostbar zu sein, und Großvater wußte, daß er unverzüglich die Ältesten aufsuchen mußte. So eilte er ins Lager zurück, diesmal ohne den Spott der anderen zu fürchten, denn nun wußte er, daß Singender Mann die Wahrheit gesprochen hatte.

So selbstbewußt kam er ins Lager geschritten, daß manche ihre Tätigkeit unterbrachen und ihm nachschauten. Er ging geradewegs zur Versammlungshütte der Ältesten und blieb ehrerbietig vor dem Eingang stehen. Dann hörte er die Stimme seines Urgroßvaters, die ihm einzutreten befahl. Großvater war gar nicht überrascht, daß sie sein Kommen erwartet hatten. Er trat ein und sah die Ältesten im Kreis um ein kleines Feuer sitzen. Sonnenstrahlen fielen durch den Rauchfang und tauchten den Raum in ein geheimnisvolles Licht, vermischt mit rauchigen Schatten. Die Ältesten schauten Großvater erwartungsvoll an, offenbar gespannt darauf, was er zu sagen hatte.

Und nun wandte sich Großvater an den Ältesten, der vor vielen Monaten die geheimnisvolle Hymne mitgesungen hatte. Eine Weile blieb er zitternd vor ihm stehen, dann sprach er: «Singender Mann hat mir befohlen, dir zu sagen, daß ich jetzt bereit bin. Und dies hier soll ich dir überreichen.» Damit streckte er die Hand aus und reichte dem Ältesten die Büffelfigur. Großvater spürte die andächtige Stille im Raum, während der Älteste das Bildnis sorgfältig untersuchte. Die ganze Gruppe, auch Urgroßvater Coyote Thunder, schien atemlos darauf zu warten, was der Alte sagen würde. Niemand aber war in diesem Moment so gespannt vor Erwartung wie Großvater. Vor Aufregung zitterten ihm die Knie.

Endlich sprach der Älteste: «Der Junge spricht abermals die Wahrheit, wie wir es von ihm erwartet haben. Dieses Bildnis gehörte einst Chanting Man, meinem Urgroßvater, der auch die Worte des heiligen Geistergesangs kannte. Es scheint, daß wir recht hatten. Die Geister haben diesen jungen Mann auserwählt, und nun müssen wir beginnen, ihn zu unterweisen. In Prüfungen hat er seine Hingabe bewiesen, und jetzt ist er offenbar bereit.» Damit wandte sich der Älteste an Großvater und sagte: «Wir haben dich lange in Ruhe gelassen, nachdem wir erkannten, daß du die Gabe hast. Wir wollten dir Zeit für deine eigene spirituelle Entwicklung lassen, und jeder von uns hat dir die Einsamkeit ermöglicht, die du brauchtest. Jetzt aber ist die Zeit für noch mehr Einsamkeit gekommen. Jetzt mußt du den Pfad einschlagen, den zu gehen du bereits entschlossen bist.» Nach diesen feierlichen Worten verließ Großvater die Versammlungshütte. Er wußte, er war anders als die anderen – denn nur er vernahm den Ruf der Trommel.

Großvater eröffnete mir nun, daß auch ich jederzeit diesem Ruf der Trommel folgen müsse, ganz gleich, wie die Gesellschaft sich zu Fragen der Spiritualität verhielte. Ich wußte, daß ich nicht wie Großvater unter spirituell Hochstehenden aufwuchs und daß ich mein geistiges Leben weitgehend im Verborgenen würde führen müssen. Doch die Tatsache, daß andere nicht auf den Ruf einer höheren Welt hören wollen, bedeutete nicht, daß ich meinen Weg verlassen und meiner Vision untreu werden durfte. Immerhin ist die moderne Welt sehr verschieden von Großvaters Welt. In dieser Gesellschaft wird nichts geglaubt, was sich nicht im Grobstofflichen beweisen läßt. Ich begriff auch: Wer über das Stoffliche hinausstrebt, wer zur spirituellen Erleuchtung gelangen will, muß jederzeit bereit sein, dem Ruf der geistigen Welt bedingungslos zu folgen!

3
Das Geheimnis der Steine

Rick und ich hatten im Wald unser Lager aufgeschlagen, unweit vom Gipfel einer hohen Kuppe in den Pine Barrens, die wir den Hügel der Fossilien nannten. Unser wichtigstes Ziel bei diesem Ausflug war nicht, unsere Fertigkeiten im Überleben und Spurenlesen zu vervollkommnen, sondern die Gegend rund um die Hügel zu erforschen. Besonders lag uns daran, Fossilien für unsere Sammlung zu finden. Bei diesem Hügel gab es große Kiesbänke, wo man solche Versteinerungen entdecken konnte. Die meisten Fossilien stammten aus der Zeit, als das Land der Pine Barrens unter dem Meer lag; darum gab es dort Versteinerungen von Muscheln, Korallen und anderen Meeresbewohnern. Stundenlang lagen wir in diesen Kiesbänken auf dem Bauch und suchten fleißig nach den besten Steinen. So sehr vertieften wir uns manchmal in dieses Tun, daß wir alles andere um uns her vergaßen. An diesem Tag war es nicht anders.

Rick und ich waren zwar keine Rivalen, solange wir Überlebenstechniken, Spurenlesen und Wachsamkeit lernten; wohl aber gab es Konkurrenz, wenn es sich um das Sammeln von Tierschädeln oder Versteinerungen handelte. Beide hatten wir Sammlungen, so groß, daß sie die Grenzen unserer Zimmer sprengten und sich im Keller und auf dem Dachboden ausbreiteten. Zeitweilig wurde unsere Rivalität so erbittert, daß wir um

Schädel oder Fossilien stritten, die wir gleichzeitig entdeckt hatten. Unser Reichtum lag in der Größe unserer Sammlungen und in der Seltenheit ihrer Stücke. Manchmal mußten wir, bevor wir zum Sammeln auszogen, die Grundregeln festlegen, die bestimmten, wann und wo jeder sammeln sollte. Dies verhinderte, daß einer das Territorium des anderen verletzte.

Doch meistens ließen Rick und ich alle Rivalität beiseite, arbeiteten zusammen und halfen einander; auch hielten wir feierliche Beratungen ab, wie wir ein mögliches Fossilienlager erschließen sollten. Die Freude des einen über den Fund eines seltenen und gut erhaltenen Fossils wurde zur Freude des anderen. Unsere Begeisterung, solch ein kleines Fossil zu finden, war vermutlich größer als die eines Archäologen, der das komplette Skelett eines Mammuts gefunden hatte. Auf dem Bauch zu liegen und die Mini-Landschaften einer Kiesbank zu erforschen, schenkte uns hundert aufregende Abenteuer an einem einzigen Tag. Bis die Sonne unterging, waren Rick und ich erschöpft von all der Aufregung, obwohl keiner von uns sich binnen acht Stunden mehr als drei Meter fortbewegt hatte. Die Augen brannten uns, und wir bekamen Kopfweh vom angestrengten Schauen. Wir hatten Muskelkater und waren am ganzen Körper zerkratzt vom Herumrutschen auf den Steinen. Doch unsere Freude und Zufriedenheit wog allen Schmerz auf.

Bei diesem Ausflug waren wir also den ganzen Freitag und auch den größten Teil des Sonnabends mit dem Sammeln von Steinen beschäftigt. Und auch jetzt, am Sonntag, arbeiteten wir weiter. Unsere Sammelbeutel beulten sich von den Schätzen, die wir gefunden hatten. Während wir auf dem Bauch lagen und den Boden absuchten, diskutierten wir über die bevorstehende Identifizierung und Klassifizierung. Dies würde uns manchen Schultag beschäftigen, wenn wir am Nachmittag nicht ins Freie durften. Das Ordnen und Instandhalten unserer Sammlung bot stets gute Ablenkung, wenn wir ins Haus verbannt waren. An diesem Morgen drehte sich unser Gespräch um verschiedene Themen, aber wie immer endete es mit Diskussionen über den Fund einer «Mutter-Ader».

In unserer Vorstellung lag die «Mutter-Ader» irgendwo in der Erde. Es war ein phantastisches Lager von unentdeckten, vollständigen und seltenen Fossilien. Dieses Lager mußte Hunderte Fossilien enthalten, die wir gar nicht schnell genug aufsammeln konnten. Wir redeten davon, wie wir solch ein Lager erforschten, wie wir die Steine aufsammeln würden, wie wir uns schließlich eine Travoise bauen müßten, um die Fossilien nach Hause zu bringen. In den wenigen Jahren, die wir nun Fossilien sammelten, hatten wir noch immer kein solches Lager gefunden, aber wir wußten, es mußte irgendwo existieren. In vielen unserer archäologischen Bücher wurden solche Adern erwähnt, aber so sehr wir uns anstrengten, konnten wir keines entdecken.

Bestenfalls fanden wir ein paar Fossilien am selben Platz verstreut, und dies erschien uns bereits als seltener Fund. Je mehr wir über diese «Mutter-Ader» sprachen, desto stärker wurde unser Wunsch, sie zu finden.

Während wir dort am Boden lagen, kam Großvater vorbei und beobachtete, was wir taten. «Sprechende Steine» nannte er die Fossilien, und er sagte, sie seien die Stimmen der Vergangenheit. Auch er war fasziniert von Fossilien, aber er sammelte sie nicht. Vielmehr fand er mitunter ein gutes Fossil, bewunderte es stundenlang und untersuchte es von allen Seiten. Manchmal drückte er sich den Stein an die Wange, leckte daran oder hielt ihn ans Ohr und lauschte. Ich bildete mir ein, er vernahm tatsächlich eine leise Stimme, die wir nicht hören konnten. Mir kam es vor, als spräche er mit dem Fossil und lauschte auf das, was es sagte – ganz so war sein Verhalten. Es faszinierte mich immer, ihn stundenlang mit einem einzigen Stein sitzen zu sehen, während wir habgierig so viele aufsammelten. Er schien immer mit einem zufrieden zu sein.

Was mich verblüffte, war die Art, wie Großvater ein Fossil fand. Er brauchte sich nicht auf den Boden zu legen und stundenlang zu suchen, wie wir es taten. Vielmehr ging er einfach hin und hob einen Stein auf. Es war, als sähe er den Stein schon aus ein paar Metern Entfernung. Am erstaunlichsten fand ich es, daß er immer das schönste und vollständigste Fossil fand, das ein

Glanzstück unserer Sammlungen abgegeben hätte. An diesem Tag kam es nicht anders. Kaum auf der Kiesbank angekommen, ging er hin und hob einen Stein auf. Rick und ich ließen sofort alles liegen und liefen hin, um zu sehen, was er gefunden hatte. Aus früheren Erfahrungen wußten wir: es mußte ein schönes Stück sein. Als wir den Stein in seiner Hand sahen, hielten wir staunend den Atem an. Es war das vollkommene Fossil eines Trilobiten. Ich war ein wenig enttäuscht und verärgert, denn in all den Jahren, die wir Fossilien sammelten, hatte ich nur das Bruchstück eines Trilobiten gefunden, und auch dieses befand sich in schlechtem Zustand. Jetzt aber lag in Großvaters Hand ein vollständiges Exemplar. Es verblüffte mich, wie er einfach zu einer Stelle ging, die ich tags zuvor gründlich abgesucht hatte, und solch einen Stein aufhob. Es war, als ob der Stein ihn zu sich riefe. Wir beide baten, Großvater möge uns das Fossil schenken, wenn er damit fertig sei, und Großvater spürte die steigende Spannung zwischen Rick und mir. Er sah den Stein an, dann uns beide; nun bückte er sich und hob direkt vor uns einen zweiten Stein auf. Er reichte mir den Stein, den er eben aufgehoben hatte, und gab Rick den Trilobit-Stein. Mir schossen Tränen der Enttäuschung in die Augen – bis ich den Stein genauer ansah, den Großvater mir in die Hand gedrückt hatte. Es war ebenfalls ein Trilobit, genauso schön, wenn nicht schöner als der, den er Rick gegeben hatte. Ich konnte es nicht fassen.

Rick sah mich mit selbstgefälliger Miene an, als wolle er sagen, er habe den Preis davongetragen – das heißt, bis er die Freude in meinem Gesicht sah. Er kam zu mir herüber, wir verglichen unsere Steine und reichten sie hin und her, wobei jeder den Stein des anderen bewunderte. Wir konnten nicht glauben, wie leicht Großvater diese Steine gefunden hatte, und direkt nebeneinander. Wir schauten uns an und sagten wie aus einem Mund: «Die Mutter-Ader!» Und fielen gleichzeitig auf die Knie, um den Boden abzusuchen, wo Großvater die Steine gefunden hatte. Fast eine Stunde lang suchten wir gründlich die Stelle ab, fanden aber kein einziges Fossil. Großvater beobachtete uns von weitem und kicherte über unsere vergebliche Sucherei.

Endlich, nachdem wir eingesehen hatten, daß es an dieser Stelle keine Fossilien mehr gab, gingen wir zu Großvater hinüber. Zu unserer großen Verwunderung betrachtete er schon wieder einen perfekten Trilobiten in seiner Hand. Wir konnten es nicht fassen, daß Großvater mit solcher Leichtigkeit noch ein drittes Fossil gefunden hatte: es war kaum zu glauben. Wenn ich nur hinter Großvaters Geheimnis käme, so dachte ich mir, dann könnte ich einen Schatz an Fossilien anhäufen. Schließlich fragte ich Großvater, wie er es anstelle, immer so schöne Stücke zu finden. Er schenkte mir ein wissendes Lächeln und sagte: «Ich spreche mit den Steinen, und ich höre, wie sie meinen Namen rufen. Dann sagen mir die Steine, wo die besten zu finden sind.»

«Aber wie kann ich lernen, mit den Steinen zu sprechen?» fragte ich.

Wieder lächelte Großvater und sagte: «Zuerst mußt du dein Leben den Steinen anvertrauen. Dann und nur dann wirst du beginnen, ihre Sprache zu verstehen.» Ich fragte Großvater, was er denn damit meine, wenn er sage, ich müsse mein Leben den Steinen anvertrauen? Und dann erzählte er mir seine Geschichte von den Sprechenden Steinen.

Als Großvater noch ein Kind war, lange bevor er in den Augen seiner Stammesgruppe ein Mann wurde, lernte er die Weisheit der Sprechenden Steine kennen. Großvater hatte immer mit höchstem Eifer die praktischen Fertigkeiten des Überlebens, der Spurensuche und Bewußtheit geübt, aber er sah keinen Zusammenhang zwischen solchen körperlichen Fähigkeiten und der spirituellen Weisheit. Wohl hatte er von den Ältesten oft gehört, daß die Kunst des Überlebens eine Pforte zur Erde, Bewußtheit aber die Pforte zur geistigen Welt sei – doch den Zusammenhang zwischen Körper und Geist verstand er nicht ganz. Da war ein fehlendes Glied in der Kette – etwas, was er noch lernen mußte, bevor er die Bewußtheit von Körper und Geist vereinigen konnte. Er wußte, daß es eine Verbindung gab, aber er wußte nicht, wie und wo er sie suchen sollte.

Schon länger als ein Jahr kommunizierte Großvater mit der Geisterwelt, aber immer noch fehlte ihm jene tiefe Verbindung zu den Wesen der Schöpfung. Er verstand nicht, warum es ihm so leicht fiel, mit der Geisterwelt zu kommunizieren, und warum es so schwierig war, sich mit der Welt der Natur in Verbindung zu setzen. Er fand, es sollte sich umgekehrt verhalten. Gewiß, er spürte diese Verbindung, aber sie war so schwer herzustellen. Botschaften kamen immer nur zufällig und bestenfalls unvollständig. Wie oft hatte er die Ältesten von dem «Geist, der sich in allen Dingen bewegt» sprechen hören, von einem kollektiven Bewußtsein, mit dem wir einst verbunden gewesen wären. Aber er konnte es nur manchmal ahnen, und niemals konnte er mit diesem Bewußtsein kommunizieren. Die Ältesten dagegen kommunizierten mühelos mit Bäumen, Kräutern, Tieren und anderen Wesen der Erde.

Großvater war sehr frustriert bei seiner Suche nach dieser Verbindung, nach der Stimme der Schöpfung. Stundenlang, manchmal tagelang, saß er vor einem Felsen, einem Baum oder einem Gewässer, doch nichts wollte zu ihm sprechen. Er glaubte, daß die physische Welt der Schöpfung ihn ablehnte. Die Kräuterkundigen seines Stammes verrieten ihm, daß sie erfuhren, wozu eine Pflanze nützlich sei, indem sie einfach die Pflanze fragten. Doch anscheinend sprach keine Pflanze zu Großvater, wenigstens nicht, wenn er mit ihnen sprechen wollte. Auch in diesem Fall waren Botschaften zufällig und selten; sie erreichten ihn nur dann, wenn er es unbedingt wissen mußte. Es müßte wohl schon um Leben und Tod gehen, bevor die Wesen zu seinem Herzen sprechen würden. Seine Suche nach Antworten wurde zu einer unerhört harten Geduldsprobe.

In letzter Verzweiflung ging Großvater schließlich zu seinem Urgroßvater und erzählte ihm von seiner Notlage. Dabei fiel es ihm schwer, die Ältesten um Hilfe zu bitten, denn er fürchtete, sie könnten ihn für ungeeignet halten. Immerhin hatte er ausgiebig mit der Geisterwelt kommuniziert, und jetzt erschien er womöglich als Tölpel, weil er nicht mit den Wesen der Schöpfung sprechen konnte. Er berichtete dem Urgroßvater Coyote Thunder, wie oft er vergeblich versucht habe, mit Bäumen, Steinen, Pflanzen und Tieren zu kommunizieren, und wie erbärmlich er gescheitert sei. Coyote Thunder hörte geduldig und aufmerksam Großvaters Klagen an, dann lächelte er ihm liebevoll zu. Nach einer Weile sagte er zu Großvater, er müsse sein Leben den Steinen anvertrauen. Er sagte: «Die Steine sind das älteste und weiseste Volk, denn sie sind die Knochen von Mutter Erde, aus denen aller Ackerboden und alles Leben kommt. Bei den Felsen und Steinen mußt du nach Antworten suchen.»

Großvater hatte keine Ahnung, was Coyote Thunder meinen mochte, wenn er ihm empfahl, sein Leben den Steinen anzuvertrauen. Er dachte über die Steine nach und beschloß, eine – wie er es nannte – «Vision der Steine» zu suchen. Vielleicht war es dies, was Coyote Thunder meinte, wenn er ihm sagte, er solle sein Leben den Steinen anvertrauen. Immerhin glaubte er, eine Visionssuche sei wie ein Sterben, und wenn er sich mit Steinen und Felsen umgab, dann wäre es, als vertraute er ihnen sein Leben an. Tagelang streifte er umher und suchte nach dem richtigen Ort für seine Vision. Er fand, daß es nicht genüge, nur von Steinen umgeben zu sein, sondern daß er «in den Steinen» sein müsse. Um aber «in den Steinen» zu sein, das wußte er, mußte er eine Höhle finden, um dort auf Visionssuche zu gehen. Auf diese Weise konnte er sein Leben wirklich den Steinen anvertrauen – so dachte er jedenfalls.

Nach tagelangem Suchen fand er genau die richtige Höhle. Sie war sehr klein, hoch an der Flanke eines Tafelberges. Gerade groß genug, daß er sich durch den Eingang zwängen konnte. Großvater konnte in der Höhle weder sitzen noch aufrecht stehen; die einzige Art, wie er sich darin aufhalten konnte, war auf dem Rücken liegend. Und auch dann konnte er sich nur umdrehen, wenn er aus der Höhle kroch und in der Haltung, in der er dann liegen wollte, wieder hineinkroch. Auf diese Weise, glaubte er, wäre er, so gut es eben ging, «in den Steinen». Sein Fleisch sollte mit dem Fleisch der Steine verschmelzen, so eng war das Innere der Höhle. Im Grunde war es, als liege man in einem steinernen Sarg. Auch das Hineinkriechen in die Höhle war schwierig und zeitraubend. Großvater brauchte länger als eine Stunde, um sich durch den Höhleneingang zu zwängen.

Schon nach der ersten Biegung gab es kein Licht mehr, und er mußte sich ins Innere weitertasten. Als er zum erstenmal hineinkroch, betete er, daß er unterwegs nicht auf Klapperschlangen stoßen möge.

Nachdem Großvater sich durch tagelanges Fasten und Beten auf die Visionssuche vorbereitet hatte, brach er frühmorgens auf, noch vor dem ersten Tageslicht. Es war schwierig, in der Dunkelheit die Flanke des Tafelberges zu erklettern, und er mußte tastend den Weg zum Höhleneingang finden. Jedesmal horchte Großvater aufmerksam, bevor er die Hand auf einen Felsvorsprung legte, weil dort Klapperschlangen liegen konnten. Ein Ausrutscher hätte seinen sicheren Tod bedeutet, doch seine Entschlossenheit überwand alle Furcht. Mehrere Stunden mußte er klettern, bis er die Höhle erreichte. Und dann war er so erschöpft von der Kletterei und vom Fasten der letzten Tage, daß er zu zittern begann. Er konnte nichts anderes tun, als tief erschöpft vor dem Eingang liegenzubleiben – so ausgepumpt war er. Erst als der Tag dämmerte, konnte er sich überwinden, in die Höhle hineinzukriechen.

Das Hineinkriechen dauerte viel länger, als er sich vorgestellt hatte. An der ersten Biegung traf er auf eine zusammengeringelte Klapperschlange. Reglos mußte er warten, bis sie endlich an ihm vorbeiglitt, zum Eingang hinaus. Und während Großvater nun langsam auf dem Bauch in die innere Kammer der Höhle kroch, begannen alle Schwierigkeiten, auf die er bislang gestoßen, seine Seele zu bedrücken. Es war nicht richtig, so dachte er, daß er sich hier befand. Nein, er hatte kein gutes Gefühl dabei, schon seit den ersten Schritten seiner Visionssuche. Aber er wußte nicht, wie anders er sein Leben den Steinen anvertrauen sollte. Es war, als wollte sogar die Höhle selbst ihn ausspucken. Auch als er die innere Kammer erreicht hatte, fand er keine Ruhe. Mehrmals mußte er hinaus- und wieder hineinkriechen, nur um eine erträgliche Lage zu finden. Aber auch dann konnte er nur mit Mühe atmen.

Es schien, als habe sich alles verschworen, ihn aus der Höhle zu vertreiben. Zunächst galt es, die Schwierigkeiten beim Atemholen zu überwinden, und erst nachdem er abermals seine Lage verändert hatte, schaffte er es, genügend Luft an seinem Körper vorbeistreichen zu lassen, um das Atmen erträglich zu machen. In der Tiefe der Höhle war es sehr kalt, und er zitterte – unfähig, seine Körpertemperatur zu halten. Er sah überhaupt nichts, und er konnte auch die Zeit nicht abschätzen – ob es draußen Tag oder Nacht war. Schließlich erforderten Tiere, die sich immer wieder am Höhleneingang zu schaffen machten, Großvaters ganze Wachsamkeit. Mehrmals glaubte er, das Rascheln einer Schlange zu hören, und zweimal vernahm er deutliches Klappern zu seinen Füßen. Dennoch blieb er entschlossen, in dieser Höhlengruft auszuharren.

All die Schwierigkeiten, so glaubte er, kamen ja nicht von seiner Visionssuche, sondern sie rührten daher, daß die Steine ihn auf die Probe stellen wollten, um festzustellen, ob er ihres Wissens würdig sei. Es war höllisch, denn jedes kleine Ärgernis lenkte ihn ab von seinem andächtigen Streben. Die Enge dort löste Ängste bei ihm aus, die ihn an den Rand der Panik trieben. Oft wollte er beinahe aufgeben. Er wußte, daß die Panik ihn mehr ablenken konnte als alles andere, und so wurde diese Panik sein größter Feind. Er führte einen endlosen Kampf gegen die Ablenkung, bei dem sogar Schlaf unmöglich wurde. Großvater wußte nicht, wie lange er in der Höhle geblieben war, doch kam es ihm vor, als wären mehrere Tage vergangen. Die Logik sagte ihm jedoch, daß er nicht länger als einen halben Tag in der Höhle gewesen sein konnte.

Nun entdeckte er, daß er, wenn er den Kopf gegen die Höhlenwand drückte, an seinem Körper vorbei zum Eingang blikken konnte. Er sah einen schwachen Lichtschimmer einfallen und wußte, daß die Sonne im Mittag stehen mußte. So erkannte er, daß er nicht Tage, sondern nur Stunden in der Höhle geblieben war, und die Enttäuschung, die ihn überfiel, war fast unerträglich. Es war aber nicht seine Art, jemals aufzugeben, und bald verwandelte sich seine Verzweiflung in eine wütende Entschlossenheit. Was ihn betraf, so hatte er entschieden, in dieser Höhle zu bleiben, auch wenn er keine spirituelle Botschaft von den Steinen empfangen sollte. Seine Entschlossenheit grenzte beinahe an unkontrollierbare Wut – und zwar auf sich selbst, weil er so leicht aufgeben wollte. Falls solche Qualen der Preis waren, um Wissen zu erlangen, dann mußte er die Qualen eben erdulden.

Nachdem Großvater entschlossen war, in der Höhle auszuharren, ganz gleich, was er dort erdulden mußte, verloren die Ablenkungen anscheinend ihre Macht über ihn. Er konnte jetzt endlich klarer denken, und jetzt zum ersten Mal empfand er einen gewissen Frieden. Er merkte nicht mehr, wie die Zeit verstrich, während ihm alle möglichen Fragen über die Steine durch den Kopf gingen. Tatsächlich, als er das nächste Mal zum Höhleneingang spähte, sah er kein Licht mehr. Nicht mal das Rascheln einer Klapperschlange konnte ihn noch erschrecken. Immerhin, falls eine Klapperschlange ihn beißen sollte, mußte es einen guten Grund dafür geben – und er kümmerte sich nicht mehr um die Folgen oder die Furcht vor solch einem Biß. Das Rascheln und Klappern bedeutete jetzt eher Musik für seine Ohren und nicht mehr die Drohung einer Gefahr. Erst wenn die Schlange zustieß und die unsichtbare Beute quiekte, konnte dies seine Konzentration stören.

Er sah das schwache Licht am Höhleneingang aufschimmern und verblassen und nahm an, daß mindestens zwei Tage vergangen sein mußten. Obwohl er nicht geschlafen hatte, fiel es ihm jetzt schwer, zwischen Schlafen und Wachen zu unterscheiden. Der Entzug aller Sinneswahrnehmungen in der Höhle wirkte sich so überwältigend aus, daß er nicht nur das Gefühl für Raum und Zeit verlor, sondern auch die Unterscheidung zwischen Visionen, Träumen und Wirklichkeit. Manchmal war er hellsichtig und wach, wie er sich erinnerte, doch meist lebte er in einem dumpfen Bewußtseinszustand. Auch nachdem er zum erstenmal tiefen Schlaf gefunden hatte, gab es keine klare Trennlinie zwischen der Realität und dem Surrealen. Schließlich gab er es auf, zwischen Schlaf und Wachen unterscheiden zu wollen.

Irgendwann am dritten Tag, wie er glaubte, hörte er von draußen ein klopfendes Geräusch. Anfangs wußte er nicht, was das zu bedeuten hatte, so stark war das Echo in seiner Höhle. Er lauschte aufmerksam und kam zu dem Schluß, daß es zwei Steine sein mußten, die gegeneinander stießen. Lange hielt dieses Geräusch an. Zuerst war es ganz rhythmisch und wiegte ihn in einen Dämmerzustand, dann aber kam das Geräusch lästigerweise nur noch in wechselnden Abständen. Nach einiger Zeit fiel es Großvater schwer, sich auf etwas anderes zu konzentrieren, und seine Wut flammte wieder auf. Je länger das Klopfen anhielt, desto wütender wurde Großvater. Er stellte sich vor, es könnte eines der kleinen Kinder des Stammes sein, die manchmal am Fuße des Tafelberges spielten. Ihm war danach, vor Wut aufzuschreien, aber das Geräusch hielt unvermindert an.

Außer sich vor Wut begann Großvater sich rückwärts zum Ausgang der Höhle zu schieben. Wenn er jemals mit dem Volk der Steine in Kontakt treten wollte, so dachte er, mußte er zuerst diesem Hämmern ein Ende setzen. Endlich vor der Höhlenmündung angekommen, die Augen geblendet vom gleißenden Tageslicht, spähte er hinab zum Fuß der Klippe. Da war niemand zu sehen, und das Geräusch hatte ganz aufgehört. Großvater fragte sich schon, ob er sich alles nur eingebildet hätte, aber kaum wollte er zurück in die Höhle kriechen, setzte das Geräusch wieder ein. Als er den Blick über die Landschaft schweifen ließ, wurde ihm klar, daß das Geräusch nicht aus der Tiefe kam, sondern vom Gipfel des Tafelberges. Wieder schrie er wütend auf, aber das Geräusch hielt an. Zornig und frustrierter denn je, kletterte er zum Plateau des Tafelberges hinauf, entschlossen, die Kinder zu schelten, weil sie seine Visionssuche störten.

Endlich auf dem Plateau angekommen, war er sehr überrascht, dort keine Kinder vorzufinden, sondern einen der Stammesältesten, der mit der Herstellung von Steinwerkzeugen beschäftigt war. Sein Zorn verflog, und er näherte sich ehrerbietig dem Ältesten. Er wollte ihm auf höfliche Weise sagen, was er in der Höhle vorhabe, und ihn freundlich bitten, sich eine andere Stelle für seine Arbeit zu suchen. Während er sich dem Alten näherte, der einen Stein bearbeitete, blickte dieser auf und schenkte ihm ein herzliches Lächeln. Ohne abzuwarten, bis Großvater sprach, sagte der Älteste: «Ich wußte, daß ich dich hier treffen würde.» Seine Worte überraschten Großvater, aber er sagte nichts. Wieder sprach der Älteste: «Du mußt dein Leben den Steinen anvertrauen, nicht aber in den Steinen sterben.» Damit reichte er Großvater ein aus Stein gemeißeltes Schneidwerkzeug. Ohne weiteres Wort entfernte er sich und überließ Großvater seiner stummen Einkehr.

Großvater war wie betäubt. Er konnte nicht begreifen, daß dieser Alte ihn tatsächlich aufgesucht hatte, und nun war er ziemlich verwirrt. Was hatte der Älteste wohl gemeint, wenn er sagte, Großvater solle sich den Steinen anvertrauen, statt in den Steinen zu sterben? Rührte all die Enttäuschung in der Höhle daher, daß er die Sache falsch anpackte? Mißverstand er etwa, was Coyote Thunder ihm damals sagte? Und was meinte der Älteste, wenn er verlangte, er solle sein Leben den Steinen anvertrauen? Der Schlüssel zu all diesen Fragen, das wurde ihm jetzt klar, mußte in diesem steinernen Schneidwerkzeug liegen, das der Alte ihm gegeben hatte. Und nun erkannte Großvater, um was es ging. Wenn er sein Leben den Steinen anvertrauen wollte, so mußte er es einzig von ihnen abhängig machen. Jetzt war es ihm klar geworden, und er fühlte sich dumm, weil er es nicht gleich verstanden hatte.

Ohne Zögern und ohne zum Lager zurückzukehren, wanderte er in die Wüste hinaus, den Stein bei sich tragend, den der Älteste ihm gegeben hatte. Außer Sichtweite der Höhle legte er sein Lendentuch ab, sein Knochenmesser und den kleinen Beutel, den er immer bei sich trug. Dies sollte das erste Mal in seinem Leben sein, daß er ohne alle Werkzeuge in eine ernste Überlebens-Situation geriet. Meist führte er bei seinen Ausflügen Beutel und Messer mit sich, aber jetzt sollte er der Wildnis nackt und mit leeren Händen gegenüberstehen. Also beschloß er, auch das Steinwerkzeug des Alten zurückzulassen. Jetzt besaß er nichts mehr und mußte alles selbst herstellen, auch die einfachsten Geräte.

Gewiß, er war gut ausgebildet in den Fertigkeiten des Überlebens, aber diesmal würde er sich zum erstenmal mit leeren Händen in die Wildnis hinauswagen. Seine bisherigen Survival-Abenteuer waren auf ein paar Tage beschränkt geblieben und fanden unter kontrollierten Bedingungen statt. Irgendwie wurde es Großvater bange, denn er mißtraute seinen Fähigkeiten. Schwach und unbedeutend fühlte er sich, als er in die unermeßliche Weite der Wüste hinausschritt. Diese Wildnis gehörte zu den unwirtlichsten, die er je kennengelernt hatte. Je weiter er wanderte, desto verletzlicher und einsamer fühlte er sich, und er zweifelte so sehr an seinen Fähigkeiten, daß seine Bangigkeit sich schließlich in Furcht verwandelte. Dennoch war er gewillt, die Weisheit der Steine zu erfahren. Er hatte schon ein paar Tage in der Höhe verloren; dies machte ihn noch entschlossener, keine Zeit mehr zu verschwenden.

Nachdem Großvater einen geeigneten Platz gefunden hatte, wo er überleben konnte, machte er sich daran, eine Schutzhütte zu bauen und eine Wasserquelle zu suchen. Nicht weit von dem Platz, wo er sein Obdach errichtete, fand er eine feuchte Stelle im Sand, am Fuß einer Anhöhe. Dort gelang es ihm, eine Handbreit aufzugraben: Wasser begann in das Loch zu sickern. Jetzt ging es nur noch darum, Feuer zu machen und Nahrung zu finden. Mit Obdach und Wasser, das wußte er, konnte er viele Tage am Leben bleiben, doch um länger auszuharren, mußte er auch für seine übrigen Bedürfnisse sorgen. Er erkannte, daß er jetzt wirklich sein Leben dem Volk der Steine anvertrauen mußte. Seine erste Aufgabe war es, einen Stein zu finden und zu formen, mit dessen Hilfe er sich Drillstab und Bogen zurechtschnitzen konnte. Während er nach dem geeigneten Stein suchte, wurde ihm klar, daß er ohne ihn niemals ein Feuer zustande brächte und daß es schwierig, wenn nicht unmöglich sein würde, die Jagdwaffen und Fallen herzustellen, die er brauchte, um sich Nahrung zu beschaffen.

Er suchte den ganzen Nachmittag, aber die harten Steine, die er brauchte, lagen meilenweit entfernt in der Gegend der Tafelberge. Hier umgab ihn nur endlose Sandwüste mit weichen Gesteinsbrocken, die sofort zerbröckelten, wenn er sie in die richtige Form zu hämmern begann. Als die Dunkelheit sich über das Land breitete, war er immer noch dabei, Drillbohrer und Feuerbrett mit den bröckeligen Steinen herzustellen, die er fand – aber vergeblich. Er versuchte sogar, während der letzte Lichtschimmer vom Himmel schwand, die Hölzer mit den Zähnen in die richtige Form zu bringen. Es gelang ihm gerade, eine ungleichmäßige Kerbe in den Drillstab zu beißen, aber er wußte, dies würde nicht ausreichen. Und nun wurde ihm klar, daß er die Nacht ohne Feuer und ohne Nahrung überstehen mußte. Inzwischen war es zu dunkel geworden, um über Land zu wandern und irgendwo eßbare Pflanzen zu finden. Er wußte, er hätte das steinerne Schneidwerkzeug mitbringen sollen, das der Älteste ihm gegeben hatte. Er hätte wissen sollen, daß er keine brauchbaren Werkzeuge finden würde – so weit draußen in der Sandwüste.

Am nächsten Morgen, nach einer erbärmlichen Nacht mit unruhigem Schlaf, machte Großvater sich auf den Weg, um den behauenen Stein zu holen, den der Älteste ihm gegeben hatte. In der Wüste war es über Nacht sehr kalt geworden, und er brauchte in der Schutzhütte, die er sich gebaut hatte, ein wärmendes Feuer. Er wußte, daß er den Stein finden mußte, sonst würde er eine weitere erbärmlich kalte Nacht in seinem Unterschlupf verbringen. Erst Stunden später erreichte er den Platz, wo er den Stein zurückgelassen hatte, wie er sich erinnerte, aber er fand ihn nicht mehr. Er suchte den ganzen Weg entlang, doch wußte er nicht, wo der Stein sein mochte. Der Stein blieb verschwunden. Die Suche nahm langsam verzweifelte Formen an, während der Tag in den Abend überging. Und bald wurde es Großvater klar, daß er die Nacht dort verbringen mußte, wo er war, und daß er die Suche nach seinem Steinwerkzeug erst am nächsten Tag fortsetzen konnte.

Rasch kam die Nacht, und Großvater mußte sich beeilen, um ein Obdach zu finden, das die eisige Nachtkälte der Wüste abwehren könnte. Die Gegend, in der er sich befand, war arm an brauchbarem Buschwerk, das er für eine Schutzhütte hätte verwenden können. Meist fand er nur dürre Stengel. Wenn er doch nur Feuer machen könnte, dachte er, dann wäre es wenigstens möglich, die Nacht mit einiger Annehmlichkeit zu überstehen. Da es jedoch nicht gelang, eine Schutzhütte zu bauen, beschloß er statt dessen, sich einen Drillbohrer zu basteln und es noch einmal mit dem Feuermachen zu versuchen. Er brach dürre Äste von Büschen ab und versuchte verzweifelt, den Drillstab mit den Zähnen zurechtzubeißen, aber es war vergebens. Dann versuchte er, eine Vertiefung in das Feuerbrett zu schnitzen, doch alle Steinsplitter, die er fand, zerbröckelten zu Staub. Immer wieder probierte er, mit diesem groben Gerät ein Feuer anzufachen, aber es mißlang. Wenn er die Nacht überleben wollte, dann mußte er einen Steinbrocken finden, mit dem er arbeiten konnte.

In der Dunkelheit lag Großvater auf dem Bauch und grub mit den Händen tief in den Sand, um wenigstens ein kleines Steinchen zu finden. Es war noch kälter geworden als in der letzten Nacht, und er zitterte unkontrollierbar. Normalerweise wäre er in besserer Verfassung gewesen, aber das Fasten der letzten Tage hatte seine Kräfte erschöpft. Es wurde ihm klar, daß er die Nacht womöglich nicht überleben würde; er mußte entweder einen Stein finden oder zugrunde gehen. Er konnte es auch nicht wagen, zu den Tafelbergen zurückzuwandern, denn bis zum Morgen wäre er tot. Das bißchen Energie, das ihm geblieben, mußte er um jeden Preis erhalten. Was ihn noch vom Tod trennte, war der Stein, den er finden mußte – irgendein Stein, gleich ob groß oder klein, mit dem er das Holz zurechtschnitzen konnte, ohne daß er zerbröckelte.

Mit zitternden Händen begann er nun wieder den Sand abzutasten. Er war nahe daran, in Panik zu geraten, denn im Sand gab es nichts als diese bröckelnden Steine, mit denen er es schon versucht hatte. Zwar fand er ein paar größere Sandsteinbrocken, aber auch mit ihnen ließ sich keine Mulde ins Feuerbrett schneiden. Tränen liefen ihm über die Wangen, und er schrie zum Schöpfer um Hilfe, aber anscheinend hatte sich sogar die Geisterwelt von ihm abgewandt. Wie allein und verletzlich fühlte er sich! Wenn nichts geschähe, müßte er erfrieren. In der Dunkelheit schwindelte ihm beinahe, während Halluzinationen und Alpträume ihn heimsuchten. Gestalten bewegten sich durch die weite Landschaft, und er mußte sich schütteln, um sie verschwinden zu lassen. Mit knapper Mühe gelang es ihm, bei Bewußtsein zu bleiben.

Dann aber, verfolgt von Panik und Halluzinationen, erinnerte er sich wieder, warum er überhaupt hier war. Er sollte sein Leben den Steinen anvertrauen, um endlich ihre Botschaften zu verstehen. Großvater schrie in die Dunkelheit hinaus und flehte die Steine an, ihm zu helfen und sein Leben zu retten. Jetzt bemerkte er ein schwaches Flimmern in der Ferne. Es schien, als wäre ein kleines Sternenpartikel zur Erde gefallen, das den Sand beleuchtete. Zitternd kroch er zu dem flimmernden kleinen Licht hinüber. Mehrmals versuchte er kopfschüttelnd die vermeintliche Halluzination zu vertreiben, aber das Flimmern blieb. Im Näherkommen erkannte er, daß es von einem großen Sandsteinbrocken ausging. Als er ihn aufhob und mit den Fingern abtastete, stellte er fest, daß in dem Sandstein ein kleiner, harter Kiesel steckte, den er benutzen konnte, um eine Kerbe einzuschneiden. Dieses Steinchen war zwar viel kleiner, als er es sich gewünscht hätte, aber er mußte dennoch versuchen, damit zu schnitzen.

Er brach den Sandstein auf und holte den Kiesel heraus. Zu seiner Freude hatte der Stein auf einer Seite eine scharfe Kante. Obwohl diese Schneide nicht breiter war als der Nagel seines kleinen Fingers, wußte er, daß es ihm mit etwas Zeit und mit einiger Mühe gelingen könnte, die Kerbe einzuschnitzen. Zeit aber hatte er nicht mehr viel. Darum machte er sich sogleich ans Werk. Vor Kälte zitterte er so stark, daß ihm das Arbeiten schwerfiel. Manchmal konnte er den kleinen Steinmeißel nicht so fest halten, daß er auch schnitt. Unbewußt begann er nun mit dem Stein zu reden, bat ihn um Hilfe und dankte ihm überschwenglich für jeden guten Schnitt, der ihm gelang. Endlich, er war schon völlig erschöpft, wurde die Kerbe fertig. Mit letzter Kraft begann Großvater den Drillstab zu drehen, und bald darauf stieg ein Rauchfähnchen vom Feuerbrett auf.

Er fühlte Freude und Erleichterung, während er sachte über den Zunder blies, um ihn anzufachen. Tränen stiegen ihm in die Augen, als der Zunder knackend Feuer fing. Rasch wurden noch Reisig und dürre Zweige nachgelegt, und schon spürte Großvater, wie die Wärme des Feuers tief in die Kälte der Nacht eindrang. Als ihm wärmer wurde und er allmählich aufhörte zu zittern, hielt er den Stein ans Licht des Feuers und dankte ihm überschwenglich. Dieser winzige Steinsplitter hatte ihm das Leben gerettet, und zum ersten Mal spürte er eindeutig eine Verbindung zwischen sich und dem Stein, die an Liebe grenzte. Großvater verstand endlich, was die Ältesten gemeint hatten, als sie sagten, er solle sein Leben den Steinen anvertrauen. In dieser Nacht, als er dem Tod so nahe war, hatte er sich wirklich diesem Stein anvertraut, und der hatte ihm das Leben gerettet.

Auch die nächsten Tage blieb Großvater noch in der Wüste. Jetzt fand er leicht die richtigen Steine, denn er begann ihre Sprache zu verstehen. Er benutzte sie, um Feuer zu machen, um Fallen zu bauen, um eßbare wilde Pflanzen zu bereiten – und für vieles andere mehr. Endlich hatte Großvater begriffen, daß er ohne die Steine zugrunde gehen mußte, und tief in seinem Innern entstand eine Bindung – ein Band der Liebe und des Verständnisses für das Volk der Steine. In dieser Nacht hatte der Stein tatsächlich zu ihm gesprochen und ihm in der kalten Dunkelheit einen Lichtfunken geschickt. Großvater spürte, daß diese Botschaft nur der Anfang einer Verbindung war, die stärker werden und ein Leben lang andauern sollte. Man durfte nicht hoffen, mit den Steinen zu sprechen und ihre Stimme zu hören, solange diese Verbindung nicht hergestellt war. Und diese Verbindung entstand, wenn das Leben aufs äußerste gefährdet war.

Während Großvater uns diese Geschichte erzählte, holte er einen winzigen Stein aus seinem Brustbeutel und reichte ihn mir. Ich wußte sofort: dies war der Stein, der ihm das Leben gerettet hatte. Obwohl ich den Kiesel schon kannte, verstand ich zum ersten Mal, welche Bedeutung er für Großvater haben mußte. Bislang glaubte ich, er sei nur ein sonderbares, schäbiges Andenken. Jetzt verstand ich, wieso Großvater immer wußte, wo die besten Fossilien zu finden waren. Er brauchte nichts anderes zu tun, als die Steine zu fragen, und sie riefen ihn bei seinem Namen. Ich wußte, auch ich würde eines Tages mein Leben den Steinen anvertrauen – noch bevor ich ihre Sprache verstehen oder ihre Stimme hören konnte. Was mich betraf, so sollte diese Geschichte der Steine für immer mein Leben verändern. Steine wurden für mich zu lebendigen Wesen, so bedeutsam für das Überleben und so wichtig für ein Verständnis der tieferen Geheimnisse des Lebens und des Geistes.

4
Der Baum spricht

Es war schon später Nachmittag, als ich im Wald nach einem Schößling suchte, aus dem ich mir einen Pfeil schnitzen wollte. Ich war tief ins Gehölz eingedrungen, am Rand eines Sumpfes bei unserem Lager, und die Suche gestaltete sich schwierig. Leicht hätte ich durchs Unterholz brechen und Hindernisse aus dem Weg räumen können, aber das war nicht die Art, die Großvater uns gelehrt hatte. Vielmehr sollten wir uns wie Schatten durch das Gelände bewegen und so wenig wie möglich verändern. Sehr behutsam sollten wir einen Fuß vor den andern setzen, anders als die meisten, die durch die Gegend stampfen und lebendige Wesen am Weg bedenkenlos zertreten. Wir sollten unsere Einwirkung auf die Naturlandschaft möglichst gering halten und uns mit der Erde bewegen, nicht gegen sie. Meine Suche nach jenem Schößling war also eine Mischung aus einer Art von Gymnastik und Verrenkungen aller Art, nur um lebendigen Pflanzenwesen auszuweichen.

Fast den ganzen Nachmittag hatte ich für diese Suche verwandt, bis ich schließlich den perfekten jungen Schößling fand, den ich für meinen Pfeilschaft brauchte. Wie ich gelehrt worden war, dankte ich dem Schößling für sein Leben und seine Lehre und sprach dann ein Dankgebet an den Schöpfer. Ich wußte, daß jedes Wesen Leben und Geist hatte. Und schon lange wußte ich, daß es keine größeren oder geringeren Geister gibt. Alle sind gleich. Der Geist einer Ameise ist ebenso wichtig wie der eines Bären, und der Geist eines Grashalms ist so wichtig wie der einer Eule. Ich trug keine spirituelle Überheblichkeit im Herzen, denn mir war klar, daß alle Wesen durch den Geist, der in ihnen wohnt, miteinander verbunden sind. Dieses Geflecht, das die kollektive Bewußtheit der Lebenskraft bildet, macht uns alle gleich. Wenn ich den Schößling tötete, war es also, als tötete ich ein Mitglied meiner eigenen Familie.

Nachdem ich den Schößling geschnitten und mich vorsichtig aus dem Unterholz hinausgearbeitet hatte, sah ich, daß Großvater mich vom Rand des Lagers aus beobachtete. Ich hatte keine Ahnung, wie lange er schon dort saß, doch vermutete ich, daß es schon eine ganze Weile sein mußte. Ich fühlte mich befangen, denn er wirkte etwas unzufrieden. In Gedanken spulte ich noch einmal die Handlung des Nachmittags zurück. Ich fragte mich, ob ich etwas übersehen oder etwas falsch gemacht hätte. Bei all meinen Schritten war ich sehr vorsichtig gewesen – und noch vorsichtiger beim Schneiden des Schößlings. Und doch mußte ich etwas falsch gemacht haben. Instinktiv ahnte ich es, und jetzt bestätigte Großvaters Gesichtsausdruck meine Ahnung.

Mit törichtem Grinsen näherte ich mich, fast wie ein unartiges Kind, das beim Verstoß gegen eine unbekannte Vorschrift ertappt wird. Mein Schuldgefühl erdrückte mich beinahe, als ich zu ihm kam und seine Augen meine Seele durchdrangen. Verlegen fragte ich ihn, ob ich etwas falsch gemacht, ob ich seinen Unmut auf mich gezogen hätte. Der vorwurfsvolle Ausdruck verschwand aus Großvaters Gesicht, und er begann zu lächeln. Verwirrt stand ich da, denn ich war mir sicher, er sei unzufrieden mit irgend etwas, das ich getan hatte. Lange sah er mich lächelnd an und sagte schließlich: «Du begreifst also, daß du dich schuldig gemacht und die Gesetze der Natur gebrochen hast. Ich sehe es an deinem Verhalten.» Nun fragte ich ihn, wo denn mein Fehler läge, denn gewiß hätte ich alle spirituellen Regeln und alle natürlichen Gesetze befolgt, als ich den Schößling suchte. Wieder lächelte er und sagte: «Es war nicht genug.»

Seine Worte schockierten mich, denn ich war überzeugt, alles genauso gemacht zu haben, wie er es mir beigebracht hatte. Mein Eingriff hatte die Erde nicht verletzt, und mein Herz war von Gebeten erfüllt gewesen; darum verstand ich nicht, was Großvater meinte, wenn er mir sagte, es sei nicht genug. Ohne meine Frage abzuwarten, fuhr Großvater fort: «Wir sind, wie ich dich lehrte, die Hüter der Erde. Es genügt nicht, einfach den Schößling zu nehmen und Dankbarkeit zu empfinden. Dazu braucht es mehr, viel mehr. Vor langer Zeit habe ich dir die Geschichte von den zwei Männern erzählt, die auszogen, um Schößlinge für einen Bogen zu holen. Du hast die Geschichte nur teilweise verstanden und bist nicht vollends zum Hüter der Erde geworden. Damit hast du den Sinn deines Lebens nicht erfüllt, denn du hast nur zum Teil das Werk getan, das getan werden sollte.»

Sofort flogen meine Gedanken zurück zu der Geschichte von den beiden Männern, die auszogen, um Gerten für ihre Bogen zu holen. Ich hatte Großvater gefragt, ob unsere Survivaltechnik etwa schädlich für die Erde sei. Die Leute, die sich ihrer bedienten, kamen mir vor wie ein Schwarm von Heuschrecken, die die Erde verletzten und kahlfraßen. So denken wohl die meisten über das, was wir Survival nennen, und ich mußte Großvater nach seiner Meinung fragen, um zu erfahren, ob es stimmte. Ich hatte Schuldgefühle, wenn ich mir vorstellte, daß ich durch meine Überlebensübungen womöglich die Erde schädigte. Großvater aber sagte mir, daß es zwei Arten des Survival gebe: die des Weißen Mannes und die der amerikanischen Ureinwohner. Das Bemühen des Weißen Mannes zu überleben, sagte er, verletze die Erde; doch die Bemühung der Ureinwohner könne der Erde helfen. Dann erzählte er mir die Geschichte der beiden Männer, die in den Wald gingen, um Holz für ihre Bogen zu holen. Mit dieser Geschichte wollte er mir zeigen, wie verschieden die beiden Arten von Survival waren.

Wenn ein weißer Mann eine Bogengerte braucht, erklärte Großvater, laufe er einfach in die Gegend hinaus und nehme sich den besten und ebenmäßigsten Schößling, den er finden könne.

Er kümmere sich nicht darum, welche Auswirkung dies auf das Land habe; auch sei es ihm gleich, was er für die Zukunft übrig lasse. Der Weiße Mann glaube, die Natur sei einzig zu seinem Gebrauch oder Mißbrauch bestimmt. Land, Wasser, Tiere oder Pflanzen spielten nur diese Rolle. Er sorge nur für seine eigenen Bedürfnisse, ohne an künftige Generationen oder an die Natur zu denken. Für den Weißen Mann sei das Überleben ein Kampf mit der Natur. Er glaube, über den Gesetzen der Schöpfung zu stehen und Herr der Erde zu sein. Solche Art von Überleben habe immer schon die Erde zerstört – und werde sie immer weiter zerstören. Dieses Verhalten des Weißen Mannes sei inzwischen von der ganzen Weltgesellschaft übernommen worden – einer Gesellschaft, die ihre Enkelkinder tötet, um ihre Kinder zu ernähren.

Wenn aber der Ureinwohner Amerikas auszog, um eine Bogengerte zu holen, so geschah es, wie Großvater sagte, in einem ganz anderen Bewußtsein als dem des Weißen Mannes. Vor allem mußte der Ureinwohner schon äußerst verlegen um einen Bogen sein – ihn also sehr nötig brauchen, bevor er sich darum bemühte. Der Suche selbst gingen dann Fastenzeiten und Gebete voraus; denn er durfte nicht vergessen, daß er mit dem jungen Baum einem Bruder das Leben nahm. Dann erst ging er ins Gelände. Er suchte nicht nach den freistehenden Schößlingen, die hoch und kräftig wuchsen. Vielmehr suchte er im dichten Gehölz nach solchen Bäumchen, die miteinander um Licht und Luft wetteifern mußten. Er wußte: viele von ihnen würden bei diesem Kampf zugrunde gehen, und andere würden im Lauf der Jahre arg verletzt und verstümmelt werden. Sich selbst überlassen, könnte der Wald sich nicht gesund entwickeln.

War solch ein Wäldchen gefunden, unterzog der Ureinwohner es einer sorgsamen Prüfung: er suchte den idealen Schößling. Er wählte nicht den größten und ebenmäßigsten, sondern einen, der ohnehin sterben mußte, schließlich erdrückt von den anderen Bäumchen. Dann fragte er sich, ob der Zustand des Landes durch die Beseitigung dieses Schößlings verbessert würde. Was wollte er seinen Kindern und Enkelkindern hinterlassen? Sollte es nicht ein starker, gesunder Wald sein? Erst nach diesen Überlegungen durfte er schließlich den Schößling fällen. Selbst dann mußte er es unter Dankgebeten tun. Dies war die Einstellung eines Hüters und Pflegers, der dem Wald half, sich besser zu entwickeln. In kurzer Frist konnte er erreichen, wozu die Natur viele Jahre brauchen würde. Er beabsichtigte, der Natur zu helfen und sie zu pflegen – nicht sie zu zerstören.

Ich hatte Großvaters Geschichte wohl verstanden: wie wichtig es war, ein Hüter und Pfleger zu sein. Ich bemühte mich immer um solch ein Bewußtsein, wenn ich etwas aus dem Wald holte. Dennoch hatte ich nicht verstanden, was Großvater meinte, wenn er sagte, es sei nicht genug. Was machte ich falsch? Was versäumte ich? Und wieder belehrte mich Großvater, ohne meine Frage abzuwarten: «Es genügt nicht, einfach diesen Schößling zu nehmen. Dein Blick ist beschränkt wie in einem Tunnel. Du mußt über den Schößling hinausblicken und erkennen, was man noch tun könnte, um den Wald gesünder zu machen. Indem du nur einen kleinen Teil behütest und nicht das Ganze, tust du nicht genug. Deine Aufgabe als Pfleger ist damit keineswegs abgeschlossen. Auch genügt es nicht, nur dann ein Pfleger zu sein, wenn du etwas nimmst, was du zum Überleben brauchst. Du mußt immer ein Hüter und Pfleger sein, ob du etwas nimmst oder nicht!»

«Heißt das aber nicht, Gott zu spielen?» fragte ich ihn. Großvater antwortete: «Ja, irgendwie hast du recht. Aber wir befolgen nur die Gebote des Schöpfers. Darum sind wir hier auf Erden: um die Natur zu pflegen und nicht, um sie zu zerstören. Du mußt Dinge aus der Natur nehmen, um am Leben zu bleiben, das ist eine Notwendigkeit. Doch was uns zu Hütern und Pflegern macht, ist die Art, wie wir diese Dinge nehmen – mit allen unmittelbaren und zukünftigen Konsequenzen unseres Tuns.» Ich überlegte mir Großvaters Worte und wußte, daß er die Wahrheit sprach. Aber ich war mir nicht sicher, ob wir wirklich Ratschluß und Gebote des Schöpfers befolgten. Darauf erzählte mir Großvater die Geschichte von dem alten Baum, und wie er selbst zur Weisheit des Hüters und Pflegers gekommen war.

Kurz nachdem Großvater erfahren hatte, sein Leben den Steinen anzuvertrauen, lernte er, ein Hüter und Pfleger zu sein. Er war gerade dabei, nicht nur mit dem Volk der Steine zu kommunizieren, sondern auch mit vielen anderen Wesen der Erde. Stundenlang pflegte er vor Pflanzen, Steinen oder Tieren zu sitzen, zu denen er durch die innere Vision geführt worden war. Und allmählich verstand er ihre leise Sprache, die ihm durch den Geist, der in allen Dingen wohnt, vermittelt wurde. Diese Sprache, so lernte er bald, war nicht die der Menschenzungen, sondern die des Herzens. Die Botschaften erreichten ihn durch Wach-Visionen, Träume, Zeichen, Symbole und Gefühle. Am Anfang war das alles schwer zu verstehen, aber mit einiger Übung wurde es so leicht wie bei der gesprochenen Sprache.

Einmal saß Großvater unter einem verwitterten alten Baum – einem Baum, den die Ältesten einen Großvater nannten. Stets hatte er diesen Baum bewundert und sich oft zu ihm hingezogen gefühlt, auch wenn nie eine Kommunikation stattfand. Es machte ihm einfach Freude, ihn regelmäßig aufzusuchen. Großvater erwartete keine Botschaft von diesem mächtigen und ehrwürdigen alten Monarchen. Es erfüllte ihn stets mit Ruhe und Zufriedenheit, einfach bei diesem alten Baumriesen zu sitzen. Für ihn war er ein Symbol für die ehrfurchtgebietende Macht der Natur. Sein bloßes Alter und seine Größe machten Großvater bescheiden und demütig. Auch ohne Kommunikation fühlte er eine Freundschaft zu diesem Baum, eine Freundschaft, die weit über das gewöhnliche Maß hinausging.

Obwohl dieser alte Baum nicht antwortete, konnte Großvater stundenlang mit ihm sprechen. Er redete mit ihm über seine Sorgen, erzählte ihm von seinen Abenteuern, fragte ihn um Rat und berichtete ihm von seinen Triumphen und Niederlagen. Immer ging es ihm viel besser, wenn er mit dem Baum gesprochen hatte. Und oft konnte er feststellen, daß er Einsichten zu Problemen gewann, einfach indem er sie mit dem Baum diskutierte. Und nach vielen solcher Besuche setzte allmählich die

Kommunikation mit dem Baum ein, auch wenn Großvater sie anfangs nicht voll wahrnahm. Er lernte die verschiedenen Stimmungen des Baumes kennen, und wie sie sich mit dem Wetter und anderen Bedingungen veränderten. Er spürte, wann der Baum froh oder traurig war. Auch fühlte er seine Angst bei Sturm und Gewitter, und er fühlte seine Freude an strahlenden Sonnentagen und bei erquickendem Regen.

Oftmals, wenn Großvater den Baum besuchte, verbrachte er dort den ganzen Tag und schlief dann nachts neben seinem mächtigen Stamm. Einmal hatte Großvater einen eindrucksvollen Traum von dem alten Baum, der seine Vorstellung von der Natur und von der Rolle des Menschen in ihr für immer verändern sollte. Gewiß, er hatte schon früher geträumt, wenn er unter diesem Baum schlief, aber nur selten von dem Baum selbst und niemals so eindrucksvoll und bestürzend. Nicht etwa, daß er diesmal eine Vision gesucht hätte. Alles passierte einfach – ohne daß Großvater es gewollt oder vorhergesehen hätte. Es widerfuhr ihm nach einem Tag, an dem er sich gefragt hatte, ob er zu einer tieferen Verbindung mit der Natur kommen könnte, wenn er ihr sein Leben ganz anvertraute.

Großvater war sich wohl bewußt, daß der Mensch nur mit Hilfe der Natur existieren konnte. Ohne die Stoffe, aus denen er seine Werkzeuge schuf, hätte er überhaupt nicht überlebt. Was den Menschen betraf, fand Großvater, so war seine Beziehung zur Natur einseitig, weil er immer nahm und niemals etwas zurückgab. Aber Großvater wußte auch, daß er, indem er sein Leben den Steinen anvertraute, sich der ganzen Schöpfung anvertraute. Die Steine waren für ihn zur Verbindung mit allem anderen geworden. Nun bedrückten ihn große Schuldgefühle, weil er alles von der Natur nahm – und ihr nichts wiedergab. Es mußte doch für den Menschen einen anderen Daseinszweck geben, als nur die Natur zu benutzen. Solche Fragen und Gedanken gingen Großvater durch den Sinn, bevor er unter dem Baum einschlief.

Anfangs träumte er wirr drauflos, und die Bilder kamen ohne Zusammenhang. Er träumte von früheren Überlebensabenteuern, von den Bäumen, die er gefällt, den Pflanzen, die er verzehrt, den Tieren, die er erlegt, und den vielen Steinen, die er zertrümmert hatte. Rasch wurden diese Träume zu Alpträumen. Pflanzen und Tiere schrien vor Angst, wenn Großvater sich ihnen näherte. Während er durch diese Traumlandschaften wanderte, spürte er, wie die Pflanzen sich von ihm abwandten. Auch die Tiere flohen in blinder Panik. Er hatte das Gefühl, als sei er eine Krankheit, die die Natur infizierte und schließlich zerstörte. Ihm kam der Gedanke, daß der Mensch wahrscheinlich ein Irrtum der Schöpfung sei, ein gefährliches Wesen, das außer Kontrolle geraten war.

Immer heftiger wurde sein Alptraum. Nicht nur er selbst zerstörte die Natur um des Überlebens willen, sondern viele Menschen taten dasselbe. Das wirkte sich verheerend aus. Er sah keine Ureinwohner in seinem Alptraum, sondern Menschen von weißer Rasse. Deren Frevel waren noch verheerender, als er geahnt hatte. Ihre Gier nach Geld und Profit ließ das Land unheilbar krank werden. Offenbar scherten sie sich nicht um das Land und kannten keinen Dank für das, was es ihnen darbot. Bei allem, was sie nahmen, beachteten sie niemals die Gesetze der Schöpfung. Das Land galt ihnen nichts. Was für sie zählte, war nur die Gegenwart – und sie zerstörten die Zukunft ihrer Kinder und Enkelkinder. Das Land schrie auf vor Schmerz und Pein.

Großvater erkannte jetzt den Unterschied zwischen der Art und Weise, wie er und sein Volk überlebt hatten, und der Art und Weise, wie die weiße Rasse überlebte. Jetzt fühlte er sich nicht mehr so schuldig, denn es gab viel Schlimmere als ihn. Wenigstens zerstörte er nicht das Land, wie die Fremden es taten. Wie hilflos wirkte die Welt der Natur, besonders gegenüber der Zerstörungskraft des Menschen. Die Tiere konnten wenigstens fliehen, aber Bäume und Pflanzen mußten bleiben. Sie waren verletzlich und wehrlos gegenüber der unaufhaltsamen Gewalt der Weißen, besonders gegenüber ihren wirksamen Tötungstechniken. Und nun erschien dieser alte Baum in Großvaters Alptraum.

Er träumte, daß er den alten Baum aus der Ferne sähe, während Menschen sich ihm näherten. Er spürte die bebende Angst des Baumes und wußte: Diese Menschen hatten die Absicht, den alten Baum zu vernichten. Anders als die Tiere konnte der Baum nicht weglaufen oder gar versuchen, sich zu verteidigen. Er war fest im Boden verwurzelt und mußte alles ertragen, was ihm angetan wurde. Mit Äxten begannen die Leute, den Stamm des Baumes zu bearbeiten. Die Äxte schlugen riesige klaffende Wunden in die Rinde, und Blut begann aus dem Baum zu fließen. Der alte Baum schrie vor Schmerz, aber die Menschen achteten nicht darauf. Endlos ging die Hackerei weiter, und Großvater konnte nichts tun, um dem Einhalt zu gebieten, denn auch er fürchtete um sein Leben.

Weil aber der Baum so groß war, gaben die Leute anscheinend den Versuch auf, ihn zu fällen. Statt dessen kletterten sie in die Krone und begannen, die oberen Äste abzusägen. Wieder floß das Blut des Baumes, und Großvater hörte seine Angst- und Schmerzensschreie. Jetzt bebte der Baum vor Qualen, aber keiner achtete darauf. Schließlich konnte Großvater es nicht mehr ertragen; er war außerstande, die qualvolle Schlächterei noch länger mitanzusehen. Ohne auf seine eigene Sicherheit zu achten, rannte er zu dem Baum und begann wütend die Leute von ihm wegzuzerren. Doch kaum hatte er einen weggezerrt, trat ein anderer an seine Stelle. Es war ein endloser Strom von Menschen, und alle schienen entschlossen, den Baum zu vernichten.

In rasender Verzweiflung schrie er die Leute an, doch aufzuhören und zu erkennen, was sie dem alten Monarchen antaten. Niemand beachtete ihn, und die Gier, den Baum zu töten, machte ihr Bewußtsein blind für alles andere um sie her. Unaufhörlich ging das Hacken und Sägen weiter. Großvater versuchte alles, um die Freveltat zu beenden, aber vergeblich. Schließlich brach er erschöpft zusammen und mußte zuschauen, wie der alte Baum unvorstellbare Qualen litt. Großvater spürte, wie er um Hilfe rief, aber auch er selbst war hilflos. Er schrie auf vor Angst, denn er wußte, daß er diesen vertrauten alten Freund verlor – durch die Habgier der Menschen. Diese Leute empfanden keine Ehrfurcht vor dem Baum, keine Reue für das, was sie taten. Ja, es schien, als fühlten sie überhaupt nichts.

Endlich hörte die Hackerei auf, und die Leute begannen Äste einzusammeln, die sie abgesägt hatten. Als sie sich dann aus dem Staube machten, schleppten sie einiges von dem Holz mit sich, ließen aber das meiste zurück. Alles in allem nahmen sie nur einen kleinen Teil dessen, was sie vom Baum abgesägt hatten, und ließen den Rest am Boden liegen, wo er verfaulen mochte. Hätten sie nur soviel genommen, wie sie brauchten, dachte Großvater, dann hätte der Baum immer noch eine Chance gehabt, am Leben zu bleiben. Jetzt aber, seiner Äste beraubt und mit zerhacktem Stamm, war das unmöglich. Als Großvater die Arme, so weit er konnte, um den mächtigen Stamm schlang, spürte er, daß der Baum starb. Er wand sich noch einmal in letzter Qual, dann war es zu Ende. Großvater hatte einen seiner besten Freunde verloren. Soweit der Traum. Es war der Klageschrei des Baumes, der ihn weckte.

Großvater streckte die Hand aus und berührte den Stamm des alten Baumes, erleichtert, daß es nur ein häßlicher Traum gewesen war. Der Baum wirkte so stark und gesund wie nur je, aber die Traumbilder drückten noch schwer auf Großvaters Gemüt. Noch immer zitterte er im Innersten. Der Traum hatte einen nachhaltigen Eindruck auf ihn gemacht. Es war möglich, daß dieser Baum eines Tages gefällt werden würde, genau wie er es im Traum erlebt hatte. Und Großvater beschlich die schreckliche Erkenntnis, daß es kein Mittel gab, dies zu verhindern. Der Baum war hilflos und konnte nicht weglaufen; er war verletzlich und wehrlos gegenüber der menschlichen Zerstörungskraft. Großvater konnte nicht dauernd Wache stehen bei dem Baum; er konnte ihn auch nicht unsichtbar machen. Er war traurig, weil er nichts tun konnte, um das Fällen des Baums zu verhindern.

Inzwischen verabscheute er sich sogar selbst. War er besser als jene Leute, die den Baum getötet hatten? Gewiß, er ging anders mit den Dingen um als sie, aber auch er nutzte die verletzliche

Natur für seine Bedürfnisse. Er wußte wohl, daß er von der Erde nehmen mußte, um am Leben zu bleiben, aber dies konnte sein Tun nicht rechtfertigen. Der Mensch, so schien es, benahm sich unfair, da er alles nahm und nichts gab. Dies war eine einseitige Beziehung, fand Großvater. Es schmerzte ihn tief, daß er die Natur zwar als verwandt erkannte und von ihr physisch wie spirituell lernte, aber im nächsten Moment Wesen tötete, die zu seiner Familie gehörten. Er verstand es nicht; es gab einfach keine Rechtfertigung für sein Tun – wenigstens keine, die ihn befriedigt hätte. Die Tiere und Pflanzen leisteten ihren Beitrag zum großen Gesamtplan der Dinge. Und was tat der Mensch?

So saß er damals vor dem Baum, tief versunken in Gedanken. Ja, der Mensch war eine Geißel des Landes. Und wieder fragte sich Großvater, ob der Mensch nicht tatsächlich ein Irrtum des Schöpfers sei, eine Krankheit ohne Sinn und Zweck. Großvater blickte hinauf zu dem Baum und erinnerte sich lebhaft an seinen Traum. Der Baum kam ihm jetzt noch zerbrechlicher und verletzlicher vor. Großvater spürte, daß die Verbindung zwischen ihm selbst und dem Baum noch stärker geworden war, aber damit spürte er auch die Angst, die der Baum empfand. Und wieder überwältigte ihn dieses Gefühl der Hilflosigkeit. Er fühlte sogar, wie paradox seine Verwandtschaft mit dem Baum war. Einerseits waren sie Freunde, aber andererseits würde er notfalls den Baum vernichten, um selbst zu überleben.

Als Großvater über das Wesen der menschlichen Existenz nachdachte, setzte sich Coyote Thunder neben ihn. So vertieft war Großvater in seine Gedanken, daß er ihn gar nicht kommen hörte, und er erschrak, als er sich neben ihn setzte. Coyote Thunder schwieg und blickte Großvater an. Er brauchte nicht lange, um zu erkennen, was Großvaters Herz bedrückte. Auch er selbst sei vor vielen Jahren zu diesem alten Baum gekommen, so erzählte er Großvater, und habe sich die gleichen Fragen gestellt, mit denen sich Großvater jetzt auseinandersetze. Auch Coyote Thunder hatte die Verletzlichkeit des alten Baumes gespürt. Er erzählte ihm einen Traum, den er damals hatte, ähnlich dem Alptraum Großvaters. Er sagte Großvater, dieser Baum habe eine bedeutsame Eigenschaft: Viele, die zu ihm kämen, hätten dieselben Fragen und erhielten dieselben Antworten wie er.

Wortlos gab er Großvater ein Zeichen, ihm zu folgen. Sie wanderten fast den ganzen Vormittag, bis sie eine Schlucht in den Bergen erreichten. Ein Bach strömte tief im Grunde der Schlucht. Sie folgten seinen schönen Ufern bis weit hinauf ins Gebirge. Großvater war überzeugt, daß Coyote Thunder schon oft hier gewesen sein mußte, so gut kannte er sich aus. Auch spürte Großvater die tiefe Verehrung, die Coyote für diesen Ort empfand. Es war nicht irgendeine Schlucht, sondern ein Ort von hoher Bedeutung für den alten Mann. Und während sie weitergingen, erkannte Großvater, daß die Landschaft sich stark veränderte. Auf der einen Seite des Bachlaufes sah man gesunden und starken Wald, doch auf der anderen Seite waren die Bäume geduckt, verbogen und größtenteils krank.

Der Unterschied zwischen diesen beiden Wäldern erschreckte Großvater. Er verstand nicht, warum der eine Wald so gesund und der andere so krank sein konnte. Immerhin waren die beiden Wälder nur durch ein Bächlein voneinander getrennt. Großvater sah keinen verständlichen Grund für diesen bemerkenswerten Unterschied. Coyote Thunder aber schwieg und ging langsam das Bachufer entlang. Je weiter sie kamen, desto stärker wurde der Unterschied zwischen den Wäldern. Der kranke Wald sah nun aus, als könne er kaum noch überleben, während der andere um so stärker und gesünder wirkte, je höher sie hinaufstiegen. In dem gesunden Wald gab es mehr Tierfährten zu sehen, und Pflanzen und Bäume trugen mehr Früchte. Aber noch immer entdeckte Großvater nichts, was die Ursache dieser Ungleichheit sein könnte. Keiner der beiden Wälder zeigte irgend etwas Außergewöhnliches.

Coyote Thunder bedeutete Großvater schließlich, sich neben ihn zu setzen. Anfangs sprach er kein Wort, sondern saß nur da und sah sich mit befriedigtem Gesichtsausdruck um. Schließlich begann er Großvater die Geschichte dieses Waldes zu erzählen. Hierher sei er immer gekommen, um Schößlinge für seine Bogen und Pfeile zu holen. Das sei in seiner Jugend gewesen; jetzt komme er nur noch hierher, um den Wald zu ehren. Staunend blickte Großvater in die Runde. Tatsächlich hatte Coyote dem einen Wald geholfen, sich stärker zu entwickeln, als dem anderen jenseits des Bachlaufs. Alles schien hier vollkommen, alles war gesund. Es sei einer der vollkommensten Wälder, sagte er zu Coyote Thunder, den er jemals gesehen habe. Coyote Thunder lächelte nur und meinte, es sei nur einer von vielen Wäldern, denen er geholfen habe.

Und dann begann er, Großvater den Zweck des menschlichen Daseins auf Erden zu erklären: «Der Mensch ist das Werkzeug des Schöpfers und der Schöpfung. Er kann der Natur helfen, etwas zu tun, was sonst viele Jahre brauchen würde. Der Mensch gehört der Erde, und die Erde gehört dem Menschen. Doch darf man nicht nur von der Erde nehmen, ohne ihr etwas wiederzugeben. Wie du siehst, hat dieser Wald mir einst etwas gegeben, und ich habe ihm geholfen, sich stärker zu entwickeln. Der Mensch hat eine wichtige Aufgabe beim Überleben der Schöpfung, denn durch ihn vermag die Natur sich stark und gesund zu entwickeln. Gibt es nicht Stürme und Winde, die den Wald widerstandsfähig machen? Gibt es nicht Tiere, die Pflanzen und wiederum andere Tiere fressen? Nährt sich das Volk der Pflanzen nicht von Sonnenlicht, Bodenkrume und Wasser der Erde? Wir alle brauchen einander, um am Leben zu bleiben. Aber es muß ein harmonisches Gleichgewicht geben zwischen Mensch und Natur. Dieser Wald weist ein solches Gleichgewicht auf, und der Mensch hat ihm geholfen, es zu erlangen.»

Jetzt verstand Großvater, was Coyote Thunder meinte, wenn er vom Daseinszweck des Menschen sprach, denn er sah die herrlichen Ergebnisse in diesem gesunden und starken Wald. Ohne abzuwarten, ob Großvater Fragen stellte, fuhr Coyote Thunder fort: «Die Schwierigkeit ist, daß der Weiße Mann das nicht versteht. Er nimmt, gibt aber nichts zurück. Er ist kein Hüter der Erde, sondern wie eine Krankheit, die die Erde zerstört. Der Weiße Mann kennt seinen Daseinszweck auf Erden nicht, darum geht er in die Irre und sucht immer nur sich selbst. Das Land zählt für diese Menschen nicht, sondern nur ihr unmittelbares Überleben. Sie kümmern sich nicht um künftige Generationen und fragen sich nicht, ob ihre Habgier dem Lande schadet. Sie leben im Widerspruch zu den Gesetzen der Schöpfung und zur Erfüllung ihrer Bestimmung.»

Großvater saß und dachte darüber nach, was Coyote Thunder ihm gesagt hatte, aber noch immer suchte er Antworten auf viele Fragen. Dann fuhr Coyote Thunder fort: «Vor allem müssen wir begreifen, daß alle Wesen, die auf Erden leben, Nahrung brauchen. Wir müssen vieles vom Land nehmen, um am Leben zu bleiben. Der Unterschied liegt in der Art und Weise, wie wir diese Aufgabe bewältigen. Erstens müssen wir die Dinge mit großer Dankbarkeit und Würde im Herzen annehmen; zweitens müssen wir die notwendigen Eingriffe auf eine Art vollziehen, die dem Land wohltut und es nicht zerstört. Wir müssen an die Zukunft denken und unseren Kindern und Enkelkindern zu einem guten Vermächtnis verhelfen. Auch müssen wir die Schöpfung in besserem Zustand zurücklassen, als wir sie vorgefunden haben. Auf diese Weise erfüllen wir unsere Bestimmung als Hüter der Erde.»

Coyote Thunder fuhr fort: «Unsere Aufgabe als Hüter der Erde beginnt und endet nicht damit, daß wir die richtigen Dinge auf richtige Art nehmen. Wir müssen allezeit Beschützer der Erde sein, bereit, sie notfalls mit unserem Leben zu verteidigen. Die Natur braucht jederzeit unsere Hilfe, nicht nur dann, wenn wir etwas von ihr nehmen. Immer müssen wir durch das Land wandern, hegend, pflegend, veredelnd und pflanzend, um der Natur beizustehen. Auch die Menschen sind Teil der Natur, und wir müssen ihnen helfen, stärker zu werden, indem wir sie lehren und ihnen den heiligen Weg zeigen. Auf diese Weise können wir am besten jenes kostbare Geschenk des Lebens für künftige Generationen bewahren. Viele wollen jedoch nicht aufmerken, weil sie keinen anderen Weg kennen. Der Kampf kann sehr lange dauern und sehr schwer werden.»

Coyote Thunder wartete und ließ Großvater Zeit, alles aufzunehmen, was er gesagt hatte. Nach langer Pause fuhr er fort: «Anders als die Weißen nehmen wir nur Dinge von der Erde, wenn wir sie brauchen. Wir sind einfache Menschen, die nicht nach Überfluß und Bequemlichkeit streben. Denn der Drang nach Überfluß und Bequemlichkeit führt zu jener Habgier, die schließlich die Erde zerstört. Der Weiße Mann strebt immer nach Überfluß und Bequemlichkeit, weil er glaubt, daß dies sein Leben angenehmer machen würde. Das ist aber widersinnig, denn je mehr der Weiße Mann die Dinge zu vereinfachen sucht, desto komplizierter wird seine Welt. Bei den falschen Göttern des Fleisches sucht er Befriedigung, aber er findet nur Leid und Schmerzen. In einer Welt des Überflusses und der Zerstörung kann es keine echte Befriedigung geben. Wir aber vermögen unsere Existenz durch jene Einfachheit zu rechtfertigen und damit der Natur zu helfen, jetzt und in Zukunft stärker zu werden.»

Damit entfernte sich Coyote Thunder den Bachlauf hinunter und gab Großvater Zeit zum Nachdenken. Großvater ging durch den Wald, an dessen Entstehung Coyote Thunder mitgewirkt hatte. Auch in dem kranken Wald am anderen Ufer verbrachte er einige Zeit. Und da verstand er die große Befriedigung, die Coyote Thunder jedesmal empfinden mochte, wenn er seinen Wald besuchte. Welch wunderbares Vermächtnis würde Coyote Thunder den künftigen Generationen hinterlassen! Zum ersten Mal verstand Großvater, welcher Platz dem Menschen im Gesamtplan der Schöpfung gebührte und wie wichtig er für die Natur und für künftige Generationen sein konnte. Großvater war stolz darauf, was Coyote Thunder für das Land getan hatte. Er spürte, wie auch in seinem Herzen der Wunsch zu helfen wuchs, und er gelobte, ein Hüter der Erde zu werden wie Coyote Thunder. Sein ganzes Leben würde er in den Dienst dieser Aufgabe stellen. Nun fühlte er sich nicht mehr als Parasit, sondern als Diener der Schöpfung.

Schließlich wanderte er zurück, den Bachlauf entlang, und kam zuletzt wieder zu dem alten Großvater-Baum. Zu seiner Überraschung sah er Coyote Thunder unter dem Baum sitzen, leicht an den Stamm gelehnt. Offenbar erwartete er Großvaters Rückkehr. Als Großvater sich setzte, sagte Coyote Thunder: «Seit langem bist du nun gewöhnt, Natur und Geist als zwei getrennte Dinge zu betrachten. Anfangs lerntest du, den Stimmen der Geister zu lauschen, aber du hast nicht gelernt, die gleichen Stimmen in der Natur zu vernehmen. Erst nachdem du dein Leben den Steinen anvertraut hattest, konntest du anfangen zu verstehen. Jetzt aber mußt du begreifen, daß es keine Trennung zwischen Natur und Geist gibt. Sie sind ein und dasselbe. Die Natur wird Pforte zum Geist, und der Geist wird Pforte zur Natur. Es gibt nur das heilige Eins-Sein, an dem wir alle teilhaben.»

Coyote Thunder fuhr fort: «Noch ein letzter Gedanke, den du verstehen mußt. Wenn wir etwas von der Natur nehmen müssen, sei es Tier oder Pflanze, dann stirbt der Geist dieses Wesens nicht. Vielmehr wird es Teil unseres Fleisches, und sein Geist wird Teil unseres Geistes. Es gibt in Wahrheit keinen Tod, wenigstens nicht, wenn die Dinge auf richtige Art genommen werden – auf heilige Art. Sinnlosen Tod gibt es nur, wenn die Dinge aus Habgier genommen werden, wenn also das Land zerstört wird. Du gehörst zur Schöpfung und unterliegst ihrem Gesetz, und du gehörst zur Erde, wie du auch Teil dieses alten Baumes bist und er Teil von dir. Die Natur kann ohne uns existieren, aber es würde sie viel mehr Anstrengung kosten. Vergiß nicht: Wir dienen hier einem Höheren, das über unser Selbst hinausgeht. Wir sind die Hüter der Erde.»

Coyote Thunder erhob sich, lächelte Großvater zu, berührte liebevoll den alten Baum und machte sich dann auf den Rückweg ins Lager. Großvater saß noch bis in die Nacht hinein in nachdenklichem Schweigen.

Als Großvater in der Dunkelheit zum Lager zurückging, fühlte er sich zum erstenmal ganz als Teil der Natur. Jetzt glaubte er seinen Lebensweg rechtfertigen zu können, ganz ohne Reue. Er wußte: jetzt war es nicht mehr eine einseitige Beziehung, sondern ein Bündnis, das ihm genauso nützte wie der Natur. Wie nahe fühlte er sich allen Wesen der Natur. Er spürte, daß eine wunderbare Kommunikation einsetzte, ein Bewußtsein, wie er es nie zuvor gekannt hatte. Ihm war, als heiße die Schöpfung ihn willkommen – als Retter, nicht als

Zerstörer. Jetzt verstand er das Wesen des Eins-Seins, von dem die Ältesten so oft sprachen.

Nachdem auch ich die Geschichte des alten Baumes vernommen hatte, verstand ich endlich, was Großvater gemeint hatte, wenn er sagte, daß es nicht genüge, was ich machte. Es genügt nicht, nur ein Teilzeit-Hüter der Erde zu sein. Das Bewußtsein, für die Erde da zu sein, muß immer im Vordergrund unseres Denkens und Handelns stehen. Es genügt nicht, sich nur dann um das Land zu kümmern, wenn wir etwas von ihm nehmen, sondern wir müssen uns unablässig bemühen, der Natur weiterzuhelfen. Nein, wir wollen keine künstliche Landschaft schaffen, ähnlich einem gepflegten Park oder Garten. Sie soll wild bleiben, wie sie immer war. Was wir zu erreichen suchen, ist eine Vervollkommnung der Natur. Wir müssen unsere Bestimmung hier auf Erden erfüllen, und nie können wir genug tun, um zu helfen.

Heute sehe ich, wie Großvaters Forderung, Hüter der Erde zu werden, sich auf das Leben meiner Schüler auswirkt. Anfangs, als wir unseren Lagerplatz in den Pine Barrens pachteten, war das Land ganz und gar aus dem Gleichgewicht. Mangelhafte Waldwirtschaft hatte Bäume und Pflanzen in so schlechtem Zustand hinterlassen, daß nur wenige Arten dort existieren konnten. Kaninchen waren zur Landplage geworden, zwölf Hirsche starben in jenem Winter den Hungertod, und der Bach war verschmutzt, vergiftet und ohne Fische. Heute, nachdem Hunderte meiner Schüler während meiner Kurse dieses Stück Land gepflegt haben, ist die Natur wieder völlig im Gleichgewicht. Die Mischung der Pflanzen ist ausgewogen, kein Hirsch ist in den letzten sieben Jahren verhungert, der Bach fließt wieder frei, und sein Wasser kann man trinken. Fische sind wieder da, und jedes Jahr ernten wir große Mengen an Eicheln, Bucheckern, Fichtenzapfen und Beeren. Es ist ein Garten Eden geworden. Was die Natur erst in Jahrzehnten hätte korrigieren können, hat unsere Hege in weniger als vier Jahren zustande gebracht. Die Schüler nehmen diese Einstellung mit nach Hause; sie lieben die wilde Natur und erfüllen heute ihre Bestimmung als Hüter der Erde.

5
Alleinsein

Ich war allein im Lager, schon länger als einen Monat. Großvater besuchte weit im Süden der Pine Barrens einen alten Freund, einen der Ureinwohner Amerikas, und Rick war den größten Teil des Sommers mit seiner Familie verreist. Gewiß hatte ich schon oft allein im Wald mein Lager aufgeschlagen, aber dies war der längste Aufenthalt bisher, ohne daß ich einen anderen Menschen gesehen hätte. Die ersten zwei Wochen tat es gut, so allein zu sein. Ich brauchte nur zu tun, was mir beliebte, und konnte endlos meine Fertigkeiten üben, ohne mit Rick darüber diskutieren zu müssen. Mich überkam auch dieses Gefühl der Zeitlosigkeit, das sich einstellt, wenn man allein ist, denn ich lebte jetzt nur nach meiner inneren Uhr. Zeit und Pünktlichkeit kommen erst dann ins Spiel, wenn andere Leute beteiligt sind. Ich genoß jene innere Freiheit, die vom Alleinsein kommt – jene Freiheit, zu tun, was ich wollte und wann immer ich wollte.

Nach zwei Wochen des Alleinseins, nachdem der Reiz des Neuen sich abzunutzen begann, fühlte ich mich sehr einsam. So vieles hatte ich schon getan und erlebt, daß ich diese Dinge gerne mit jemandem teilen wollte – aber da war niemand. Anfangs überfiel mich das Gefühl der Verlassenheit nur am Abend, am Lagerfeuer – zu einer Zeit, da wir normalerweise unsere Erlebnisse austauschten. Doch nach und nach nahmen solche Anfälle von Einsamkeit zu. Vor allem in den stillen Stunden, nach Einbruch der Dunkelheit, wurde das Alleinsein schmerzlich. Ich ertappte mich dabei, wie ich mich beschäftigte, nur um mich von meiner Einsamkeit abzulenken und mich auf andere Dinge zu konzentrieren. Wenn ich jetzt meine Fertigkeiten übte, wurde das immer schwieriger und verlangte mehr Konzentration oder körperlichen Einsatz. Auch ertappte ich mich dabei, wie ich laut mit mir selbst redete, nur um eine menschliche Stimme zu hören.

In der dritten Woche begann ich mich als Gefangener dieser Einsamkeit zu fühlen. Oft dachte ich daran, fortzugehen aus dem Wald und für ein Weilchen nach Hause zurückzukehren. Ich erwog sogar, mich an die ersten Häuser am Stadtrand heranzuschleichen, nur um Menschen von weitem zu beobachten. Meine Selbstgespräche wurden immer länger und verworrener. Ich begann auch auf meine Fragen zu antworten und laut zu denken. Mit der Zeit brütete ich nur noch darüber, wie allein und verlassen ich mich fühlte. Einsamkeit beherrschte meine Stimmung so stark, daß ich keinen anderen Gedanken fassen konnte. Verzweifelt sehnte ich mich danach, manches, was ich in den letzten Wochen erlebt und getan hatte, einem anderen Menschen mitzuteilen. An diesem Punkt begann ich an mir selbst zu zweifeln. Wenn ich jemals Großvater und seinen Lebensweg verstehen wollte, so dachte ich, müßte ich das Alleinsein lieben. Doch gerade jetzt haßte ich es erbittert.

Oft hatte Großvater mir gesagt, wie wichtig längere Phasen des Alleinseins für meine Entwicklung seien, nicht nur in Überlebens-Situationen, sondern vor allem auf dem spirituellen Weg. Alleinsein und Askese gehörten zur spirituellen Lehrzeit eines Menschen, und ohne diese Erfahrung konnte man nur einen Teil der Wahrheit verstehen. Ich fühlte mich wirklich beunruhigt, denn ich glaubte, Wildnis und Geisterwelt versuchten mich irgendwie zu vertreiben. Anscheinend benutzten sie meine Isolation und Einsamkeit als Mittel der Läuterung. Es war wie eine Prüfung, die ich bestehen mußte. Ich wußte ja: dies hätte eigentlich eine unbeschwerte und willkommene Erfahrung sein sollen, aber Alleinsein und Isolation gerieten zu tiefer Einsamkeit. Wie verachtete ich mich dafür, daß ich so empfand! Ich fühlte mich unwürdig, denn das Leiden unter der Einsamkeit hatte offenbar nichts mit dem Bewußtsein zu tun, das Großvater lebte und lehrte.

Am ersten Tag der vierten Woche kam ich zu dem Schluß, es nicht mehr ertragen zu können, und begann mein Lager abzubrechen. Ich wollte nur für ein paar Tage nach Hause gehen und dann in den Wald zurückkehren, wenn ich genug menschliche Gesellschaft genossen hätte. Während ich die Sachen in mein Versteck verstaute, schaute ich auf – und erschrak. Großvater saß am Rand des Lagers und beobachtete mich. Im ersten Moment war ich außer mir vor Freude, ihn zu sehen, und wollte zu ihm hinlaufen, doch dieser erste Impuls wurde gleich von einer Art Schuldgefühl verdrängt. Großvater wußte ja, daß ich mindestens vier Wochen lang allein aushalten sollte; er hatte es mir sogar empfohlen – und jetzt war ich sehr verlegen, weil ich so leicht aufgegeben hatte. Er beobachtete mich mit einem seltsamen Lächeln, doch seine Augen verrieten keinen Vorwurf und keine Enttäuschung. Er sagte nichts und winkte mich nur zu sich herüber.

Folgsam ging ich hin, irgendwie mit dem Gefühl, ich hätte mir und ihm Schande gemacht. Ohne auf meine Fragen zu warten, sagte er: «Ich hatte damit gerechnet, daß du um diese Zeit fortgehen würdest. Ich wußte, daß die Einsamkeit dich schließlich aus der Wildnis vertriebe.» Ich erschrak über seine Worte, nicht nur deshalb, weil er gewußt hatte, zu welchem Zeitpunkt es mich aus dem Wald triebe, sondern auch, was mich vertreiben würde. Darauf erklärte ich ihm, ich habe irgendwie das Gefühl, ihm Schande zu machen, ich könne aber das Alleinsein nicht mehr ertragen. Ich glaube, daß diese Einsamkeit mich von allen anderen Erfahrungen trenne, und deshalb fühle ich mich nicht mehr würdig, einen spirituellen Pfad zu gehen. Großvater aber sagte: «Es gibt einen großen Unterschied zwischen Alleinsein und Einsamkeit, und den mußt du herausfinden. Das gilt für jeden von uns. Jetzt bist du an der Reihe.» Mit diesen Worten begann er mir die Geschichte seines Alleinseins zu erzählen.

Großvater hatte schon einige Wanderjahre hinter sich, so sagte er, bevor er sich mit diesem Problem auseinandersetzen mußte. Natürlich vermißte er die Leute seines Volkes, doch war er in dieser ersten Zeit oft zu ihrem Lagerplatz zurückgekehrt. Auch begegnete er auf seinen Reisen vielen Menschen; darum dauerte sein Alleinsein nicht immer gar so lang. Dann aber mußte er beinahe zehn Jahre lang das Alleinsein aushalten. In dieser Zeit sah und sprach er keinen anderen Menschen. Zu tief hatte er sich in die weg- und menschenlose Wildnis Kanadas zurückgezogen. Während dieser ganzen Zeit fand er kaum jemals Spuren oder andere Zeichen eines Menschen. Und damals, am Anfang dieser langen Zeit der Askese, mußte er sich mit dem Dämon der Einsamkeit auseinandersetzen.

Großvater erzählte, daß Alleinsein und drückende Isolation ihn nicht plötzlich überfielen. Vielmehr war es ein allmählicher Prozeß, der ihn langsam überwältigte. Anfangs stellte er nur fest, daß viele seiner Fragen unbeantwortet blieben. Er sehnte sich nach den Ältesten seines Stammes und hätte in manchen Dingen ihren Rat gebraucht, aber er wußte, daß es unmöglich war, sie aufzusuchen. Das Gefühl der Isolierung und Verlassenheit wurde in den Abendstunden besonders stark, aber bald dauerte es auch tagsüber an. Nicht etwa, daß er Menschen ganz allgemein vermißt hätte – er hatte Kontakte außerhalb seines eigenen Stammes durchweg gemieden. Er vermißte einfach seine Familie und seinen Stamm. Nach einiger Zeit aber sehnte er sich danach, einfach irgend jemandem zu begegnen, auch wenn der Betreffende aus den falschen Gründen in die Wildnis gekommen wäre. Das Bedürfnis, mit jemandem zu reden, wurde für ihn zu einem inneren Drang, der alle seine wachen Stunden beherrschte.

Dieses schmerzliche Gefühl der Einsamkeit wurde mit der Zeit nicht schwächer. Im Gegenteil, es nahm noch zu. Nie gab es Linderung, nicht einen Augenblick. Was Großvater auch immer tat, er konnte diese schreckliche Sehnsucht nicht abschütteln. Mehrmals verlegte er sein Lager an einen anderen Ort, in der Hoffnung, ein Wechsel des Schauplatzes könnte ihn vom Stachel der Einsamkeit befreien. Es war vergeblich. Auch unterwarf er sich Übungen und Regeln, die eine volle Konzentration im Denken und Handeln verlangten, doch auch das brachte ihm keine Linderung. Schließlich konnte er überhaupt nicht mehr denken und nichts mehr tun, ohne daß dieses schreckliche Gefühl der Einsamkeit ihn packte und alles andere überschattete. Dabei wußte er stets, daß er sich ohnehin eines Tages diesem tiefen Einsamkeitsgefühl stellen müßte, und dies war es, was ihm die Kraft zum Weitermachen gab.

In seiner Verzweiflung suchte Großvater Trost bei der Natur und dem Geistigen. Aber auch hier waren die Botschaften schwach und wurden nach einer Weile ganz unverständlich. Die quälende Einsamkeit überschattete alles und machte jede spirituelle Kommunikation und Verständigung unmöglich. Großvater wußte wohl, daß er die Einsamkeit überwinden mußte, sonst würde sie für immer sein Dämon bleiben. Sie würde ihn unterwerfen, wenn es ihm nicht gelänge, ihre erdrückende Kraft zu begreifen und schließlich zu besiegen. Das Alleinsein war ja ein wichtiger Teil des spirituellen Weges, und er mußte es von bloßer Einsamkeit unterscheiden lernen. Doch wie sollte er beginnen? Was ihn so lange ausharren ließ, war seine feste Entschlossenheit – aber auch diese begann allmählich nachzulassen.

An diesem Punkt, nachdem er viele Sommer und Winter allein gewesen war, beschloß er, die kanadische Wildnis zu verlassen und zu den Lagerplätzen seines Volkes zurückzukehren – zumindest jedoch in Gegenden zu wandern, wo er noch allein lebende Alte antreffen würde. Während er sein Lager abbrach, machte er sich Vorwürfe, weil er so leicht die Waffen streckte. Doch mußte er einfach jemanden, irgend jemanden sehen, weil die Einsamkeit all sein Fühlen und Handeln beeinträchtigte. Andererseits wußte er, wie wichtig es war, allein zu sein – besonders für jemanden, der den spirituellen Pfad gewählt hatte. Er wußte, daß er den Kampf mit dem Dämon Einsamkeit aufnehmen mußte, wenn nicht jetzt, dann zu einem späteren Zeitpunkt. So blieb er noch tagelang an seinem Lagerplatz, obwohl er bereits alles abgerissen hatte. Der innere Kampf, ob er gehen oder bleiben sollte, wurde unerträglich.

In einem Akt schierer Verzweiflung entschloß er sich, die Gegend zu verlassen und zu seinem Volk zurückzukehren. Er wandte sich nach Süden, weil er vermutete, in dieser Richtung schneller der Wildnis zu entrinnen als auf der alten Route nach Südwesten. Er hatte nicht bedacht, daß dieser Weg ihn noch tiefer in die Wildnis führen würde, ins Hochgebirge, wo es keine Übergänge gab. Tagelang wanderte er durch die Berge, bevor er merkte, daß er immer tiefer in die Wildnis geriet. Auf den Gipfeln im Umkreis lag schon der erste Schnee, und Großvater wußte, daß er, wenn er nicht bald einen Paß über die Berge fände, den Winter lang gefangen bliebe. Inzwischen war es zu spät, auf gleichem Wege zurückzukehren, darum blieb ihm nichts anderes übrig, als einen gangbaren Paß zu suchen.

Die Tage vergingen, während er immer wieder vergeblich versuchte, einen Paß zu finden. Die Wege, die er anfangs genommen, waren zu steil und jetzt zu glatt, um einen sicheren Übergang zu erlauben. Auch tobten die ersten Winterstürme über die Gipfelregionen, und oft watete er durch hüfttiefen Schnee. Schließlich fand er sich mit der Tatsache ab, daß keiner der Steige, die er gewählt hatte, ihn irgendwohin führen würde. Darum kehrte er zurück in ein tiefes, kleines Tal, wo er ein provisorisches Lager errichtete. Nur eine Möglichkeit blieb ihm noch: sich ein Paar Schneeschuhe zu bauen, die ihn über den tiefen Schnee der Berge tragen würden. Es war seine einzige Hoffnung auf ein Entrinnen, bevor die volle Gewalt des Winters losbrach.

Einige Tage lang arbeitete er fieberhaft an den Schneeschuhen. Geeignetes Material war jetzt schwer zu beschaffen. Auch mußte er größere Schneeschuhe bauen, als er es sonst getan hatte, mit dichterem Netz, um sich über den tiefen Pulverschnee bewegen zu können. Nach drei Tagen endlich waren die Schneeschuhe fertig. Großvater hatte einen Nahrungsvorrat angelegt, der ihm für den Weg reichen sollte. Frühmorgens, am vierten Tag, brach er wieder auf in die Berge. Unter den

Pässen, auf denen er den Übergang versucht hatte, gab es einen, auf dem er durchzukommen hoffte. Zwar lag er ungeschützt und allen Stürmen ausgesetzt, doch wenn das Wetter hielt, hatte Großvater eine Chance. Hier schien der Aufstieg am leichtesten, denn die Stürme der letzten Tage hatten den tiefen Schnee von den Felsplatten geweht. Mit einem Gebet auf den Lippen und Hoffnung im Herzen verließ er sein Lager und stieg auf direktem Weg hinauf zum Paß.

Fast einen halben Tag dauerte es, bis er den Einstieg gefunden hatte. Ohne lange zu überlegen, beschloß er, dort sein Lager aufzuschlagen und die Nacht abzuwarten. Wenn er dann am nächsten Tag den Paß in Angriff nähme, würde er das Biwak stehen lassen – für den Fall, daß er den Übergang nicht schaffte und zum Rückzug gezwungen wäre. Wenigstens hätte er dann eine sichere Zuflucht, wo er sich von dem gescheiterten Versuch erholen könnte. Allerdings könnte er auch gezwungen sein, die Nacht hoch oben auf den nackten Felsen zu verbringen. Dort würde er kaum Schutz finden und keine Möglichkeit, sich einen Unterstand zu bauen, denn die Felswände lagen hoch über der Waldgrenze. Selbst bei allerbesten Bedingungen würde diese gefährliche und schwierige Kletterei den größten Teil eines Tages erfordern. Und er wußte nicht, was ihn drüben erwartete. Er konnte nur vermuten, daß der Pfad wieder hinab in ein Tal führte.

An der Stelle, wo er sein Lager aufzuschlagen beschloß, lag bereits Schnee von den Niederschlägen der letzten Tage. Dieser Platz lag viel höher als das letzte Lager, und ein tüchtiger Sturm würde dort zweifellos schwere Schneemassen abladen. Also nahm Großvater sich Zeit, einen festen und starken Unterstand zu bauen, der eine schwere Schneelast ertragen konnte. Den Rest des Tages nutzte er, um Feuerholz zu sammeln und dafür zu sorgen, daß sein Drillbogen tadellos funktionierte. Diese Hilfsmittel ließ er in seiner Schutzhütte zurück, um sicher zu sein, daß sie trocken blieben. Auch sammelte er Nüsse, eßbare Wurzeln und die letzten vorhandenen Beeren der Gegend, die er ebenfalls in seinem Unterstand lagerte. Bei einem tüchtigen Schneesturm in den Bergen wäre es unmöglich, sich Nahrung zu beschaffen.

An diesem Abend kroch er früh in den Unterstand und hoffte auf einen erquickenden Schlaf. Doch leider plagten ihn schreckliche Alpträume, in denen er von hohen Felsgipfeln stürzte. Mehrmals wachte er auf, in kalten Schweiß gebadet und mit dem Gefühl, immer noch zu fallen. Er träumte von Tiefschnee und Schneesturm, von Lawinen, die ihn begruben, und von mächtigen Eisbrocken, die von den Gipfeln herabsausten. Zum letzten Mal erwachte er vom donnernden Krach eines Steinschlags. Er hatte geträumt, er sei abgestürzt und hätte die Steinlawine ausgelöst, die ihn jetzt zu begraben drohte. Er erwachte in solchem Schrecken, daß er am ganzen Leib unkontrollierbar zitterte. All diese Traumszenen hatten ihn so erschüttert, daß er zunächst zögerte, sein Biwak zu verlassen.

Er schaute lange zu den Eisgipfeln über dem Paß hinauf, wo sich die höchsten Spitzen im ersten Tageslicht abzeichneten. Großvater faßte wieder Vertrauen, und weil der Tag schönes Wetter versprach, verließ er das Lager und machte sich auf den Weg zum Paß. Anfangs war der Weg nicht schwierig. Ausgetretene Wildwechsel nutzend, gelangte er zum Fuß der steileren Höhen. Wildspuren zogen sich kreuz und quer über die unteren Hänge des Berges und erleichterten das Vorwärtskommen. Als Großvater aber die Mitte des Weges erreichte, wurde das Gelände steiler und der Schnee tiefer. Schließlich mußte er seine Schneeschuhe anschnallen, um höher steigen zu können. Wenn er bis zum Knie in tiefen Schnee einsank, das wußte er aus Erfahrung, kostete es ihn zuviel Kraft. Und er mußte seine Kräfte sparen, wenn er es jemals über den Paß schaffen wollte.

Tiefschnee und steiles Gelände ließen ihn nur langsam vorwärts kommen, selbst mit Schneeschuhen. Manchmal mußte er kriechen, und manchmal mußte er sich auf zwei Stöcke stützen, um die Balance zu halten. Gegen Mittag endlich überschritt er die obere Waldgrenze und hatte nun offene Hänge vor sich. Schließlich erreichte er die nackten Felsen, die vom Wind freigefegt waren, und konnte sich ohne Schneeschuhe rascher bewegen. Bald aber wurde sein Aufstieg wieder gebremst, da die freiliegenden Felsen hier oben mit blankem Eis überzogen waren. Er mußte sich steinerne Bolzen zurechthämmern und sie als Eisdornen benutzen, um nicht abzugleiten und in die Tiefe zu stürzen. Mehrmals brachen die Steinbolzen, und er geriet auf gefährliche Weise ins Gleiten.

Großvater brauchte all seine Aufmerksamkeit für das, was er tat. Keine Sekunde lang durfte er an etwas anderes denken. Jeden Steindorn mußte er fest ins Eis pressen, und jedesmal mußte er mit dem Fuß einen Stand suchen, der ihn vor dem Sturz bewahrte. Eine falsche Bewegung, eine geringe Gewichtsverschiebung, und er würde aus der vereisten Wand gerissen – in den Tod. Weil er seine ganze Konzentration für das brauchte, was er tat, merkte er nicht, wie lange es dauerte, die oberen Hänge zu überqueren. Bei seinem langsamen Tempo könnte er sich, bis es dunkel würde, nicht einmal bis zur Paßhöhe durchkämpfen und müßte dann die ganze Nacht im offenen Gelände ausharren. Ein aufziehender Sturm würde ihn noch auf dem Eishang überraschen, wenn er nicht sein Tempo beschleunigte. So intensiv war seine Konzentration, daß er nichts anderes wahrnahm als seinen Körper, den Fels und das Eis.

Endlich erreichte Großvater eine Stelle am Hang, wo er ausruhen konnte. Es war eine kleine Vertiefung in der Felsflanke, verursacht durch das Ausbrechen eines großen Felsblocks. Sie sah aus wie ein riesiges Vogelnest oder wie eine tief in den Felsen gehöhlte Mulde. Dort würde er einen ebenen Platz finden und einigen Schutz vor dem Wind. Sobald Großvater in dieser Mulde war, verschaffte er sich einen Überblick über seine Umgebung. Sofort wurde ihm klar, daß er es niemals zur Paßhöhe schaffen würde, bevor die Nacht anbrach; auch reichte die Zeit nicht mehr für einen Rückzug. Es blieben ihm nur zwei Möglichkeiten: weiter den Hang hinaufklettern, auch in der Dunkelheit, oder die Nacht in der Felsmulde verbringen. Und jetzt bemerkte er auch den aufziehenden Schneesturm.

Großvater erschrak. Panik befiel ihn, denn ihm war klar, daß jede Entscheidung, die er traf, in den Tod führen konnte. Wohl könnte er über Nacht in der Felsmulde überleben – wenn nicht der aufziehende Sturm wäre. Wollte er aber über die Wand zur Paßhöhe hinaufsteigen, so mußte er in der Dunkelheit klettern – und das war schon bei Tageslicht höchst gefährlich. Selbst wenn er schließlich den Paß erreichte, wäre er schutzlos dem aufziehenden Schneesturm ausgesetzt. Schon sah Großvater die fernen Gipfel im Schneetreiben verschwinden, und der Wind wehte immer heftiger. Seine einzige Hoffnung war der Rückzug ins Lager, bevor das Unwetter losbrach und das letzte Tageslicht schwand.

Großvater wußte, daß der Abstieg viel gefährlicher und schwieriger war als der Aufstieg, aber ihm blieb nichts anderes übrig. Wenigstens hätte er einen guten Teil der Wand hinter sich, bevor er vom Sturm oder von der Dunkelheit überrascht würde. Ohne sich auszuruhen, brachte er seine Steindornen in Ordnung und trat den schwierigen Rückweg an. Es ging jetzt viel langsamer als vorher, nicht weil die Felswände so schwierig gewesen wären, sondern weil er sich Zeit nehmen mußte für jeden Schritt. Immer öfter glitt er ab, und immer schwieriger wurde es, festen Halt zu finden. Irgendwann brachen seine Steinbolzen aus, und er glitt mehrere Meter die Felsplatte hinunter, gefährlich nahe an den Abgrund. So mußte er noch einmal senkrecht zu jener Felsmulde hochklettern, um dann von neuem den Abstieg zu wagen.

Es dunkelte bereits, und der Sturm heulte über die Felsen, als Großvater endlich die Mulde erreichte. Und wieder begann er, ohne zu rasten, den Abstieg. Nach kurzer Zeit wurde ihm klar, daß er niemals den Rückzug ins Lager schaffen würde. Der Wind wehte jetzt so stark, daß er ihn aus der Wand zu reißen drohte. Großvater blieb keine andere Wahl, als die Nacht in dieser Felsmulde zu verbringen. Bis er aber wieder die Mulde erreichte, war es stockdunkel geworden; der Sturm tobte, und nun setzte dichtes Schneetreiben ein. Zum Glück strich der Wind nur schräg über die Mulde, darum fand Großvater ein wenig Schutz vor der vollen Gewalt des Schneesturms. Inbrünstig betend, lauschte Großvater auf das Heulen des Windes und starrte in die Dunkelheit. Er saß in der Falle; ohne festen Unterschlupf, das wußte er, hatte er kaum eine Chance zu überleben.

Stunden vergingen, und die Gewalt des Sturms nahm zu. Zuletzt lag Großvater tief begraben unter den Schneemassen in der Felsmulde. So war er wenigstens vor dem Wind geschützt, und die isolierende Schneeschicht bewahrte ihn vor dem Erfrieren. Langsam schleppten sich die Stunden dahin, aber wenigstens war er noch am Leben. Selbst durch den dämpfenden Schnee hörte er den Sturm heulen, der nicht nachlassen wollte. Er stampfte den Schnee fest und grub sich eine kleine Höhlenkammer. Immer wieder mußte er den Arm nach oben durch den Schnee stoßen, um sich ein Luftloch zu schaffen. Und jedesmal mußte er den Arm stärker recken, weil die Schneedecke immer höher wurde. Später, wenn das Unwetter nachließe, wäre es leichter, den Hang zu überqueren und das Lager zu erreichen. Der Schnee würde sich auf den Platten sammeln und das tückische Eis bedecken. Mit den Schneeschuhen, das wußte er, hatte er bessere Chancen, nicht wieder auszugleiten.

Als er wieder sein Luftloch aufstieß, sah er schwaches Tageslicht durch die Schneedecke schimmern, die nun schon dicker als ein Meter war. Zwar tobte draußen noch immer der Sturm, aber Großvater wußte, daß er nicht länger in dieser winzigen Schneehöhle bleiben durfte. Seine Energie war erschöpft, und in der Nacht bekam er immer wieder Anfälle von Schüttelfrost. Wenn er nicht auf den Tod durch Erfrieren warten wollte, mußte er sich sofort Bewegung verschaffen. Also grub er sich durch die Schneedecke seiner kleinen Höhle, hinaus ans Tageslicht. Wie hatte die Landschaft sich verändert, jetzt, wo tiefer Schnee auf den Hängen lag und das Eis ganz bedeckte! Als er die öde Landschaft überblickte und noch immer kein Ende des Unwetters absehen konnte, schnallte er kurz entschlossen die Schneeschuhe an und verließ vorsichtig die Schneemulde.

Langsam und umsichtig bahnte er sich einen Weg über den verschneiten Hang. Mit Hilfe der Schneeschuhe konnte er sich beinahe aufrecht über den Tiefschnee bewegen, ganz anders als tags zuvor, als er oft auf allen Vieren kriechen mußte. Einen

Augenblick dachte er daran, doch noch den Aufstieg zum Paß zu wagen, aber bei tobendem Schneesturm kam dies nicht in Frage. Statt dessen setzte er unbeirrt seinen Abstieg fort, konzentrierte sich auf jeden Schritt und versuchte, die Hangneigung unter dem Schnee zu ertasten. Einige Male, an steileren Stellen, mußte er direkt unter hängenden Schneewächten hindurchklettern und seine Tritte noch vorsichtiger suchen. Einmal ging eine kleine Lawine hinter ihm ab, die ihn beinahe mit sich gerissen hätte. Die Kälte biß ihn so grausam ins Fleisch, daß er seine Hände und Füße kaum noch spürte. So erforderte es seine ganze Aufmerksamkeit, Schritt für Schritt vorwärtszukommen.

Dann kam die Wende: Er spürte in sich eine Kraft, von der er bislang nichts gewußt hatte. Plötzlich befanden sich Körper und Geist so im Einklang mit Berg und Schnee, daß sich seine Bewegungen beinahe mühelos vollzogen. Bald war auch das Toben des Schneesturms vergessen, und er kam immer besser voran. Hier, an der Grenze zwischen Leben und Tod, spürte er seinen lebendigen Körper, der sich geschmeidig bewegte – wie ein wohltrainiertes Tier. Ein herrliches Gefühl, ganz in Kraft und Bewegung aufzugehen! Es war ein Dahintanzen, ein Fließen der Bewegungen, wie er es nie gekannt hatte. Inzwischen spürte er keine Kälte mehr; er geriet sogar in Schweiß, obwohl der Sturm unvermindert weitertobte. Großvater war stolz auf sich selbst, denn sein jahrelanges Training hatte ihm geholfen, dem Tod ein Schnippchen zu schlagen.

Es dauerte nicht mehr lange, bis Großvater seinen Lagerplatz erreichte. Im Handumdrehen hatte er seine Schutzhütte ausgegraben und ein wärmendes Feuer entfacht. Von seinen Vorräten bereitete er sich ein warmes Essen, dann schmolz er Schnee, um Wasser zu trinken. Und während er in einen Zustand tiefer Ruhe glitt, spürte er seine Kräfte wiederkehren. Er fühlte sich so lebendig, so heil und ganz, daß er gleichzeitig lachen und weinen mußte. Irgendwie hatte dieser Berg etwas in Großvaters Seele bewegt, auch wenn er nicht ahnte, was es war. Er wußte nur, daß etwas sich verändert hatte, und er liebte diesen Zustand. Seit langem hatte er nicht mehr solchen Frieden und solche Heiterkeit empfunden. Er schwelgte im Glück des Augenblicks und glaubte am Ende gar vor Freude zu bersten. Eine leidenschaftliche Lebenslust hatte ihn gepackt, wie er sie bislang nicht kannte. Es dauerte nicht lange, bis Großvater in tiefen, bitter nötigen Schlaf versank.

Am nächsten Morgen erwachte Großvater bei herrlichem Wetter. Die Sonne strahlte, die Luft war ruhig und klar. Unter den wärmenden Strahlen der Sonne konnte er sogar seinen Mantel ablegen, während er seine morgendlichen Pflichten versah. Das Hochgefühl, das er seit dem letzten Tag empfand, machte ihn glücklich, und er sang bei der Arbeit – auch wenn er noch immer nicht begriff, was sich in ihm verändert hatte oder wie es geschehen war. Vielleicht lag es daran, so dachte er, daß er dem Tod so nah war und dennoch den Sieg davongetragen hatte. Auch später noch sollte Großvater, wenn es um Leben und Tod ging, ein ähnliches Hochgefühl erleben, aber diesmal war es etwas ganz Besonderes. Es war mehr als das gesteigerte Lebensgefühl, das sich nach einem Triumph über schier unüberwindliche Hindernisse einstellt, doch er verstand es noch immer nicht.

Während Großvater dasaß und all die Schönheit in sich aufnahm, die ihn umgab, kam ihm plötzlich die Antwort: Er fühlte sich nicht mehr einsam. Er wußte noch immer nicht, wie es geschehen war, aber die Veränderung in ihm überwand die Einsamkeit, die ihn so viele Monate geplagt hatte. Eigentlich war er schon nicht mehr einsam gewesen, seit er sich entschlossen hatte, den Aufstieg zum Paß zu wagen. Jetzt fragte er sich, ob das Gefühl der Einsamkeit wiederkommen würde. Gewiß mußte er seine ganze Aufmerksamkeit auf den gefährlichen Weg konzentrieren – und da war kein Raum geblieben für Einsamkeit oder ähnliche Gefühle. So absolut war seine Konzentration, daß es daneben nichts anderes geben konnte. Dennoch wußte er irgendwie, daß die Einsamkeit nicht wiederkehren würde, wenigstens nicht in der Art, wie er sie vorher kannte. Er erlebte jetzt soviel inneren Frieden, daß er das Alleinsein genoß. Da war nicht einmal mehr die Sehnsucht, zu seinem Volk zurückzukehren, die ihn vorher getrieben hatte. Wohl wünschte er sich, sie alle wiederzusehen, aber es mußte nicht sein. Lange dachte er über diese Veränderung in ihm nach und warum sie eingetreten sein mochte. Nun erinnerte er sich daran, was Urgroßvater Coyote Thunder ihm einst über Alleinsein und Einsamkeit gesagt hatte: «Zwischen Alleinsein und Einsamkeit gibt es eine tiefe Kluft. Um dich wohlzufühlen, wenn du allein bist, mußt du wissen, daß dein bester Freund immer bei dir ist. Wenn du dich wohlfühlst und dich liebst, kannst du niemals einsam sein. Nur wenn man lernt, sich selbst zu lieben, vermag man andere Menschen zu lieben. Diese Liebe zu sich selbst muß man finden, bevor man in die Lauterkeit des Alleinseins eintaucht. Liebe zum eigenen Selbst, ohne selbstsüchtig zu sein, läßt keine Einsamkeit aufkommen. Selbstliebe schafft auch die Liebe zu allen andern Wesen und bringt uns dem heiligen Eins-Sein näher.»

Lange kreisten Großvaters Gedanken um die Worte, die Coyote Thunder gesprochen hatte; in ihrem Licht versuchte er zu begreifen, was dort auf dem Berg, in Eis und Schnee, mit ihm geschehen war. Als Großvater alle Ereignisse der letzten Tage noch einmal an sich vorbeiziehen ließ, ging ihm endlich auf, wie sich seine Einsamkeit in Alleinsein verwandelt hatte. Als er sich nämlich auf dem Rückweg zu seinem Lagerplatz befand, überkam ihn ein Gefühl der Dankbarkeit dafür, was sein Körper zu leisten vermochte. Durch diese Dankbarkeit fand er auch die Liebe zu sich selbst. An diesem Punkt hörte er auf, alle seine Gedanken und Taten zu kritisieren, und endlich begann er sich zu akzeptieren, sich zu schätzen – wie jedes Ding und jeden Menschen. In diesem Moment wurde seine Fortbewegung zu einem mühelosen Tanz, und er fühlte sich verbunden mit dem Berg und dem Schnee. Von da an blieb die Einsamkeit für immer verschwunden.

Großvaters Geschichte vom Alleinsein half mir, die nächsten Wochen zu überstehen. Auch wenn ich nicht leugnen kann, daß es noch Zeiten gab, da ich mich einsam fühlte, waren sie doch nicht mehr schlimm. Auch wurde die Einsamkeit niemals so stark, daß ich die Pine Barrens verlassen wollte. Ich fühlte mich besser in meinem Alleinsein, denn jetzt war ich sehr gerne mit mir zusammen. Ich kritisierte mich nicht mehr und konnte mich sogar über meine Fehlschläge und Niederlagen freuen. Wie Großvater gesagt hatte, kannst du nicht einsam sein, wenn du mit deinem besten Freund zusammen bist – mit dir selbst. Ich erfuhr auch, daß man spirituell niemals allein ist. Wir alle sind durch den Geist, der in allem wohnt, mit den anderen Wesen der Erde verbunden, und sobald wir diesen Geist erkennen, sind wir eins mit ihnen. Dann gibt es keine Einsamkeit mehr.

6
Der weiße Tod

Großvater kam in seiner Jugend kaum in Kontakt mit der Kultur der Weißen. Langsam nur, während der Jahre seiner Wanderungen, machte er allmählich Bekanntschaft mit dem Weißen Mann. Er lehnte die weiße Rasse nicht ab, nur ihre Art zu denken. Sie stand im Gegensatz zu allem, woran er glaubte, vor allem im Widerspruch zu den Gesetzen der Schöpfung. In der Lebensweise dieser Menschen fand er keine Wahrheit. Er sah nur eine Zivilisation, die den falschen Götzen des Fleisches huldigte und alles auf ihrem Weg zerstörte. Er sah eine Zivilisation, die ihre Enkel tötete, um ihre Kinder zu ernähren, eine Zivilisation, die sich stets für Befriedigungen und Annehmlichkeiten des heutigen Tages entschied und das Morgen vergaß – eine Entscheidung, die eines Tages die Erde vernichten würde. Und noch einmal: Großvater verabscheute nicht die weiße Rasse, sondern ihre Lebensart und ihr Denken.

Ich war noch sehr jung, und ich erinnere mich, wie Großvater damals oft von der weißen Rasse mit einem Unterton des Hasses in der Stimme sprach. Es machte mir schwer zu schaffen in jenen ersten Monaten, als ich mit ihm zusammen war. Er verachtete die weiße Rasse, und ich war ein Weißer. Darum begann ich zu fürchten, daß er auch mich ablehnte. Oft fragte ich mich, was er wirklich von mir halten mochte, aber ich hatte Angst, ihn zu fragen. Ich glaube, ich wollte es gar nicht so genau wissen. Immer, wenn er etwas davon sagte, fühlte ich mich verantwortlich für die gesamte weiße Rasse. Oft hatte ich starke Schuldgefühle, besonders wenn wir Umweltzerstörung, Müllberge und ökologische Katastrophen zu sehen bekamen. Aber niemals sagte er, daß auch ich etwas mit diesen Dingen zu tun habe. Dies verwirrte mich sehr: er verhielt sich zu mir, wie ein liebevoller Großvater sich zu seinem Enkel verhalten würde, und doch fühlte ich mich verantwortlich für die Sünden der weißen Rasse.

In jenen ersten Monaten, als wir immer mehr Beispiele für die Zerstörung der Erde fanden, bedrückte mich oft die Frage, wie Großvater eigentlich über mich dachte. Und manchmal fühlte ich mich schuldig. Immer wenn ich Großvater über die Dummheit und den Zerstörungswillen der weißen Rasse sprechen hörte, verfiel ich in eine Depression, die manchmal tagelang anhielt. Ich verstand einfach nicht den Widerspruch, wieso Großvater zwar diese Zivilisation verachtete, aber nicht mich. Immerhin war ich Teil von alledem. Ich wohnte in einem Haus, fuhr in einem Auto und ging zur Schule – wie alle anderen. War ich nicht ebenso verantwortlich wie diese? Daher verstand ich nicht, wieso Großvater einen Unterschied zwischen mir und den anderen machte. Endlich, als ich meine Verwirrung und mein Schuldgefühl nicht mehr ertragen konnte, fragte ich Großvater, wie er über mich dachte.

Wir waren von der Medizinhütte zu einer kurzen Wanderung aufgebrochen und gelangten zu einer riesigen illegalen Müllkippe. Noch vor zwei Monaten war die Gegend frisch und unberührt – wie nur ein Naturparadies in den Pine Barrens sein konnte. Wir hatten sogar unser Lager an einem Bach aufgeschlagen und unbesorgt von seinem Wasser getrunken. Jetzt war alles verwüstet. Ringsumher lagen Berge von Abfällen verstreut: Haushaltsgeräte und alte Farbkübel, verbogenes Blech und faulige Essensreste, Flaschen, Konservendosen und Eimer voll altem Motoröl. Der Bach war von Müll verstopft und vergiftet von einem schillernden Ölschlamm. Bäume hatte man rücksichtslos gefällt und liegengelassen, um Platz zu schaffen für wendende Lastwagen. Und überall hing der Gestank verwesender Abfälle und der stechende Geruch undefinierbarer Chemikalien in der Luft.

Großvater stand am Rande dieser Verwüstung und weinte. Ich war sprachlos vor Entsetzen. Und ich sah den Schmerz in Großvaters Gesicht. Es war Trauer um die zerstörte Natur – vermischt mit Haßgefühlen. Solche Zerstörung konnte er nicht begreifen, das weiß ich heute, denn sie lag seinem Denken ganz und gar fern. Es war, als hätte man böswillig seine Mutter ermordet. In flammendem Zorn verdammte Großvater die weiße Rasse – ein Zorn, den er sich selten anmerken ließ. Er drehte sich zu mir um und sagte mit zitternder Stimme: «Siehst du, all dies ist durch Unwissenheit verursacht. Diese Leute glauben, sie könnten sich über die Gesetze der Schöpfung hinwegsetzen. Sie zerstören das Land und empfinden keine Reue. Aus Willkür und Habgier zerstören sie es. Und sie kümmern sich weder um das Land noch um die Zukunft.»

Ich war überwältigt von Schuldgefühlen und sagte zu Großvater, einfach und ohne nachzudenken, es täte mir leid. Großvater sah mich an und fragte: «Was mußt du dich entschuldigen? Du bist nicht einer von diesen Leuten.» Und dann erzählte ich Großvater von meinem Problem. Ich sagte ihm, daß ich doch genauso lebe wie diese Leute und daß ich ein Teil dieser Zivilisation des Weißen Mannes sei. Ich sagte ihm, daß ich ein Weißer sei, kein Ureinwohner Amerikas, und darum Teil dieser Zerstörungskraft. Ich sagte ihm weiter, ich könne nicht verstehen, wieso er die Weißen und ihre Zerstörung hasse, aber mich nicht genauso ablehne. Auch verstünde ich nicht, was er meine, wenn er mir sage, daß ich nicht einer dieser Leute sei. Jetzt zeigten sich Mitleid und Anteilnahme in seinem Gesicht. Wahrscheinlich war ihm klargeworden, daß ich ihn nicht verstand und keine bewußte Unterscheidung zwischen mir und dem Weißen Mann treffen konnte.

Mit liebevollem Lächeln sagte er zu mir: «Ich hasse den Weißen Mann gar nicht, mein Enkel, sondern nur die Art, wie er denkt und lebt. Du bist keiner dieser Weißen, sondern ein Kind der Erde. Nicht deine Hautfarbe oder dein Blut machen dich zum Kind der Erde, sondern dein Herz und dein Glaube. Ich verdamme die weiße Rasse nicht, sondern nur ihre Dummheit und ihre Zerstörungswut. Sie wissen es nicht besser. Sie sind nicht meine Feinde – nur ihre Lebensart ist mein Feind. Nie habe ich geglaubt, daß du Anteil hättest an ihrer Art zu denken, denn dein Herz schlägt immer im Takt der Erde. Ich hasse niemanden, nicht einmal meine Feinde. Ich hasse nur die Dummheit dieser Leute, und sie ist es, die ich verdamme. Diese Dummheit will ich bekämpfen, keinesfalls diese Leute. Nicht jeder Weiße zerstört die Erde, wie auch nicht jeder Eingeborene die Erde schützt. Keine einzelne Rasse ist verantwortlich, sondern wir alle sind verantwortlich für unsere Unwissenheit.»

Und dann erklärte mir Großvater, daß er nicht immer so gedacht habe. Es gab eine Zeit in seinem Leben, da machte er die Weißen für die Zerstörung der Erde verantwortlich, und er haßte sie alle. Viele Jahre lang, so sagte er mir, trug er diesen Haß in sich. Er sah nichts Gutes in der Zivilisation der Weißen. Dieselbe Zivilisation, die nun die Erde zerstörte, hatte auch viele Völker vernichtet. Er hatte die Gefangenschaft der Stämme gesehen, ihren Hunger und ihre Lebensbedingungen, die schlimmer waren, als der Weiße Mann sie seinen Tieren zumuten würde. Obwohl Großvater die Weißen haßte, hielt er es für sinnlos, sie zu bekämpfen, denn ihre Zahl war zu groß. Viele von seinem Volk waren gefallen, doch ein wahrer Krieger greife immer als letzter zur Lanze. Statt eine Konfrontation zu suchen, mied Großvater die Weißen um jeden Preis. Er glaubte nicht, daß sie fähig wären, die traditionellen Lebensweisen zu lernen – und noch viel weniger, auf ihn zu hören.

Der anfängliche Haß, so erzählte er, veränderte sich irgendwann in seinem Leben und richtete sich auf ein anderes Ziel: jetzt haßte er nicht mehr die weiße Rasse, sondern ihre Art zu denken. Es geschah in den ersten zehn Jahren seiner Wanderung, daß diese Veränderung eintrat und er sogar Liebe zum Weißen Mann in seinem Herzen entdeckte. Diese ersten Jahre seiner Wanderung hatten ihn in viele Gegenden des Landes geführt, tief in unbekannte Wildnisregionen. Oft mußte Großvater, um in bestimmte Gegenden zu gelangen, den Siedlungen der Weißen gefährlich nahe kommen. Er fürchtete um sein Leben und wußte, daß er, wenn man ihn ertappte, schließlich eingesperrt in einem Reservat enden würde. Darum blieb er immer bemüht, durch die abgelegensten und unzugänglichsten Winkel der Wildnis zu wandern. Dort war es unwahrscheinlich, auf irgendwelche Weißen zu treffen.

Vor allem als Jäger und Scout war er dem Weißen Mann weit überlegen. Er konnte existieren, wo andere zugrunde gegangen wären, und konnte sich unsichtbar machen, damit niemand ihn entdeckte. Er brauchte ja nichts aus der Außenwelt; darum fiel es ihm leicht, die Zivilisation der Weißen zu meiden. Auch weiße Trapper, die manchmal allein durch die Wildnis streiften, konnten ihm nicht gefährlich werden. Sie waren kaum besser gerüstet als ihre weißen Brüder in Städten und Dörfern. Nie konnten sie mit dem Land verschmelzen, denn ihr Leben und ihr Denken trennte sie von solchem Eins-Sein. Sie waren und blieben Fremde. Sie verfügten nur über unzulängliche Überlebenskenntnisse; erstaunlich, daß sie in der Wildnis überhaupt überlebten. Und selbst diejenigen von ihnen, die sich von der weißen Zivilisation fernhielten und in der Wildnis zu leben versuchten, brauchten dazu die Werkzeuge der Weißen.

Doch manchmal beobachtete Großvater auf seinen Wanderungen heimlich das Leben in Kleinstädten und Dörfern. Er schlich sich an den Ortsrand heran und achtete auf alles, was sich dort abspielte. Er belauschte Gespräche und beobachtete Menschen, er prüfte, wieviel sie von ihrer Umgebung wahrnahmen, und suchte aus ihren Gesichtern zu lesen, ob sie glücklich waren. Zwar verabscheute er den Gestank und das Getriebe solcher Ansiedlungen, aber er wußte, daß er aus erster Hand lernen mußte, was man von ihnen lernen konnte. Seine Geschicklichkeit als Scout befähigte ihn, sich ungehindert auf den Straßen zu bewegen, ohne gesehen zu werden. Ohne weiteres konnte er sich sogar für Tiere unsichtbar machen und entging so mühelos jeder Entdeckung durch Menschen. Er wollte wissen, was die Weißen zu diesem Wahnsinn, dieser Zerstörung trieb. Er wollte das Denken dieser fremden Gesellschaft gründlich studieren. Dann würde er vielleicht ein Mittel finden, diese Leute zu belehren.

Je mehr Großvater von den Machenschaften der weißen Rasse kennenlernte, desto mehr verabscheute er sie. Er sah keine Möglichkeit, diesen Leuten die Wahrheit nahezubringen. Von ihm aus gesehen schienen sie ein hoffnungsloser Fall zu sein. Sie bildeten eine Masse unglücklicher, in sich eingekapselter Menschen, fühllos gegen sich selbst, gegen die Welt um sie her und gegen einander. Sie wußten nicht einmal, daß sie unglücklich waren. In dieser Gesellschaft, so fand Großvater, beruhte das Glück des Menschen auf materiellem Besitz und kaum etwas anderem. Diese Leute schienen zu schaffen, zu rackern, zu streben und kein anderes Ziel zu kennen, als ihr Leben angenehmer zu machen. Die Wildnis betrachteten sie als feindliches Element, etwas, was sie um jeden Preis meiden wollten. Der Weiße Mann versuchte sich von den lebendigen Kräften der Erde fernzuhalten, um sich ganz der Jagd nach dem Goldenen Kalb widmen zu können. In dieser Gesellschaft herrschte dauernd Krieg zwischen Mensch und Natur. Der Weiße Mann wollte sich über die Gesetze der Schöpfung erheben und sie gänzlich unter seine Kontrolle bringen.

Nie ging Großvater in die Nähe größerer Städte. Lieber hielt er sich an kleinere Ansiedlungen. Selbst aus der Ferne waren solche Städte Großvater ein Greuel. Er ahnte lange nicht, daß es noch größere Städte gab – die sogenannten Großstädte. In jener ersten Zeit, als er die Zivilisation des Weißen Mannes erforschte, hielt er sich an die kleinen Weiler und Dörfer. Dort spielte sich genug ab, um seine Neugier zu befriedigen. Sogar in diesen kleinen Siedlungen fühlte er sich abgestoßen von der Verschwendung und von der Art, wie die Menschen dort ihre Felder bestellten und ihre Tiere hielten, auch von den Bedingungen, unter denen sie selbst lebten. Er konnte sich nicht vorstellen, daß es noch etwas Schlimmeres gab – bis er seine erste Reise nach Osten machte und auf eine Stadt stieß, die der Weiße Mann Chicago nennt. Großvater war durch die Prärien gewandert, durch ein Land, das der Weiße Mann unter dem Namen Iowa kennt. Viele Tage war er nach Osten gegangen, Dörfern und Städten ausweichend. Er verstand nicht den Zweck der vielen Zäune, die er überall vorfand. Und mit jedem Tag wurden die Zäune und bebauten Felder zahlreicher. Entsetzt stellte er fest, daß die Büffel, die einst frei über diese Prärien streiften, jetzt verschwunden waren. Verschwunden waren auch die amerikanischen Ureinwohner, die früher hier lebten. Sogar die Prärien selbst mußten jetzt den Feldern der Weißen weichen. Kühe weideten dort, wo einst der Büffel dahinzog, und dies machte Großvater traurig. Er erinnerte sich an Geschichten über die Büffel der Prärie – über die Herden, die so zahlreich waren, daß sie von einem Horizont zum andern reichten. All dies war jetzt der Habgier des Weißen Mannes zum Opfer gefallen.

Während Großvater weiter ostwärts wanderte, mehr von der inneren Vision getrieben als von wohlüberlegter Absicht, sah er immer mehr Zeichen der modernen Zivilisation. Es wurde schwieriger, die Städte und Farmen des Weißen Mannes zu meiden. Schließlich sah sich Großvater gezwungen, bei Nacht zu wandern, um unentdeckt zu bleiben. Aber auch dies wurde allmählich schwierig. Sehr vorsichtig mußte er seine Lagerplätze auswählen, um nicht am Tag, während er schlief, entdeckt zu werden. Noch immer wurde er ostwärts getrieben – jetzt aber von einer geistigen Kraft. Er wußte, daß er seine Reise fortsetzen mußte, aber er verstand nicht, warum. Er war jetzt fern von seinem natürlichen Element, mitten im Territorium der zivilisierten Gesellschaft, und er fühlte sich beinahe wie hinter feindlichen Linien. Hier war er ein Fremder.

Irgendwann, während einer dieser nächtlichen Märsche, hörte Großvater seltsame Geräusche aus der Ferne – Geräusche, die er noch nie gehört hatte. Er blickte nach Osten und sah einen unheimlichen Schimmer am Himmel, von einer Farbe und einer Struktur, wie er sie nie in der Natur wahrgenommen hatte. Manchmal, wenn der Wind die Richtung wechselte, brachte er einen fürchterlichen Gestank mit, von dem ihm übel wurde. Während er weiterzog, verstärkten sich diese fremdartigen Erscheinungen so sehr, daß es ihn zutiefst beunruhigte. Da er die Ursache nicht kannte, beschloß er, sein Lager aufzuschlagen und das Tageslicht abzuwarten, bevor er weiterging. Er erwachte immer wieder von dem Gestank, den seltsamen Geräuschen und dem Lichtschimmer am Himmel. Kurz vor Anbruch des Tages erst sank er in tiefen Schlaf.

Geweckt wurde er von sonderbaren Geräuschen und menschlichen Stimmen in der Ferne. Vorsichtig sah er sich um und stellte entsetzt fest, daß er auf einem kleinen, baumbestandenen Hügel geschlafen hatte, der sich neben einer Straße erhob. Auf der Straße zog ein Pferdefuhrwerk vorbei, beladen mit Schweinen. Der Lenker und sein Beifahrer unterhielten sich mit lauten Stimmen und übertönten damit das Quietschen und Rattern des Wagens auf der holprigen Straße. Großvater, der nicht entdeckt werden wollte, drückte sich an die Erde. Lange wartete er, bis er den Kopf wieder zu heben wagte – erst als er sicher sein konnte, daß sich der Wagen weit entfernt hatte. Und wieder sah er sich um, die Straße hinauf und hinab, aber kein Zeichen verriet ihm die Annäherung anderer Menschen. Er sah aber an den Radspuren im Straßenstaub, daß es eine viel befahrene Straße war, und schloß daraus, daß jederzeit mehr Menschen kommen konnten.

Langsam erhob er sich von seinem ungeschützten Lager – und merkte zu seinem Entsetzen, daß dieser Hügel genau zwischen zwei Straßen lag. Meilenweit in der Runde gab es nichts als Hügel und Wiesen. Dazwischen ein paar Inseln mit dichterer Vegetation. Bei seiner Wanderung in der letzten Nacht hatte er nicht bemerkt, daß er sich auf offenem Gelände bewegte. Die kleinen Hügel ringsum hatten ihm in der Dunkelheit ein trügerisches Gefühl von Sicherheit gegeben, doch jetzt erkannte er, daß er in Gefahr schwebte. Er war aus jeder Richtung leicht zu sehen und fühlte sich wie ein in die Enge getriebenes Tier. Als er das Land rund um den Hügel überblickte, sah er Menschen auf den Feldern arbeiten, was seine Lage noch schwieriger machte. Vor ihm lag die Straße, und jenseits der Straße befand sich eine Ansammlung von Farmhäusern. Deutlich erkannte er in der Ferne eine kleine Stadt. Es gab keine Möglichkeit zur Flucht, wenigstens nicht, solange es hell war.

Vorsichtig legte er sich wieder hin und deckte sich mit dürrem Laub zu. Solange nicht jemand über ihn stolperte, war er in Sicherheit. Stundenlang blieb er reglos liegen, hörte zahllose Fuhrwerke vorbeifahren und viele Menschen miteinander reden. Gegen Mittag setzte anscheinend aller Verkehr an der Straße aus, und er hörte keine Geräusche mehr, aus keiner Richtung. Vorsichtig hob Großvater nun den Kopf, um noch einmal in die Runde zu spähen. Niemand war zu sehen, nichts bewegte sich. Es schien, als wären die Menschen von der Erdoberfläche verschwunden. Nachdem er die nähere Umgebung geprüft hatte, hob er den Blick zum fernen östlichen Horizont. Von seinem erhöhten Standpunkt auf dem kleinen Hügel konnte er die Umrisse eines fernen Gebirges erkennen. Doch es war kein Gebirge von der Art, wie er es bislang kannte. Wie eine Mauer ragte es über die Prärie, mit geometrischen Formen, die es sonst nirgends in der Wildnis gab und die allem spotteten, was der Schöpfer geschaffen hatte.

Großvater kniff die Augen zusammen, musterte die fernen Berge und versuchte, sich über sie klarzuwerden – als er zu seiner Verwunderung viele Rauchsäulen erspähte, die von den Gipfeln aufzusteigen schienen. Zuerst glaubte er, es sei der Rauch von Lagerfeuern, aber es war viel zuviel Rauch für ein Lager in freier Wildnis. Dann überlegte er, es könne der Rauch eines Waldbrandes oder Buschfeuers sein, aber die Rauchsäulen bewegten sich nicht über die Erde. Wie gebannt starrte Großvater zu dem fernen Gebirge hinüber und versuchte sich vorzustellen, was es damit auf sich haben mochte. Und dann sah er die vielen Straßen, die sich vor dem vermeintlichen Gebirge erstreckten, und die zahlreichen Menschen und Fahrzeuge auf diesen Straßen. Zu seinem Schrecken erkannte er, daß eine der Großstädte des Weißen Mannes vor ihm lag. Noch nie hatte er eine gesehen, und nur wenig hatte er darüber gehört – von Leuten, die er auf seinen Wanderungen traf. Dies war schlimmer als alles, was er sich ausgemalt hatte, und in seinem Schrecken konnte er nichts andres tun, als weiter zu der Stadt hinüberstarren.

Er war wie gelähmt vor Angst. Nie hätte er sich eine Stadt so riesig vorgestellt, nie hätte er geglaubt, daß sie aus der Ferne wie ein Gebirge aussähe. Dichte Rauchwolken hingen über der Stadt, und er verstand nicht, wie Menschen unter solchen Bedingungen leben konnten. Viele Stunden blieb er auf seiner Hügelkuppe sitzen und versuchte, sich an das zu gewöhnen, was er sah. Er glaubte zuerst, es sei eine Halluzination, denn er hatte noch nie im Leben etwas Vergleichbares gesehen. Doch seine Furcht war auch mit Faszination vermischt, und er fragte sich, ob die Geisterwelt ihn etwa hierherführen wollte, damit er diese Stadt sähe. Immerhin wußte er nicht, warum er so weit nach Osten gewandert war – irgend etwas hatte ihn dazu gezwungen.

Als die Sonne unterging und die Lichter den Rauchwolken am Himmel eine unheimliche Färbung gaben, wagte es Großvater, das Gelände vor der Stadt genauer zu untersuchen. Im letzten Tageslicht machte er einen Plan, wie er unbeobachtet in die Stadt gelangen könnte. Wie immer wartete er die Dunkelheit ab, bevor er aufbrach. Er hatte sich den ganzen Weg in Gedanken zurechtgelegt. Er wußte, wie lange es dauern würde, dorthin und wieder zurück zu gelangen; er wußte, wo es unterwegs sichere Verstecke gab und wo Fluchtwege offenstanden. Wenn man ihn dort ertappte, würde er wahrscheinlich in ein Reservat gebracht oder sogar getötet werden. Er mußte also äußerst vorsichtig sein. Jetzt aber schob er die Furcht beiseite und ließ sich von seiner Neugier leiten, obwohl Besorgnis in ihm wach blieb.

Der Weg war anfangs ganz leicht. Er hielt sich an Buschwerk und Hecken, die gute Deckung boten. Mußte er eine Straße überqueren, achtete er darauf, keine Spuren zu hinterlassen, was nicht schwierig war. Aus Erfahrung bezweifelte er, daß jemand seine Spur – oder überhaupt Spuren – lesen konnte. Nur einige Waldläufer, die er getroffen hatte, konnten Spuren lesen, aber auch nicht allzu gut. Der Ausflug dauerte länger als erwartet, und als er sich dessen bewußt wurde, hatte er erst die Hälfte der vorausgeplanten Strecke zurückgelegt. Der Grund für sein langsames Fortkommen war, daß er sich vorsichtig bewegen mußte, um sich nicht der Gefahr einer Entdeckung auszusetzen. Es wäre viel schneller gegangen, hätte er nicht befürchtet, ertappt zu werden. Nun wurde ihm klar, daß er bis Tagesanbruch kaum noch die Stadt erreichen könnte. Es war unmöglich, am nächsten Morgen zu seinem Hügel zurückzukehren.

Am Stadtrand angekommen, war sein erster Gedanke, einen Platz zu finden, wo er ungesehen den Tag verbringen konnte. Es fiel ihm schwer, in die Stadt zu gelangen. Riesige Müllhalden und erstickende Luft machten die Fortbewegung qualvoll. Schon zu so früher Stunde waren viele Menschen unterwegs; Großvater vermutete, dies wären die Obdachlosen, denn so verhielten sie sich. Für ihn sahen sie aus, als ginge es ihnen nicht besser als den Ratten, die sich von den Müllhalden nährten. Die Ratten wenigstens hatten einen Ort, wo sie leben konnten. Diese armen Seelen aber schliefen einfach auf der Straße, unter Brücken oder in den Toren zu Häusern. Sie wirkten schäbig und einsam – Opfer einer Gesellschaft, die sie ausgestoßen hatte. Der Zustand dieser Stadt widerte ihn an, und ihm wurde übel von allem, was er sah. Es war eine schreckliche Vorstellung, einen ganzen Tag inmitten dieses Wahnsinns und Gestanks zu verbringen.

So streifte er durch die Außenbezirke der Stadt auf der Suche nach einem Platz, wo er den Tag verbringen konnte, ohne entdeckt zu werden. Er mußte sich jetzt noch vorsichtiger bewegen, denn hier gab es viele Menschen, die umherstreiften oder in den Straßen schliefen. Er drückte sich in den Schatten gewaltiger Müllberge, die sich am Stadtrand erhoben. Oft mußte er über Menschen hinwegsteigen, Obdachlose, die auf der Straße schliefen; aber bald merkte er, daß diese Leute nur wenig aufmerksam waren. Also bestand kaum Gefahr, entdeckt zu werden, und es fiel ihm leichter, vorwärts zu kommen. Als das erste Tageslicht aufschimmerte, fand er einen Platz, wo er den Tag verbringen konnte. Es war ein hohes, plattformähnliches Gerüst, das mit Holzplanken an den Seiten verkleidet war. Er wußte, wenn er ins Innere dieser Plattform gelangen könnte, hätte er eine gute Sicht auf die Straßen der Stadt und bliebe doch unsichtbar.

Er kroch zu der Plattform hin, immer geschickt in die Schatten geduckt. Ein Mann saß dort auf einem Stuhl, gleich neben der Tür, die auf die Plattform führte. Großvater sah, daß der Mann eine Pistole hatte und eine Uniform trug – wahrscheinlich ein Wachmann oder Polizist. Erst als es hell geworden war, erreichte er den Rand der Plattform. Zum Glück hatte sich eine Planke gelöst, so daß er hineinschlüpfen konnte. Endlich unter der Plattform, stieß Großvater einen Seufzer der Erleichterung aus, da er sich nun, nach Stunden der Angst und Qual, etwas geborgener fühlte. Anfangs wagte er nicht, sich zu bewegen; er entspannte sich und lauschte auf Geräusche, die eine Gefahr verraten konnten. Immerhin saß der Wächter direkt über ihm auf der Plattform, und Großvater fürchtete, daß der Gestank der Stadt ihn zum Husten reizen und den Wachmann aufmerksam machen könnte.

Während das erste Tageslicht durch die Ritzen der Bretter drang, schaute sich Großvater gründlich unter der Plattform um. Am einen Ende lagen alte Bretter, verbogene Bleche und Glasscherben. An der Wand gegenüber sah er die Reste einer alten, jetzt vernagelten Klapptür, die einst vielleicht Zutritt zur anderen Seite der Plattform gewährt hatte. Überall an den Wänden gab es Haufen von Abfall, meist Papier und abgestorbene Pflanzen, die einmal in diesem sterilen Boden zu wachsen versucht hatten. Wie erschrak Großvater, als er dort auf der Erde menschliche Spuren entdeckte, Abdrücke von Händen und Knien und deutlich erkennbare Umrisse einer Person, die hier geschlafen hatte. Plötzlich wurde ihm klar, daß dieses Versteck auch von einem der Landstreicher benutzt wurde, denen er am Stadtrand begegnet war. Jetzt aber schien es verlassen, denn diese Spuren waren mehrere Tage alt.

Großvater kroch tiefer unter die Plattform, als er den Wachmann über sich aufstehen hörte. Er erstarrte mitten in seiner Bewegung und lauschte, während der Mann hin und her ging und ein paarmal stehenblieb, anscheinend, um sich umzusehen. Jetzt hörte Großvater ein Husten von jenseits des hohen Bretterstapels, und der Wächter sprang von der Plattform und lief zu der alten Klapptür. Großvater duckte sich an den Boden, kroch in den dunkelsten Winkel unter der Bretterwand und bedeckte sich mit Müll. Der Wächter brüllte derweil mit wütender Stimme durch die Ritzen zwischen den Brettern. Großvater verstand diese Sprache nicht, aber er wußte, der Mann war wütend. Nun raschelte es plötzlich hinter dem Stapel alter Bretter, und ein junger Mann sprang blitzschnell darüber weg, kroch rasch über den Boden und versuchte die andere Seite der Plattform zu gewinnen. Der Wächter draußen rannte um die Plattform herum – dorthin, wohin der junge Mann sich zu retten versuchte.

Ohne nachzudenken, packte Großvater den jungen Mann am Arm, legte ihm die Hand auf den Mund und bedeutete ihm zu schweigen. Der junge Mann schaute Großvater an, offenbar starr vor Schrecken, doch gehorchte er, ohne zu fragen – wahrscheinlich mehr aus Angst vor Großvater als aus freiem Willen. Großvater nahm jetzt ein kleines Stück Holz und warf es an die gegenüberliegende Wand der Plattform. Sofort stürzte der Wachmann mit einem drohenden Schrei zur anderen Seite. Dort lauschte er ein Weilchen, und dann – wahrscheinlich überzeugt, daß der andere unter der Plattform hervorgeschlüpft und entkommen sei – lief er die Straße hinunter: im Glauben, den Übeltäter zu verfolgen. Großvater sah den jungen Mann lächelnd an, und dieser lächelte halbherzig und befangen zurück, immer noch sichtlich verängstigt.

Großvater und der junge Landstreicher schauten einander lange an. Der junge Mann schien hin und her gerissen zwischen dem Wunsch, wegzulaufen oder zu bleiben. Dann aber siegte seine Neugier, und er fragte Großvater nach seinem Namen. Großvater verstand ihn nicht. Da der junge Mann sofort begriff, daß Großvater seine Sprache nicht verstand, deutete er auf sich selbst und sagte: «Paul», und dann zeigte er auf Großvater. Großvater, der jetzt merkte, was der junge Mann ausdrücken wollte, wies auf sich und nannte seinen Namen. Der junge Mann schaffte es ganz gut, Großvaters schwierigen Namen auszusprechen, und beide lachten lautlos. Den Rest des Vormittags blieben sie zusammen und versuchten, sich miteinander zu verständigen. Bis zum Nachmittag war die Sprache keine Barriere mehr zwischen ihnen, und sie wurden Freunde.

Bald hatte Paul begriffen, daß Großvater sich für das Leben in der Großstadt interessierte. Es war ihm auch klar, daß Großvater mehr seine Neugier befriedigen als in dieser Stadt leben wollte. In den nächsten Monaten zeigte Paul Großvater seine Welt. Meistens unternahmen sie ihre Ausflüge bei Nacht, wobei sie sich unentdeckt durch die Straßen bewegen konnten. Großvater sah Fabriken, Schlachthäuser, Mietkasernen, Slums und Straßen. Er war erschüttert bei der Vorstellung, daß Menschen auf der Straße starben, während andere alles zu haben schienen, was sie begehrten. Es gab keine wahre Brüderlichkeit zwischen diesen Stadtbewohnern. Alle schienen so selbstbezogen in ihrem sinnlosen Treiben; sie hetzten umher, sorgend und rackernd und nach unsichtbaren Schätzen strebend. Sie lebten anscheinend nur, um zu arbeiten.

Großvater verstand nicht, was diese Menschen bewegte. Wie konnten sie existieren, so sehr getrennt von der Erde und ihren Leben schenkenden Kräften? Sie waren wie eingesperrt, nicht nur in den sterilen Mauern der Stadt, sondern auch in ihren eigenen Körpern. Großvater fand heraus, daß diese Menschen nur an das Materielle glaubten: das Fleisch war ihr alleiniger Gott. Die einzigen, die Großvater wirklich und lebendig vorkamen, waren Leute wie Paul, die auf den Straßen der Stadt ein freies Leben führten. Doch auch für sie gab es keine echte Freiheit, denn sie blieben Sklaven der Müllhalden und Gefangene der Stadt. In der Wildnis, das wußte er, würden sie mit Sicherheit untergehen. Und doch entwickelte sich mit der Zeit eine Art Kameradschaft zwischen Großvater und diesen Landstreichern. Die Freundschaft zwischen ihm und Paul festigte sich immer mehr, und nach ein paar Wochen waren sie unzertrennlich.

Während Paul Großvater über die Lebensformen der Stadt informierte, machte Großvater seinen Freund mit seiner Art zu leben vertraut. Es gelang ihm, seine Kenntnisse der Wildnis in der Stadt anzuwenden. Er brachte Paul und den anderen bei, wie man sich gute und warme Schutzhütten baut, verborgen vor den Augen Fremder. Er lehrte sie, draußen vor der Stadt auf die Jagd zu gehen und Fallen zu stellen, und er zeigte ihnen viele eßbare Pflanzen und Heilkräuter. Auch führte er sie in die Kunst des Pirschens ein, damit sie ihren Feinden entgehen und sich frei in der Stadt bewegen konnten, und brachte ihnen bei, Spuren von Mensch und Tier zu lesen. Vor allem aber machte Großvater Paul und seine Freunde mit der Philosophie der Wildnis bekannt. Er pries die Freiheit und absolute Unabhängigkeit von allem, was Menschen an eine Großstadt bindet und sagte ihnen, sie könnten auf das Land zurückkehren, um in völliger Harmonie und im Gleichgewicht mit der Erde zu leben.

So entstand allmählich draußen vor der Stadt eine kleine Ansiedlung von Menschen, bestehend aus Paul, Großvater und einer Reihe von Landstreichern und Obdachlosen. Großvater war der inoffizielle Führer, denn er konnte ihnen allen helfen, sich aus ihrer Notlage zu befreien. Mit der Zeit gelang es Großvater, diese Leute der Stadt zu entwöhnen. Nur selten noch brauchten sie etwas von der Straße, und doch ahnten sie noch nicht, daß sie allmählich unabhängig wurden. Sie hatten keine Ahnung von Großvaters höherer Absicht, aber sie vertrauten ihm wie einem Vater. Ihr kleines Dorf lag geschützt und so gut versteckt, daß man es nie entdeckte. Selbst nachdem eine große Gemeinschaftshütte im verborgenen errichtet wurde, blieb das Lager unsichtbar.

Und langsam wurde aus den Dorfbewohnern eine Stammesgemeinschaft. Alle arbeiteten zusammen zum Wohle des Stammes, und wie immer stand die Erhaltung der Erde, die jetzt ihr Zuhause war, im Mittelpunkt. Im Spätsommer beschloß die «Gemeinde», wie der kleine Stamm sich jetzt nannte, das Lager weiter nach Norden zu verlegen, tiefer in die Wälder. Sie wußten, wie kalt die Winter waren, und brauchten den Wald als Schutz vor den Stürmen – und vor den Augen der Stadtbewohner. Der Umzug ging langsam vonstatten, denn die Siedlung konnte nur in Etappen langsam überführt werden. Auch mußte man das neue Lager im Norden zuerst aufbauen und bewohnbar machen, bevor der ganze Stamm umziehen konnte. Schon wurde es kälter, und man brauchte einstweilen Unterkünfte an beiden Orten. Mitte Herbst endlich wohnten dann alle im nördlichen Lager. Das alte Lager wurde aufgegeben und so gründlich abgerissen, daß es wie vom Erdboden verschwand. Es blieben keine Spuren, die von seiner Existenz gekündet hätten.

Bald stellte die Gemeinde fest, daß es sich im nördlichen Lager viel leichter lebte als an der alten Wohnstätte. Man konnte sich tagsüber frei bewegen, Nahrung war reichlich vorhanden, und die Leute erwachten zu neuem Leben. Trotz Winterkälte ging es allen gut, denn Großvater hatte die Leute gelehrt, Vorräte anzulegen. Im neuen Lager arbeiteten die Menschen noch enger zusammen. Sie verließen sich nicht mehr darauf, alte Klamotten aus der Stadt zu holen, sondern stellten ihre Kleidung selber her. Überhaupt benutzten sie nur noch selten fabrikfertige Waren. Auch ihr Verständnis für die Philosophie eines erdverbundenen Lebens machte Fortschritte. Bald waren sie wirklich zu Kindern der Erde geworden und verachteten die Lebensart ihrer weißen Brüder.

Den ganzen Winter über bis weit in den Frühling hinein fuhr Großvater fort, diese Menschen zu unterweisen. Sie lernten rasch, nicht nur die Fertigkeiten des Überlebens, der Spurensuche und der Bewußtheit, sondern auch die spirituellen Lehren. Sie hungerten vor allem nach Weisheit des Geistes, und Großvater war gerne bereit, ihren Hunger zu stillen. Noch nie hatte Großvater so begeisterungsfähige Menschen getroffen. Gewiß hatte er schon oft versucht, seine Kenntnisse weiterzugeben, aber meist stieß er nur auf mildes Desinteresse. Diese Leute aber hatten den Wahnsinn und die Sklaverei der Stadt kennengelernt und haßten jetzt diese Lebensweise. Sie sehnten sich nach den wahren Schätzen der Freiheit und Reinheit. Mancher von ihnen wäre lieber gestorben, als zu jenem Leben zurückzukehren. In die Stadt gingen sie nur noch, wenn es galt, neue Mitglieder für die Lebensgemeinschaft der Stammes-Gemeinde zu finden.

Im folgenden Sommer war das Lager beinahe auf das Dreifache seiner ursprünglichen Größe angewachsen. Einige der ersten Bewohner übernahmen es jetzt, die Neuen zu unterrichten und das Wissen vom Überleben in der Wildnis und von den geistigen Schätzen weiterzugeben, das Großvater ihnen vermittelt hatte. Großvater war inzwischen zur Legende geworden, nicht nur hier im Dorf, sondern auch auf den Straßen der Stadt, wo es Vagabundengemeinschaften gab. Nachrichten von der Existenz dieses neuen Stammes kamen in Umlauf. Das Dorf wuchs schnell, und Großvater zweifelte nicht mehr daran, daß man weiter nach Norden ziehen mußte, tiefer in die Wildnis. Auch spürte er wieder den Ruf der Geisterwelt und wußte, daß es auch für ihn bald Zeit wäre, Abschied zu nehmen und weiterzuziehen. Beim Gedanken daran wurde es Großvater weh ums Herz, denn er liebte diese Menschen, die nun genauso lebten wie sein eigenes Volk.

Großvater wanderte mit Paul weit nach Norden, um den Platz für ein mögliches Lager zu erkunden. Endlich, nach tagelanger Wanderung, fanden sie eine ideale Stelle. Großvater wußte: Hier würden die Menschen in Sicherheit leben, für immer gerettet vor der Zivilisation des Weißen Mannes. Denn sie waren mittlerweile eher Indianer denn Weiße, und Großvater traute ihnen zu, daß sie imstande wären, all die Gefahren zu bestehen, denen die Kinder der Erde ausgesetzt sind. Auf dem Rückweg zum Hauptlager erzählte Großvater Paul von seinem Plan, wieder weiterzuziehen. Beide weinten und hielten einander in den Armen. Sie waren nicht nur Freunde geworden, sondern Brüder im wahren Sinne des Wortes. Sie wußten, die Trennung würde sehr schmerzhaft sein. Großvater erzählte Paul, daß er nicht geglaubt hätte, je einen Weißen lieben zu können, und Paul sagte, daß er nie geglaubt hätte, er könne einen Indianer lieben. Lachend und weinend saßen die beiden noch lange beisammen an diesem Abend, unter Tränen der Freude und des Abschieds.

Großvater blieb noch ein paar Tage im Hauptlager, während die Freunde ihre Sachen packten und sich auf die Wanderung nach Norden vorbereiteten. Am letzten Abend, den man zusammen verbrachte, feierten sie ein Fest zu Großvaters Ehren und zu Ehren des ersten Kindes, das dem Stamm geboren war.

Großvater empfand tiefe Ruhe und Zufriedenheit. Nicht nur war alles, was man verzehrte, von der Erde geschenkt; es gab auch keine Werkzeuge des Weißen Mannes mehr. Einige Neuankömmlinge trugen zwar noch Kleider des Weißen Mannes, aber Großvater wußte, es würde nicht lange dauern, bis man auch diese ausgetauscht hätte. So feierte man bis spät in die Nacht und beendete das Fest mit einer großen Pfeifen-Zeremonie, an der alle teilnahmen. Die Leute tanzten und sangen – die Nacht hallte wider von freudigem Lachen.

Beim ersten Tageslicht war Großvater verschwunden. Er hatte niemandem Lebewohl gesagt, wie es seine Art war. Er glaubte nicht an Trennungen, denn in der spirituellen Welt gibt es keine Trennung, und darum beruht das Wort ‹Lebewohl› auf einer Täuschung. Während Großvater auf einem Hügel saß und die Menschen nach Norden davonziehen sah, überfiel ihn tiefe Einsamkeit und der Schmerz des Verlusts. Er liebte diese Menschen, als wären sie sein eigenes Volk. Sie waren jetzt seine Stammesgemeinschaft, und er würde sie vermissen. Schließlich hatte er erkannt, daß es nicht der Weiße Mann selbst war, den er haßte, sondern seine Lebensform, sein Denken und seine Art, die Erde zu zerstören. Er liebte die Menschen seines neuen Stammes und wußte ohne Zweifel, daß sie Kinder der Erde waren. Endlich hatte er verstanden, daß nicht die Hautfarbe einen Menschen eins machte mit der Erde, sondern die Liebe in seinem Herzen. Und Großvater erkannte: alle Menschen waren seine Brüder und Schwestern, alle mußte er lieben.

Nachdem ich Großvaters Geschichte von der neuen Gemeinde vernommen hatte, fand auch ich endlich Ruhe. Jetzt verstand ich, daß Großvater, wenn er den Weißen Mann verfluchte, nicht die Menschen meinte, sondern das Bewußtsein einer Gesellschaft, die er ablehnte, weil sie jeden, der nach ihren Gesetzen lebte, der Erde entfremden mußte. Auch hatte ich erfahren, daß Großvater alle Menschen liebte, sogar seine Feinde. Er hätte sich die Mühe sparen können, diese Vagabunden und Obdachlosen zu unterrichten, aber aus Liebe zu ihnen, aus Liebe zur Erde, blieb er bei ihnen und lehrte sie, soviel er konnte. Ich durfte nur hoffen, daß auch ich eines Tages dieselbe Liebe zu den Menschen empfinden würde wie Großvater.

Ganz deutlich wurde mir bewußt, daß der Mensch, sobald er das Wissen der Wildnis in sich aufgenommen hat, seine Selbstachtung wiedergewinnen und Verantwortung für sein Schicksal übernehmen kann. Nicht Hautfarbe, Rasse, Religion oder wirtschaftlicher Status eines Menschen entfremden ihn der Erde, sondern seine Art zu denken. In jeder Gesellschaft gibt es Menschen, die sich von der Erde abwenden, weniger aus bewußter Entscheidung, sondern aus Unwissenheit und Habgier. Ob es mir paßte oder nicht, ich mußte sie alle lieben – auch diejenigen, die die Erde zerstörten. Krieg und Haß werden niemals etwas verändern, sondern die Gewalttätigkeiten steigern. Nur durch die Liebe zu allen Menschen können wir hoffen, etwas zu verändern!

7
Erste Pilgerfahrt nach Südamerika

Lange hatten Rick und ich keine Ahnung, wie weit Großvater in seinem Leben herumgekommen war. Oft konnten wir nur staunen. Wenn wir Großvater fragten, wo er eine bestimmte Fähigkeit oder Technik gelernt habe, erzählte er uns manchmal, daß diese Fertigkeiten aus Mexiko, Kanada, Alaska oder gar Mittelamerika stammten. Das meiste Wissen und Können habe er zwar bei den Völkern Nordamerikas erworben, vieles aber auch bei Völkern jenseits der Grenzen. Oft, wenn Großvater uns eine bestimmte Fertigkeit erklärte, erzählte er uns von deren Ursprung – wie er gelernt habe, sie zu gebrauchen und einzusetzen. Oft war dies der einzige Hinweis, der uns verriet, wie weit Großvater gereist war und uns eine Ahnung davon vermittelte, wie viele Völker er besucht hatte, um solche Fertigkeiten zu lernen.

Auch von seiner Reise in den Dschungel des Amazonas erfuhren wir ganz zufällig. Weil das Thema nie zur Sprache kam, hatten wir angenommen, daß Großvater nicht in Südamerika gewesen sei. Wir dachten uns, er habe vor allem in Nordamerika gelebt und sei auf seinen Reisen höchstens bis Panama gekommen. Immerhin stammten die meisten seiner Fertigkeiten, die wir bis dahin gelernt hatten, von den Völkern Nordamerikas, und nur wenige hatten ihren Ursprung in Ländern südlich der

Grenze. Einmal übten wir uns im Bogenschießen und konzentrierten uns hauptsächlich auf Ziele hoch über dem Boden. Was wir zu lernen versuchten, war die Technik der Jagd auf Vögel – im Flug oder in den Wipfeln der Bäume. Doch unsere Treffsicherheit ließ sehr zu wünschen übrig. Es wollte uns nicht gelingen, den Pfeil hoch genug oder mit genügend Kraft abzuschießen, um die Zielscheiben zu treffen, die wir in den Bäumen aufgehängt hatten. Irgend etwas fehlte einfach an unserer Technik. Unsere kleinen Bogen waren anscheinend nicht stabil genug.

Großvater hatte unsere mangelhaften Versuche aus der Ferne beobachtet. Kaum merkten wir, daß er zuschaute, wurde alles noch schlimmer. Weil ich mich Großvaters kritischen Blicken ausgesetzt fühlte, zitterten meine Hände noch heftiger als bei früheren Versuchen, und ich schoß arg daneben. Ich konnte den Bogen einfach nicht stabil halten. Als dann Rick an der Reihe war und ein paar Pfeile verschoß, sah ich Großvater in seiner Hütte verschwinden und dann wieder auftauchen – mit einem, wie mir schien, langen Stab in der Hand. Als er näherkam, wurde mir klar, daß er in Wahrheit einen sehr langen Bogen trug, länger als ich je einen gesehen hatte. Dieser Bogen war bunt verziert, und an einem Ende hingen zwei große grüne Federn und eine kleine rote. Auch die Pfeile waren bunt verziert und sehr lang. Sie waren in einem Muster befiedert, wie ich es noch nie gesehen hatte.

Lächelnd trat Großvater zu uns. Rick und ich sahen staunend den langen Bogen an, während Großvater die Sehne spannte und die Spannung prüfte. Es war ein herrlicher Bogen, die Spannung war gut, aber ihm fehlte die schwungvolle Biegung, wie unsere doppelt gekurvten Bogen sie aufwiesen, die wir uns manchmal machten. Dieser Bogen hingegen verlief in einer einzigen langen und eleganten Kurve. Wortlos legte Großvater einen Pfeil auf die Sehne, spannte den Bogen ruhig und ließ den Pfeil schwirren – in dasselbe Ziel, das wir den ganzen Tag erfolglos zu treffen versucht hatten. Dies tat er noch zweimal, und dann bot er uns den Bogen an. Ohne erklärende Worte abzuwarten, legte ich den Pfeil auf die Sehne, faßte das Ziel hoch über dem Boden ins Auge und ließ den Pfeil sausen. Der Bogen blieb völlig stabil und verwindungsfrei, und ich traf das Ziel. Wortlos griff Rick nach dem Bogen, schoß – und traf ebenfalls. Wir staunten beide über den famosen Bogen.

Wir fragten Großvater nach diesem stabilen Langbogen, der so erstaunlich gut schoß, und Großvater erzählte uns, daß die Leute, die ihm diesen Bogen geschenkt hätten, meist Beutetiere hoch in den Bäumen jagten. Ein solcher Bogen sei zum Schießen auf Ziele in großer Höhe bestimmt, und er brauche solche Stabilität und solche Bogenspannung, um die nötige Treffsicherheit zu erreichen. Die Jagdziele dieser Leute seien hauptsächlich Affen und Papageien, die hoch in den Wipfeln des südamerikanischen Urwalds leben. Verblüfft lauschten wir Großvaters Erzählung: Der Dschungel war seit jeher ein faszinierender Traum für uns, und wir hatten uns immer gewünscht, Großvater möge uns erzählen, wie es dort zuginge. Nie hatten wir daran gedacht, ihn zu fragen, ob er schon einmal dort gewesen sei, und jetzt tat es uns leid, daß wir das versäumt hatten. An diesem Abend aber, am Lagerfeuer, erzählte uns Großvater von seiner ersten Reise nach Südamerika.

Großvater war gemächlich im Süden Mexikos unterwegs, als ihn der Drang überfiel, weiter südwärts zu wandern. Der südlichste Punkt, den er bislang in seinem Leben erreicht hatte, waren die Urwälder Panamas – aber jetzt wußte er, daß der Geist ihn noch weiter nach Süden führen wollte. Näheres über die unermeßlichen Weiten der Dschungelwildnis Südamerikas kannte er nur aus den Erzählungen seines Urgroßvaters Coyote Thunder. Sein Urgroßvater wiederum kannte diese Geschichten nur von anderen, die diese Länder bereist hatten. Soviel Großvater wußte, war noch keiner von seinem Stamm weitergekommen als bis zur südlichen Grenze Mexikos. Er sollte als erster noch weiter vorstoßen.

Vor Jahren einmal hatte Großvater ein paar Monate in den Sümpfen der Everglades gelebt; daher waren ihm tropische Bedingungen vertraut. Aber nichts hatte ihn auf das Außerordentliche vorbereitet, dem er jetzt begegnen sollte. Das Wandern in manchen Urwäldern, die er unterwegs durchqueren mußte, erwies sich bereits als schwierig. Er kannte nicht die Pflanzen und Tiere in diesen Dschungeln und mußte sich ganz auf seine innere Vision verlassen, die ihm sagte, was genießbar sei und was nicht. Zum Glück war er ein gewandter Jäger und Fischer, der mehr als genügend Beute machte, und darum blieb er nur selten ohne Fleisch. Seine pflanzliche Kost aber war sehr mangelhaft. Je weiter er nach Süden kam, desto seltener fand er eßbare Pflanzen, die ihm bekannt waren.

Als er die unermeßlichen Urwälder Südamerikas erreichte, war er abgemagert und geschwächt von der einseitigen Ernährung. Sein Wunsch, den Dschungel zu sehen, hatte über seine Vernunft und Vorsicht gesiegt. Er hätte sich Zeit lassen und mehr auf die Bedürfnisse seines Körpers achten sollen. Jetzt, in der Unendlichkeit des fremden Dschungels, war er in schlechter Verfassung. Gewiß fiel es ihm leicht, Wild zu jagen oder in Fallen zu fangen, aber es gab nur wenige Pflanzen, die er kannte, und selbst diese fand er nur selten. Darum zweifelte er nicht daran, daß er seine Ernährung umstellen müßte, um wieder einen besseren Gesundheitszustand zu erreichen. Dann erst durfte er daran denken, sich tiefer in den Urwald hineinzuwagen.

Großvater befand sich in einem Zustand tiefer Erschöpfung. Tausende von Meilen war er gewandert, fast ohne Unterbrechung. Kein einziges Mal hatte er länger als einen Tag gelagert, seit er die Südgrenze Mexikos hinter sich gelassen hatte. Oft wanderte er tagelang ohne Nahrung, und nur selten war ihm ein erquickender Schlaf vergönnt. Der ungeduldige Geist in ihm schien ihn unentwegt vorwärts zu treiben, schien ihm sogar den Schlaf zu verbieten. Oft träumte er von der Reise in den Urwald, und noch im Traum quälte ihn ein Gefühl der Rastlosigkeit. Er wurde buchstäblich vorwärts getrieben – bis an den Rand äußerster Erschöpfung und Entkräftung. Er wußte, er konnte nicht weitergehen, wenn er nicht eine längere Ruhepause einlegte, um wieder zu Kräften zu kommen. So beschloß er, obwohl der Geist ihn noch immer antrieb, ein paar Tage zu bleiben, wo er war, bevor er weiterzog.

Einen Tag brauchte Großvater, um sich eine Schutzhütte zu bauen, Fallen zu stellen, eine Feuerstelle anzulegen und es sich in seinem Lager bequem zu machen. Bald hatte er auch Wasser gefunden und einen Fleischvorrat für mehrere Tage angelegt. Aber noch immer fehlte ihm der vegetarische Teil seiner Diät. Er hatte schon beinahe die letzten eßbaren Pflanzen im Umkreis aufgebraucht, die ihm bekannt waren. Alle wollte er nicht brechen – aus Furcht, die Spezies in dieser Gegend auszurotten. Schließlich verlor er den Appetit, begann zu kränkeln und verfiel in einen lethargischen Zustand. Er konnte nicht mehr mit seiner inneren Vision kommunizieren und vertraute nicht mehr ihrem Rat. Nur seine innere Vision hatte ihm geholfen, die eßbaren Pflanzen von den giftigen zu unterscheiden, und nun ließ sie ihn anscheinend im Stich. Von den Pflanzen, die Großvater zuletzt gefunden hatte, war ihm übel geworden. In seinem geschwächten Zustand, so vermutete er, hatte seine innere Vision ihre Wirksamkeit verloren.

Seine Krankheit und Schwäche verschlimmerte sich noch im Laufe der Tage. Zwar fand er genügend Schlaf und auch genügend Wasser, doch seine Ernährung war immer noch mangelhaft. Er fragte sich schon, ob er sich vielleicht eine seltene Urwaldkrankheit zugezogen habe und ob dies der Grund seiner Übelkeit sei? Doch hatte es in seinem Leben Zeiten gegeben, da er ausschließlich von fleischlicher Kost leben mußte, vor allem als er im Norden beim Volk der Eskimos weilte. Darum verstand er nicht, wieso der Mangel an Pflanzenkost jetzt eine so kritische Reaktion hervorrufen konnte. Er dachte schon ernstlich an die Rückkehr zur Küste, wo er Pflanzen finden würde, die ihm vertraut waren. Vielleicht sollte er den Amazonasfluß hinunterfahren, in das große Deltagebiet, von dem er schon so viel gehört hatte. Dort gab es Eingeborene, wie er wußte, die am Rande des Dschungels lebten. Vielleicht konnten sie ihm gegen seine Krankheit helfen.

Nach beinahe zwei Wochen im tiefen Urwald beschloß Großvater, sein Lager abzubrechen und den Weg zur Küste anzutreten. Er wußte, daß es in seinem geschwächten Zustand sehr schwierig werden konnte, und zweifelte, ob er es durchstehen würde. Während er das Dach seiner Reisighütte abnahm und die Äste am Boden verstreute, sah er einen alten Mann, der am Rande des Lagerplatzes stand und ihn aufmerksam beobachtete. Großvater erschrak, denn er hatte die Ankunft des alten Mannes nicht bemerkt. Normalerweise hätte er von dessen Kommen gewußt, lange bevor er das Lager erreichte. Aus der Art dieses Alten, sich völlig dem Urwald anzupassen, schloß Großvater, daß er es nicht mit einem gewöhnlichen Menschen zu tun hatte. Während Großvater den Alten anstarrte, lächelte dieser freundlich und winkte herüber. Doch als Großvater den Gruß erwiderte, verschwand der alte Mann spurlos im Dschungel, direkt vor Großvaters Augen.

Großvater war überrascht, wie leicht dieser Alte hatte davonschlüpfen können. Und während er die nähere Umgebung mit den Augen absuchte, gewann er die Überzeugung, daß dieser Mann kein Mensch aus Fleisch und Blut, sondern ein Geist sein müsse. Das war die einzige Erklärung, wieso er bis in Großvaters Lager vordringen konnte, ohne entdeckt zu werden. Großvater machte sich wieder an die Arbeit. Er verstand nicht, wieso dieser Geist zu ihm gekommen war. Als er über das Erlebnis nachdachte, fiel ihm die sonderbare Bekleidung des Alten ein. Zwar trug er nur einen kleinen Lendenschurz um die Hüften, aber sein Kopfschmuck bestand aus schönen hellgrünen Federn, wie Großvater sie noch nie gesehen hatte. Alles an diesem Mann deutete auf einen Eingeborenen dieses Landes hin. Vielleicht war dieser Geistermann einst Mitglied eines der Stämme gewesen, die in dieser Gegend lebten.

Tief in Gedanken versunken, setzte Großvater seine Arbeit fort. Plötzlich spürte er eine Hand auf seiner Schulter und fuhr erschrocken herum. Vor ihm stand der Alte – wie aufgetaucht aus dem Nichts. Wieder war Großvater überrascht, daß er von seinem Kommen nichts gehört hatte. Der Alte schien unsichtbar zu bleiben im Dickicht des Waldes, vollkommen verschmolzen mit seiner Umgebung. Großvater, der den Alten noch immer für einen Geist hielt, streckte langsam die Hand aus und berührte die Schulter des alten Mannes. Der Alte tat dasselbe mit Großvater, und beide lachten. Jetzt winkte der Alte zum Waldrand hinüber, und mehrere junge Männer richteten sich auf. Großvater war völlig perplex, daß so viele Menschen sich in sein Lager eingeschlichen hatten, ohne daß er sie bemerkte. Gewiß, seine Energie war erschöpft und sein Bewußtsein von Krankheit geschwächt, aber so etwas durfte einfach nicht vorkommen. Er muß wohl erschrocken dreingeschaut haben, denn die ganze Gruppe fing an zu lachen – nicht über Großvater, sondern mit ihm. Der Älteste schien zu spüren, daß Großvater Schmerzen litt. Sanft strich er ihm über den Kopf, dann ließ er die Hand sinken und sagte etwas in einer Sprache, die Großvater nicht verstand. Großvater zitterte unkontrollierbar, ohne zu wissen warum. Dann erinnerte er sich nur noch, daß der Urwald um ihn sich zu drehen begann und er auf den Boden stürzte. Sanfte Hände hoben ihn auf, aber was nun folgte, konnte er sich gar nicht mehr zusammenreimen. Er erinnerte sich nur noch an schwankende Bewegung, an vorbeiziehenden Urwald und an das Gefühl, getragen zu werden. Währenddessen schien die ganze Welt um ihn her zu wirbeln. Sein Denken setzte aus, und ihm war, als lebte er in einer surrealistischen Traumwelt. Und dann wurde alles schwarz um ihn; Zeit und Raum schienen nicht mehr zu existieren.

Später erwachte Großvater in einer Hütte von seltsamer Form und fühlte sich ganz schwindlig. Er versuchte die Ereignisse, die ihn hierhergeführt hatten, in eine Reihenfolge zu bringen, doch alles schien im Nebel zu verschwimmen. Deutlich konnte er sich nur an den alten Mann erinnern, der in sein Lager gekommen war. Großvater fürchtete sich zuerst, aber das verging, als er sich in der Hütte umschaute und feststellte, daß sie primitiv gebaut war. Dies gab ihm das sichere Gefühl, bei einem alten Volk in guten Händen zu sein. Er spürte, daß sie ihm ähnlich waren, auch wenn er nicht wußte wieso. Bald merkte er, daß es ihm besser ging – viel besser als seit langer Zeit. Er wußte nicht, wie er hierhergekommen war oder wie lange er geschlafen hatte. Alles deutete aber darauf hin, daß während seiner Bewußtlosigkeit Leute hereingekommen und wieder fortgegangen waren. Er fühlte sich wohl.

Dann hörte er schlurfende Schritte am Eingang, und herein trat der alte Mann, den er an seinem Lagerplatz gesehen hatte. Ein breites Lächeln glitt über das Gesicht des Alten, als er Großvater anschaute. Sie versuchten sich zu unterhalten, aber vergeblich. Als der alte Mann merkte, daß Worte nutzlos waren, deutete er auf Großvaters Bein und hob einen Blätterverband von seiner Wade. Verwundert sah Großvater dort eine arge Schwellung, eindeutig verursacht durch einen Stich, wahrscheinlich einen Insektenstich. Der Alte zeigte auf Großvaters Kopf und machte eine Gebärde, die Ohnmacht und Fieber andeuten sollte – und endlich verstand Großvater. Er erinnerte sich verschwommen, daß irgend etwas ihn vor ein paar Tagen gestochen hatte, aber er hatte nicht darauf geachtet. Etwa gleichzeitig mit diesem Stich war Großvater sehr schwach geworden und hatte seinen Appetit verloren. Damals brachte er die zwei Dinge nicht miteinander in Verbindung, aber jetzt verstand er.

Großvater begriff jetzt, daß er an Vergiftung durch einen Insektenstich gelitten hatte. Hätte der alte Mann ihm nicht geholfen, wäre er wahrscheinlich daran gestorben. Dies mußte der Grund dafür sein, daß Großvater Wachsamkeit und innere Vision verloren und nichts von der Annäherung des Alten und der anderen Männer gemerkt hatte. Den ganzen Tag versuchten Großvater und der Alte miteinander zu kommunizieren, während andere Leute in die Hütte kamen, Essen brachten und sich um Großvater kümmerten. Mit der Zeit verstand er ein wenig besser, was der alte Mann ausdrücken wollte, obwohl die Unterhaltung hauptsächlich in einer Art Zeichensprache stattfand. Bald wußte Großvater, daß dieser Alte der Kräuterheiler oder Schamane eines kleinen Stammes sein mußte, so umfassend waren seine Kenntnisse, und so sehr wurde er von allen anderen respektiert.

Den Rest des Tages durfte Großvater ausruhen, ohne daß viel gesprochen wurde. Der Alte blieb bis spät in die Nacht bei ihm sitzen; er wich keinen Moment von seiner Seite. Einige Male während der Nacht wurde Großvater von dem Alten geweckt und bekam einen starken Tee zu trinken. Die übrige Zeit schlief er tief und traumlos. Als er am anderen Morgen erwachte, fühlte er sich erfrischt. So gut war es ihm nicht mehr gegangen, seit er Mexiko verlassen hatte. Der alte Mann schien sehr zufrieden mit Großvaters Genesung, verbot ihm aber, sich aufzurichten, bevor er etwas zu sich genommen habe. Nachdem er einen starken Tee und köstliche, ihm unbekannte Kräuter und Pflanzen bekommen hatte, halfen die Leute Großvater, sich aufzusetzen. Noch immer spürte er eine zehrende Schwäche im Innern, aber er wußte sich auf dem Wege der Besserung.

Irgendwann gegen Mittag kam der Alte und half Großvater aufzustehen. Er war noch etwas schwach auf den Beinen, aber allmählich kehrte seine Kraft zurück. Seine Wade war nicht mehr geschwollen und schmerzte nicht mehr, aber noch immer war ein roter Punkt zu sehen. Der alte Mann hatte Großvater zu verstehen gegeben, daß er eigentlich längst an dem Stich gestorben sein müßte. Nun wunderte sich der Alte, wie rasch Großvaters Heilung vonstatten ging. Großvater und der Alte entdeckten ein tiefes Gefühl für einander – etwas, das sie fester verband als eine oberflächliche Bekanntschaft. Die beiden begegneten sich mit großem Respekt, und wieder versuchten sie den Rest des Tages miteinander zu kommunizieren. Das Gespräch war mühselig und sehr umständlich, aber allmählich verstanden sie einander in einer tieferen Sprache als jener der Wörter und Zeichen.

Großvater wurde in der kleinen Siedlung umhergeführt und vielen Leuten vorgestellt. Der Alte zeigte ihm die verschiedenen Hütten, die Tätigkeiten der Leute und die Art, wie sie ihre Nahrung zubereiteten. Viele dieser Techniken hatte Großvater selbst schon angewandt, doch am meisten interessierten ihn die Pflanzen, die diese Menschen als Nahrung und als Heilmittel benutzten. Der alte Mann – er hieß Parrot, das heißt «Papagei», wie Großvater jetzt wußte – bemerkte Großvaters leidenschaftliches Interesse für diese Pflanzen und versuchte ihm alles zu erklären, was er darüber wußte. Großvater war ein williger Schüler und hing an jeder Gebärde seines Freundes. So verging dieser Tag, und Großvater wurde wieder müde. Schon der kurze Spaziergang durch die Siedlung hatte ihn angestrengt, und er kehrte zurück in die Hütte, um auszuruhen. Als er sich schlafen legte, merkte er, daß er im Bett des Alten lag; Parrot hatte jede Nacht neben Großvater auf dem Boden geschlafen.

Auch die nächsten Tage blieben Großvater und Parrot unzertrennlich. Parrot war ein guter Lehrer und Großvater ein bereitwilliger Schüler. Parrot zeigte Großvater zuerst die verschiedenen Pflanzen in unmittelbarer Nähe der Siedlung. Die beiden sammelten die Pflanzen, bereiteten sie zu und aßen sie. Dies galt als Mittel, den Geist einer Pflanze ganz zu verstehen und in sich aufzunehmen. Auch lernte Großvater, die verschiedenen Heilkräuter des Dschungels anzuwenden. Fasziniert stellte er fest, daß sie ähnlich wirkten wie die Pflanzen, die er selbst zu verwenden pflegte. Jeden Tag stießen sie weiter in den Dschungel vor, wo es noch mehr exotische Pflanzen gab. Der alte Mann behandelte Großvater wie einen Lehrling der Kräuterheilkunde – nur daß Großvater natürlich viel schneller lernte.

Schließlich sah Parrot Großvaters tiefe Spiritualität und erkannte, daß Großvater selbst ein Heilkundiger seines Stammes war. Von nun an behandelte er ihn eher als Gleichgestellten denn als Schüler. Und bald begann Großvater, Parrot sein eigenes Wissen zu vermitteln. Auch die anderen Mitglieder des Stammes unterrichtete Großvater in der Kunst, Fallen zu stellen, Spuren zu lesen und in der Wildnis zu überleben. Die Leute brachten Großvater schließlich den gleichen Respekt entgegen, den sie Parrot zollten. Die beiden waren Freunde geworden, und Parrot erlaubte, daß Großvater manche seiner Patienten behandeln half. Mitunter durfte Großvater sogar einen Kranken allein behandeln. Es war ein Glück für die beiden, ihre Kenntnisse und ihre Medizin auszutauschen. Großvater fühlte sich wie zu Hause bei diesem Stamm, bei dem er jetzt lebte.

Im Laufe der Monate verstanden Großvater und Parrot einander immer besser; sie konnten allmählich auch miteinander in Worten kommunizieren. Obwohl ihre Kulturen durch viele tausend Meilen voneinander getrennt waren, gab es – wie sie bald feststellten – mehr Übereinstimmungen als Unterschiede. In der Heilkunde und in ihrem spirituellen Wissen waren sie beinahe gleich; allem unterlag dieselbe Philosophie. Großvater erkannte, daß ein gemeinsames Band sein Volk mit diesem Volk aus den Urwäldern am Amazonas vereinte. Weder Großvater noch Parrot konnten trennende Unterschiede ausmachen. Diese Erkenntnis nahm Großvater als Bestätigung, daß alle Menschen der Erde durch eine gemeinsame Wahrheit, ein gemeinsames Band vereint waren – vereint in spiritueller Bewußtheit. Allerdings hatte er noch immer Vorbehalte gegen den Weißen Mann und seine verschiedenen Religionen.

Fast ein Jahr blieb Großvater bei diesem Volk. Schließlich baute er seine eigene Hütte, zog mit den anderen auf die Jagd und zum Sammeln der Urwaldfrüchte; er beteiligte sich auch an den Zeremonien des kleinen Stammes und wurde in jeder Hinsicht ein vollwertiges Mitglied. Vor allem aber kümmerten sich er und Parrot als Heiler um die körperlichen und seelischen Krankheiten der Menschen. So vertiefte sich die Bindung zwischen den beiden; es wurde eine Freundschaft, wie keiner sie je erlebt hatte. Sie waren Brüder geworden im wahrsten Sinne des Wortes. Einmal gingen sie miteinander zu einem der heiligsten Plätze, die Parrot kannte. Dort verbrachten sie viele Tage im Gebet und gingen zusammen auf eine spirituelle Reise – eine Erfahrung, wie Großvater sie als Visionssuche kannte. Und beiden wurde die traurig-frohe Erkenntnis zuteil, daß Großvater bald weiterziehen müsse.

Einige Wochen blieb Großvater noch bei dem kleinen Stamm, und dann war er eines Tages verschwunden, noch bevor das Lager erwachte. Wie Großvater, so wußte auch Parrot, daß das die richtige Art war, Abschied zu nehmen. Es gab keine Worte, kein Lebewohl, doch blieb das tiefe Gefühl der Verbundenheit. Dennoch war da eine große Traurigkeit, ein Verlustgefühl, das beide ertragen mußten. Keiner hatte gewußt, an welchem Tag Großvater gehen würde, und doch fand er einen schönen Langbogen neben sich, als er an diesem Morgen erwachte.

Der Bogen gehörte Parrot, der ihn benutzt hatte, um Großvater in den Künsten der Jagd zu unterweisen. An einem Ende war der Bogen mit zwei grünen und einer roten Feder geschmückt. Es war das Symbol ewiger Verbundenheit zwischen Großvater und Parrot, zwischen Großvaters Volk und den Menschen des Urwalds.

Großvater wanderte nun den Amazonas hinauf, tief in den Dschungel hinein, so wie er es vor mehr als einem Jahr geplant hatte. Jetzt, da er all die tropischen Pflanzen und auch das Leben im Urwald kannte, bewegte er sich mit freudiger Leichtigkeit in dem fremden Land. Zum ersten Mal fühlte er sich als Teil dieser Dschungelwelt. Während die Tage verstrichen und er immer tiefer in den Urwald eindrang, verstand er, warum alle Menschen dieser Erde in ihrem spirituellen Bewußtsein miteinander verbunden sind. Die Erde selbst schuf die gemeinsamen Bindungen. Hier fühlte er sich zu Hause, denn die ganze Welt war seine Heimat. Aus der Erde erwuchs die Philosophie der Lauterkeit. Das Band, das Großvater mit Parrot und seinem Volk verbunden hatte, verband ihn auch mit der Erde. Sie war die gemeinsame Basis all derer, die den heiligen Pfad wandeln.

Immer noch fühlte Großvater in sich den Drang, weiter in den Urwald vorzudringen. Instinktiv wußte er, daß ihm dort ein Wissen vermittelt würde, das alles, was er bis dahin gelernt hatte, zusammenfaßte. Niemals blieb er länger als eine Nacht an einem Ort. Er zog immer weiter und ernährte sich von eßbaren Pflanzen am Weg. Selten machte er halt, um sich etwas zu kochen. Auf der ganzen Reise nahm er fast ausschließlich Pflanzenkost zu sich. Nur einmal ergänzte er seine vegetarische Diät durch einen Fisch. Der Dschungel selbst schien ihm vorzuschreiben, daß er auf einer solchen Wanderung nur Pflanzen brauchte, um seine Kraft und seine Gesundheit zu erhalten. Er lernte auf das zu lauschen, was der Urwald ihn lehrte über die Pflanzen, und er öffnete sein Inneres für das Bewußtsein des Dschungels.

Irgendwann hatte Großvater das Gefühl, daß er nicht tiefer in die Wildnis eindringen solle. Nicht, weil er körperlich unfähig gewesen wäre, sondern weil er spürte, daß dies der Ort war, wohin der Geist ihn führen wollte. Bald fand Großvater auch einen schönen Lagerplatz, nicht weit von einem kleinen Wasserfall. Er wußte, daß dieser Wasserfall für ihn wichtig war; er hatte offenbar eine spirituelle Aura, die Großvater anzog. Es war ein besonderer Platz, ein heiliger Ort der Kraft, und Großvater fragte sich, ob auch Parrot diesen Ort kenne. Zwei Tage später hatte Großvater sein Lager aufgebaut und einen Vorrat an Nahrung angelegt. Dann konzentrierte er sich auf geistige Dinge und besuchte den Wasserfall, um zu beten und der Stimme des Urwalds zu lauschen. Jeden Sonnenaufgang und Sonnenuntergang beging Großvater am Wasserfall; manchmal verbrachte er dort den ganzen Tag.

Eines Nachmittags blickte Großvater vom Wasser auf – und erschrak, als er einen sehr alten Mann am Ufer stehen sah, der ihn anschaute. Er war ebenso plötzlich aufgetaucht wie damals Parrot, und anfangs glaubte Großvater, es könne sein Freund sein. Der Mann aber war viel älter als dieser, auch wenn seine Gebärden denen Parrots glichen. Der alte Mann winkte Großvater zu, und Großvater erwiderte den Gruß mit strahlendem Lächeln. Gewiß, der Wasserfall übertönte alle anderen Geräusche, dennoch hätte Großvater die Annäherung des Alten gespürt, lange bevor er das Ufer erreichte. Da wußte Großvater, daß dieser alte Mann ein Schamane sein mußte, denn seine Erscheinung und sein Verhalten kündeten von hoher Bewußtheit. Genauso hatte Parrot sich im Urwald bewegt, und Großvater spürte sofort eine Verbindung zwischen sich und dem Alten. Er war ihm sofort vertraut.

Der Alte gab Großvater ein Zeichen, ihm zu folgen, und Großvater ging ohne Zögern mit. Der alte Mann bewegte sich rasch und gewandt durch den Dschungel, ohne ein Tier aufzuschrecken, ohne eine Pflanze im Vorbeigehen zu knicken. Er war auf einmal verschwunden, aber bald darauf gelangte Großvater auf eine kleine Lichtung. Am anderen Ende dieser Lichtung stand eine winzige Hütte, ganz so wie Parrots Hütte, nur noch einfacher. Großvater sah den Alten in dieser Hütte verschwinden und folgte ihm. Kaum eingetreten, entdeckte er zu seiner Verwunderung neben dem alten Schamanen seinen Freund Parrot sitzen. Die beiden ähnelten sich auf verblüffende Weise. Großvater zweifelte nicht, daß Parrot und dieser Alte irgendwie miteinander verwandt waren. Vielleicht, so dachte Großvater, war der Alte sogar Parrots Lehrer und geistiger Führer.

Parrot machte Großvater mit dem Alten bekannt, und Großvater sah seine Ahnung bestätigt. Der alte Mann war nicht nur Parrots Lehrer, sondern auch sein Großvater im Sinne der Blutsverwandtschaft. Sein Name, den Parrot für Großvater übersetzte, bedeutete: «Der keinen Namen hat.» Denn der Alte war, wie Parrot erklärte, über alle Bindungen seines Stammes, seiner Religion und sogar seiner Identität hinausgewachsen. Kein-Name lebte wirklich als Kind der Erde und ohne die spirituellen Krücken und Spielzeuge, die den Menschen immer noch mit der Welt des Fleisches verbinden. Kein-Name hatte als Lehrer vieler Schamanen gewirkt. Jetzt aber lebte er allein, dem Bewußtsein des Urwalds nahe. Von Parrot erfuhr Großvater, daß die Schamanen von alters her diesen Ort aufsuchten, auch diesen kleinen heiligen Wasserfall, um dort spirituelle Erneuerung zu finden und die Weisheit dessen zu lernen, der «keinen Namen hat».

Großvater war überglücklich, Parrot wiederzusehen, seinen guten Freund. Sie umarmten sich und weinten vor Freude. Großvater hatte immer gewußt, daß er Parrot wieder begegnen würde – aber nicht so bald. Eine unbestimmte Ahnung hatte ihm gesagt, daß er ihn beim Wasserfall anträfe. Noch stärker fühlte sich Großvater zu Kein-Name hingezogen. Dieser Alte erinnerte ihn an seinen eigenen Urgroßvater. Er beeindruckte ihn durch dieselbe wortlose Weisheit, die er bei Coyote Thunder gefunden hatte. Schon bald fühlten sich die drei Männer durch eine tiefe geistige Verwandtschaft verbunden. Viele Wochen blieben Großvater und Parrot bei Kein-Name als seine Schüler in der Weisheit der Schamanen, und Großvater sah in Kein-Name ein Ebenbild seines eigenen Urgroßvaters. Dieser weise alte Mann lebte in dem Bewußtsein der Wildnis, das

Großvater so lange gesucht hatte. Er wußte, der Geist hatte ihn hierhergeführt, an diesen Ort, damit er Kein-Name begegne und von ihm lerne. Es gab keinen Zweifel in seinem Herzen.

Die drei Freunde befaßten sich weder mit der Bestimmung von Pflanzen noch mit anderen Dingen der materiellen Welt. Sie sprachen vielmehr über philosophische und religiöse Fragen und lernten durch Kein-Name den Zugang zur geistigen Welt kennen. Immer wieder entdeckte Großvater Ähnlichkeiten und Zusammenhänge mit dem, an was er glaubte. Und wieder sah er bestätigt, daß es zwischen den Menschen der Erde keine Trennung geben kann. Im Geist und im Herzen sind sie eins. Das spirituelle Bewußtsein beseelt sie alle. Großvater erkannte, daß ein Mensch, wenn er wahrhaft den Pfad der Schamanen wandelt, über alle Religionen, Doktrinen und Zeremonien hinauswächst – ja sogar über die Gemeinschaft der Menschen. Auf diesem Pfad wandern alle Schamanen im selben Geist – ganz gleich, woher sie stammen und wo sie ihr spirituelles Wissen erworben haben. Wie der einzelne diesen Pfad finden mag, spielt keine Rolle mehr. Denn alle sprechen die gemeinsame Sprache der Wahrheit.

Großvater begegnete Kein-Name mit großer Ehrfurcht. Der Alte hatte wahrhaft den Weg zur spirituellen Erleuchtung gefunden. Auf diesem Weg erlebte auch Großvater eine reine und lautere Einfachheit, unverstellt durch die Komplikationen des Menschen. Nach dieser Einfachheit hatte Großvater so lange gesucht, und in ihr wollte er leben. Dieser Alte galt ihm als lebendiger Beweis dafür, daß das Streben nach geistigen Dingen nicht schwer war, sondern leicht und unkompliziert. Nur die Sucht der Menschen, alle Weisheit des Spirituellen zu definieren und zu komplizieren, machte den Pfad scheinbar so schwierig. Großvater hatte die meisten religiösen Krücken hinter sich gelassen, und jetzt lehrte Kein-Name ihn, auch den Rest aufzugeben. Dann war eines Morgens der Lagerplatz auf der Lichtung leer und verlassen. Großvater zog nach Norden, Parrot kehrte zu seinem Volk zurück, und Kein-Name verschwand in die unermeßliche Weite des Dschungels. Der Abschied tat weh, und

Sehnsucht zog in die Herzen der Scheidenden ein, aber da war auch die jubelnde Freude, eine Gemeinsamkeit gefunden zu haben, die diese drei Männer für immer verbinden würde.

In dieser Nacht am Lagerfeuer, als ich Großvaters Geschichte hörte und den alten Bogen in meinen Händen hielt, spürte ich, wie heilig dieser Bogen war. Für Großvater verkörperte er nicht nur die Künste der Jagd, sondern er bedeutete für ihn den Inbegriff alldessen, was er auf seiner ersten Reise in das Innere des Urwalds gelernt hatte. Unter Tränen vernahm ich, wie Großvater von dem gemeinsamen Weg aller Schamanen sprach, von ihrer gemeinsamen Sprache. Am tiefsten beeindruckte mich, daß alles so einfach war. Seit damals ist dieser alte Bogen für mich ein Symbol dieser Einfachheit. Und endlich verstand ich, was Großvater meinte, wenn er vom «Eins-Sein» sprach: Er meinte nicht nur das Eins-Sein von Körper und Geist, sondern auch das Eins-Sein mit allem anderen.

8
Der Priester

Bald nachdem Großvater uns beiden, Rick und mir, von seiner ersten Reise nach Südamerika berichtet hatte, fühlte ich mich tief beunruhigt. Er hatte nämlich gesagt, daß alle Menschen der Erde spirituell miteinander verbunden seien und daß sie einen gemeinsamen Glauben, eine gemeinsame Basis hätten. Zwar gebe es leichte Unterschiede in ihren Überzeugungen und ihren Glaubenswahrheiten, doch letzten Endes seien diese nahezu identisch. Von den Religionen des Weißen Mannes konnte Großvater nicht dasselbe sagen, und dies war der Grund für meine Besorgnis. Ich wußte nicht, ob Großvater sagen wollte, daß die Religionen des Weißen Mannes irrig seien oder ob er das einfach nicht wußte. Immerhin war ich von Kindheit an in der Religion des Weißen Mannes erzogen worden und konnte nicht glauben, daß sie falsch sein sollte. Der bloße Gedanke beunruhigte mich tagelang, und oft verfiel ich in tiefes Brüten.

Eines Abends, als wir am Lagerfeuer saßen, fragte er mich, ob irgend etwas an der Geschichte über seine Reise nach Südamerika mich beunruhigt habe. Er habe bemerkt, sagte er, daß meine Stimmung sich merklich veränderte, nachdem er die Geschichte erzählt hatte, und wollte jetzt wissen warum. Ich mochte Großvaters Gefühle nicht verletzen, auch wollte ich nicht meine schlimmsten Befürchtungen bestätigt sehen, und darum zögerte ich, Großvaters Frage zu beantworten. Vielmehr suchte ich auszuweichen und erkundigte mich nach anderen, weniger wichtigen Einzelheiten von Großvaters Reise. Dennoch fand er schnell heraus, was mich beunruhigte. Anstatt mich direkt zu fragen, erzählte er mir die Geschichte eines Priesters, die meine unausgesprochene Frage beantworten sollte.

Großvater war damals auf dem Rückweg von seiner ersten Reise nach Südamerika, als er dem Priester begegnete. Er wanderte durchs Land, nicht mehr von Unruhe getrieben, seit er den Urwald verlassen hatte, und nahm sich viel Zeit für den Weg. Es war sein Wunsch, länger an manchen Orten zu bleiben, um dort die Gegend zu erforschen und vielleicht Lehrer zu finden. Der Geist, der ihn auf seiner Wanderschaft und seiner Visionssuche führte, schwieg schon seit Monaten. Großvater war stets darauf bedacht, möglichst viel zu lernen. Manchmal blieb er wochenlang an einer Stelle, besonders bei den alten Ruinen der Maya und Inka. Er wußte, daß solchen Orten eine große spirituelle Kraft innewohnte, und wollte alles erfahren, was es dort zu erfahren gab. Auch wenn er mit diesen Kulturen nicht vertraut war, spürte er ihre Verwandtschaft mit seiner eigenen Philosophie.

Am liebsten hätte er jemanden aufgesucht, der noch immer die alte Religion praktizierte, doch es gelang ihm nicht, einen Lehrer zu finden. Manche der Alten, denen er begegnete, erzählten ihm, daß ihre überlieferte Religion sich immer wieder gewandelt habe und jedesmal komplizierter geworden sei. Dennoch gab es jene Einfachheit, von der Kein-Name oft gesprochen hatte; es kam nur darauf an, sie hinter den komplizierten Systemen zu entdekken. Aus den Geschichten, die diese alten Leute erzählten, wußte Großvater, daß ihre Kultur zerstört worden war, genau wie die Kultur der Stämme in den Vereinigten Staaten. Auch hier hatten Habgier und Zerstörungskraft ein Volk und seine Religion beinahe ganz vom Antlitz der Erde getilgt. Großvater konnte sich nicht vorstellen, wieso die Religion des Weißen Mannes solche Zerstörung erlaubte – ohne Furcht vor Strafe oder Vergeltung von demjenigen, den die Weißen ihren Gott nannten.

Eines Abends, als Großvater hoch auf einer alten Maya-Tempelpyramide saß, die über den Dschungel ragte, überkam ihn wieder der Geist. Er hatte über die Religion des Weißen Mannes nachgedacht, als er plötzlich die Gewißheit hatte, daß er diesen Ort verlassen und nach Norden weiterziehen müsse. In seinem Herzen wußte er, daß die vielen Monate der Ruhe und Muße bald zu Ende sein würden. Noch während er die Treppenstufen des Tempels hinunterging, wurde ihm klar, daß er nicht den nächsten Morgen abwarten dufte, sondern sofort aufbrechen mußte. Noch ein paar Stunden länger zu verweilen, hätte ihn nur in eine tiefe Rastlosigkeit gestürzt, die ihn an Ruhe und Schlaf, auch an Reisevorbereitungen, gehindert hätte. Da gab es kein Zögern, kein Überlegen mehr. Großvater lief sofort zu seinem Lager, machte es dem Erdboden gleich und marschierte unter dem nächtlichen Sternenhimmel nach Norden.

Wie immer auf solchen Reisen oder Wanderungen der Visionssuche lagerte er niemals länger als eine Nacht an einem Ort. Er nahm sich gerade Zeit genug, seine Vorräte zu ergänzen, dann war er wieder unterwegs. Nachdem er die Wüsten Mexikos erreicht hatte, wurde die Suche nach Wasser zeitraubender, was sein Vorwärtskommen verlangsamte. Diesmal führte der Geist ihn nicht die Westküste hinauf, sondern mitten durchs Binnenland, und durch die heißesten und dürrsten Wüsten. Aber solche Bedingungen waren Großvater vertraut, und so fiel ihm der Weg nicht schwer. Die meisten Menschen wären unter diesen Umständen zugrunde gegangen, aber Großvater blühte auf. Die Erde versorgte ihn mit allem, was er brauchte, und er befolgte alle ihre Gesetze. Je weiter er nach Norden gelangte, desto beharrlicher trieb ihn die innere Stimme des Geistes voran.

Die letzten Tage seiner Wanderung ließ der Geist ihm kaum Zeit, um zu rasten, zu essen oder gar auszuschlafen. Großvater spürte die Dringlichkeit dieses geistigen Drängens, und er mußte ohne Widerrede gehorchen. Darum forderte er von sich das Letzte an Kraft und Ausdauer. Schlafmangel rief Halluzinationen hervor, was die Reise schwieriger gestaltete. Manchmal schlief er sogar im Stehen. Weil er nicht haltmachen durfte, wurde sein Wasservorrat knapp, und er mußte den Rest streng rationieren, was seine Beschwerden noch verschärfte. Endlich, spät am Abend, kam er zu einem hohen Berg, wo er – wie er wußte – sein Lager aufschlagen und endlich etwas Ruhe finden würde. Wohl war es nicht der ideale Ort, um sich länger dort aufzuhalten, doch Großvater wußte, daß der Geist ihn hierhergeführt hatte. Zwischen mächtigen Felsbrocken baute er sich einen dürftigen Unterstand und sank rasch in einen langen, traumlosen Schlaf.

Am nächsten Morgen weckte ihn das Geläut einer Glocke. Großvater brauchte ein Weilchen, um in die Realität des Hier und Jetzt zurückzukehren, so tief hatte er geschlafen. Als er zu sich kam und erkannte, daß das Glockenläuten kein Traum war, sondern Wirklichkeit, kroch er langsam aus seinem Versteck zwischen den Felsen. Vorsichtig an den steinigen Boden geduckt, kletterte er zur Kuppe des Berges hinauf. Offenbar mußte es dort unten eine menschliche Siedlung geben, die er in seiner Müdigkeit am Vorabend nicht bemerkt hatte. Es war eine Siedlung des Weißen Mannes, das verriet ihm das Läuten der Glocke. Als er von oben ins Tal spähte, entdeckte er eine kleine, aus Lehmziegeln gemauerte Kirche, umgeben von einigen Lehmhäusern, alle in halb verfallenem Zustand.

Mißtrauisch überblickte Großvater den kleinen Weiler. Bis auf das Läuten der Glocke wirkte das ganze Gelände verlassen. Es gab keine Anzeichen menschlichen oder tierischen Lebens. Ein paar Planwagen, die herumstanden, waren arg demoliert und vom rauhen Wüstenwetter in Mitleidenschaft gezogen. Großvater wußte aber: dort mußte jemand sein, der die Glocke läutete – und er erkannte ein paar Fußspuren vor der Kirche. So blieb er auf seinem Hügel und beobachtete das Gelände und die Häuser, noch lange nachdem die Glocke aufgehört hatte zu läuten. Schließlich traten ein paar Menschen aus der Kirche. Sie waren ärmlich gekleidet und schienen dem Hungertod nahe. Mühsam schleppten sie sich zu ihren Häusern zurück, und es war deutlich zu sehen, wie hart das Wüstenklima ihnen zusetzte. Endlich trat aus dem großen Kirchenportal ein sehr alter Priester, ein «Schwarzrock», wie Großvater sagte. Er wirkte ebenso ausgezehrt wie die anderen Leute.

Nun beobachtete Großvater, wie er den Platz überquerte und langsam den Weg zu dem Berge einschlug, wo Großvater sich versteckt hielt. Als der Priester den Rand der Siedlung erreicht hatte, sah Großvater deutlich, daß er sich von den übrigen Schwarzröcken unterschied, die er in seinem Leben getroffen hatte. Sein Rock war fadenscheinig, zerschlissen und von der Farbe ausgedörrter Erde. Auch wirkte der Priester gar nicht gesund; seine Bewegungen verrieten Schmerz und Erschöpfung. Großvater mußte sich näher an den Rand der Klippe heranschieben, um dem Priester mit den Augen zu folgen. Er schritt mittlerweile am Fuß der Klippe entlang, zu den gemauerten Resten eines kleinen Brunnens. Dort ließ er einen Eimer in den Brunnenschacht hinab, schöpfte aber anscheinend kein Wasser. Und nun verstand Großvater, warum diese Leute so krank aussahen: sie hatten kein Wasser mehr. Der alte Priester kniete jetzt vor dem Brunnenrand, offenbar im Gebet.

Großvater vernahm einen inneren Ruf, sein Versteck auf dem Berg zu verlassen und hinabzuklettern zu dem alten Priester. Die treibende Kraft war so stark, daß er gehorchen und seine Angst beiseite schieben mußte. Noch immer fürchtete er den Weißen Mann – und dieser Priester war eindeutig einer der Weißen, auch wenn keiner von ihnen kräftig genug schien, um Großvater bedrohlich zu werden. Aber er wußte, wie gefährlich die Gewehre des Weißen Mannes waren. Man brauchte ja nicht viel Kraft, um mit einem Gewehr zu schießen. Darum kletterte Großvater ganz vorsichtig und leise die Klippe hinab. Er wollte nicht, daß der Priester ihn entdeckte, bevor er feststellen konnte, ob er gefährlich wäre oder nicht. Wie ein Schatten bewegte sich Großvater, bis er eine günstige Position gewonnen hatte, von wo er den Priester beobachten konnte, ohne selbst entdeckt zu werden. Bei Großvaters Geschicklichkeit als Scout fiel ihm dies nicht schwer.

Dann war Großvater nahe genug, um jedes Wort zu verstehen, das der Priester sprach – und was er sagte, erstaunte ihn. Der Priester sprach Spanisch, eine Sprache, die Großvater kaum verstand. Aber der Sinn seiner Worte wurde ihm klar. Der Priester betete: «Heilige Mutter Erde, du stoffliche Manifestation der Liebe Gottes, hilf uns! Meine Leute haben kein Wasser. Unsere Brunnen sind ausgetrocknet, und wir müssen sterben. Viele haben den Glauben verloren und sind fortgezogen an andere Orte. Aber diejenigen, die geblieben sind, glauben immer noch, daß wir hier leben sollen. O Gott, wir brauchen deine Hilfe!» Großvater erkannte sogleich, daß dieser alte Priester etwas von den Eingeborenenvölkern und ihrer Glaubenswelt wissen mußte – so intensiv und voll Weisheit war sein Gebet. Zu Großvaters Verblüffung hob der Priester jetzt die Stimme und rief Großvater zu: «Komm her, Bruder!» Großvater konnte nicht glauben, daß jemand imstande war, seine Anwesenheit zu spüren; doch erhob er sich und ging ohne Zögern zu dem alten Priester hinüber.

Großvater stellte sich an die andere Seite des alten Brunnens und nutzte dessen Steinmauer als letztes Bollwerk zwischen sich und dem alten Priester. In dessen Zügen entdeckte Großvater eine Freundlichkeit, die nicht mit Worten auszudrücken war. Langsam ging Großvater zu dem alten Priester, der ihn heranwinkte. Keine Bedrohung ging von dem Priester aus; vielmehr fühlte sich Großvater bedingungslos akzeptiert. Noch während er nähertrat, sagte der Priester: «Du mußt mir von Gott geschickt sein. Du bist eines der Kinder dieses Landes. Würdest du einem alten Priester zeigen, auf welche Weise ihr unsere Mutter Erde bittet, Wasser aus diesem alten Brunnen zu spenden?» Großvater war sprachlos vor Staunen über das, was der Priester gesagt hatte. Nach allem, was er über die Schwarzröcke gehört hatte, waren seine Worte ganz unerhört.

Großvater setzte sich zu dem Alten – begierig, noch mehr von ihm zu erfahren. Zuerst nannte er ihm seinen Namen, Pater Juan, und dann erzählte er Großvater von seinem Kummer. Seit Jahren schon lebe er hier bei einer kleinen Gemeinde von Menschen, die auf dem unfruchtbaren Land kaum ihren Lebensunterhalt fänden. Vor einigen Jahren habe der Brunnen angefangen, mehrmals im Jahr auszutrocknen. Und im vergangenen Jahr sei er die meiste Zeit ohne Wasser gewesen. Wegen des Wassermangels seien schon viele aus seiner Gemeinde fortgezogen und hätten anderswo ein besseres Auskommen gesucht. Auch der Priester wäre schon lange fortgegangen, aber er glaube, es sei Gottes Wille, daß er bleibe, und so müsse er gehorchen. Jeden Tag, so erzählte er Großvater, käme er zum Brunnen und bete um Wasser – aber vergeblich.

Pater Juan erschien Großvater als ein sehr frommer und aufrichtiger Mann. Obwohl noch immer kein Wasser im Brunnen war, hatte der Priester nicht den Glauben verloren. Und ohne zu zögern, sagte Großvater dem Priester, er könne ihm helfen, Wasser für seine Gemeinde zu finden. Im Innersten wußte Großvater, daß es hier noch Wasser geben mußte – aber nicht mehr in diesem Brunnen, wie er jetzt war. Die Vegetation, die Färbung der Erde und ein schwacher Geruch nach Feuchtigkeit in der Luft bestärkten Großvater in seiner Entscheidung. Dann stieg Großvater in den tiefen Brunnenschacht hinunter, während Pater Juan von oben zuschaute. Er befühlte die Brunnenmauern, schnupperte und grub an der tiefsten Stelle ein Stück weit in die Erde. Der Sand fühlte sich zwar trocken an, war aber nicht staubig. Darum vermutete Großvater, daß der Brunnen wohl noch Wasser führte – jedoch in größerer Tiefe als der Schacht reichte.

Wieder nach oben geklettert, erklärte Großvater dem Pater, daß der Brunnen nicht tief genug sei. Dies sei der Grund, warum der Brunnen im Lauf des Jahres immer wieder austrockne. Nur während der Regenzeit könne der Schacht Wasser spenden, wenn man ihn im gegenwärtigen Zustand belasse. Auch sei es in den letzten Jahren sehr trocken gewesen, fast eine Dürreperiode, und darum spende der Brunnen kein Wasser mehr. Noch während Großvater sprach, sah er Tränen in den Augen des alten Priesters und Dankbarkeit in seinem Gesicht. Und noch etwas spürte Großvater an diesem alten Mann: Er erinnerte ihn eher an Coyote Thunder oder an Kein-Name als an einen Priester. Er hatte dieselbe Würde, und er gab einem das gleiche Gefühl des Eins-Seins, das Großvater bei anderen Schamanen spürte. Er konnte sich dieses Gefühl nicht erklären, denn es widersprach allem, was er über die Religion des Weißen Mannes gehört hatte.

Der Priester rief nun mit lauter Stimme zum Dorf hinüber, und zwei Männer kamen mit Eimern und Schaufeln herbeigelaufen. Sie schauten den Priester zweifelnd an und dann Großvater, doch gehorchten sie Pater Juan, als er sie bat, Großvater beim Ausgraben des Brunnens zu helfen. Großvater kletterte wieder in den Schacht hinunter, obwohl der Priester meinte, er habe schon genug getan. Den ganzen Vormittag grub Großvater in der Tiefe, und als die Sonne hoch am Himmel stand, stieß er auf Wasser. Während der Eimer voll Sand und Wasser nach oben gezogen wurde, hörte Großvater den Jubelschrei. Und mit jedem weiteren Eimer, den er nach oben schickte, vernahm er noch mehr fröhlich erregte Stimmen – auch wenn er nicht feststellen konnte, wie viele es waren. Nach einer Stunde bereits stand das Wasser im Brunnen so hoch, daß es Großvater bis an die Brust reichte und er nicht weitergraben konnte; während er vorsichtig die gemauerte Wand hinaufkletterte, schwebten Eimer an Stricken an ihm vorbei, die das kostbare Wasser nach oben brachten.

Als er am Brunnenrand auftauchte, begrüßte ihn eine jubelnde kleine Menschenmenge. Und als er dann vom Brunnen zurücktrat, ging Pater Juan zu ihm und umarmte ihn herzlich. Großvater sah, daß der Priester weinte. Dann wandte sich Pater Juan an die kleine Versammlung und rief: «Es ist wahrhaft ein Wunder. Dieser Mann ist uns von Gott gesandt, um uns unser Wasser wiederzugeben. Er kennt die Stimme unserer Mutter Erde, und die Erde sagte ihm, wo es Wasser gibt.» Großvater erschrak über die Worte des Priesters. Er hatte nicht das Gefühl, von irgend jemandem gesandt worden zu sein, denn es war ja nur Zufall, daß er gerade zu diesem Zeitpunkt hier eintraf. Dies sagte er auch dem Priester, aber Pater Juan entgegnete: «Nun, was hat dich zu einem solchem Umweg veranlaßt? Welche Macht war es, die dich hierherführte?»

In seinem Herzen zweifelte Großvater nicht, daß der Priester die Wahrheit sprach. Es hatte ihn förmlich an diesen Ort getrieben, besonders zum Ende der Reise. Es war der Geist in seinem Innern, der ihn gerade rechtzeitig hierhergeführt hatte, um diesen Menschen zu helfen. Unleugbar blickte dieser Priester viel tiefer, als Großvater ihm ursprünglich zugetraut hatte. Und Großvater merkte inzwischen, daß Pater Juan viel mehr wußte, als er sich vor seiner Gemeinde oder vor Großvater anmerken ließ. Als sie einander ansahen, spürte einer die Kraft des anderen. Da kam eine gegenseitige Achtung auf, etwas, was sie zu verbinden schien. Während die Leute nun Eimer um Eimer das Wasser aus dem Brunnen schöpften, fragte Pater Juan Großvater, ob er ein Weilchen bei diesen Menschen bleiben wolle, um ihnen das Wissen der Erde zu bringen.

Großvater zögerte anfangs noch, aber im Herzen fühlte er, daß er aus gutem Grund an diesen Ort geführt worden war. Auch wußte er, daß es nicht nur darum ging, Wasser für diese Menschen zu finden, denn anscheinend gab es hier viel zu lernen, bevor er weiterzog. Jetzt verstand er, warum der Geist ihn in den letzten Tagen so beharrlich vorwärts getrieben hatte. Er fühlte sich stark zu dem alten Priester hingezogen. Dieser Alte war ein besonderer Mensch, ähnlich wie Kein-Name, und Großvater wußte, daß der Geist ihn zu ihm führen wollte. Der Brunnen und das Wasserproblem waren nötig, um die beiden zusammenzubringen. Großvater glaubte nicht an Zufälle und wußte, daß er gesandt worden war.

Großvater beschloß nun, alles der Reihe nach zu machen. Er ahnte nicht, wie lange er an diesem Ort bleiben sollte. Anfangs wollte er keinen Fuß in die Kirche setzen. Nach all den Geschichten, die er über Bekehrungen und Gehirnwäsche gehört hatte, plagte ihn immer noch die Angst. Er wollte auch nicht in der Nähe der Siedlung schlafen, sondern kehrte zur Nacht lieber auf seinen Berg zurück. Ihn störte das Gefühl der Enge, das ihn in der Siedlung bedrückte, und er bevorzugte die Freiheit seines Lagers. Jeden Morgen bei Aufgang und jeden Abend bei Untergang der Sonne saß Großvater dort und betete. Überrascht sah er, daß der alte Priester es ebenso machte. Der Pater bevorzugte offenbar einen besonderen Platz draußen in freier Natur, genau wie Großvater. Manchmal winkten sie einander zu, wenn jeder an seinen Gebetsplatz ging. Nun sah Großvater ein, daß er, wenn der Priester in seiner Kirche, nämlich im Tempel der Schöpfung, beten konnte, er dasselbe in der Kirche des Priesters tun durfte. Von nun an hatte Großvater keine Bedenken mehr, die christliche Kirche zu betreten.

Tag für Tag wuchs Großvaters Respekt und seine Bewunderung für diesen alten Priester. Stundenlang konnten sie zusammen auf einem Hügel sitzen, einander belehren und über Religion und Philosophie diskutieren. Allmählich erkannte Großvater, wie sehr Kein-Name und Pater Juan einander ähnelten. Dieser alte Priester war, auch wenn er an seine Religion glaubte, über die Lehren seiner Kirche hinausgewachsen. Ob durch Zufall oder durch Fügung, Pater Juan hatte tatsächlich seine Religion transzendiert und ging nun den Pfad der Schamanen. Überrascht stellte Großvater fest, daß Pater Juan an vieles glaubte, an das auch Großvater glaubte. Und Großvater verstand, daß der Priester wohl versucht hatte, manches in seiner Kirche zu ändern – und daß er wahrscheinlich aus diesem Grund an diesen einsamen Ort verbannt war.

So kam es, daß Großvater und Pater Juan bald jeden Abend gemeinsam in den Bergen beteten. Bis tief in die Nacht sprachen sie dann über spirituelle Dinge, und bald erkannte Großvater die tiefen Wurzeln von Pater Juans Philosophie. Bald begriff er auch, daß Pater Juans Weg beinahe derselbe war wie sein eigener, auch wenn er ihn auf andere Art gefunden hatte: Die Ergebnisse waren die gleichen. Pater Juan erzählte Großvater von seiner langen spirituellen Suche, von seiner Askese und seiner Arbeit für die Kinder der Erde. Anfangs habe er die amerikanischen Ureinwohner bekehren wollen, doch als er älter wurde, begann er zu lauschen, was sie zu sagen hatten. Das erste, was der alte Priester lernte, war, daß sie alle zum selben Gott beteten. Dies zeigte sich nun in der Art, wie der Priester seine Gebete sprach, denn stets begann er mit den Worten: «O

Gott, großer Geist, den wir mit vielen Namen anrufen, zu dem wir auf vielerlei Weise beten ...»

Pater Juan erzählte Großvater von seiner Überzeugung, daß die Erde die stoffliche Manifestation der Liebe des Schöpfers sei und daß wir mit seinen Gaben behutsam umgehen sollten. Für ihn, so sagte er, sei die Erde wie eine Mutter, und alle Wesen seien seine Brüder und Schwestern. Er erzählte Großvater von dem Heiligen Franziskus, der tatsächlich mit den Tieren sprach und sie seine Freunde nannte. Der alte Priester schien ebenso an Großvaters Philosophie interessiert wie Großvater an der seinen. Und die beiden tauschten ihre Erkenntnisse aus. Wenn Großvater Pater Juan etwas erzählte, woran er glaubte, fand Pater Juan stets Beispiele dafür in seiner eigenen Religion. Wenn Pater Juan die Bibel zitierte, verwies Großvater auf manche Parallelen in seinem eigenen Glauben. Und beiden war klar, daß sie einer gemeinsamen Wahrheit dienten – einer Wahrheit, die jedem Glauben zugrunde liegt.

Bis Ende des Sommers blieb Großvater bei dem alten Priester. Er zeigte der jetzt anwachsenden Gemeinde, wie sie die Felder besser bestellen könnten. Er lehrte sie, die Erde zu bewahren und im Gleichgewicht mit ihren Kräften zu leben. Auch bat er sie, den vielen Stimmen der Erde zu lauschen und an dem Glauben festzuhalten, daß der Schöpfer für uns alle sorgt. Vor allem aber verbrachten Großvater und der Priester jede freie Stunde zusammen. Sie unterwiesen einander und erreichten ein tieferes Verständnis, als beide sich je vorgestellt hätten. Am Ende empfand Großvater für den Priester dasselbe Gefühl der Brüderlichkeit, wie er es für Kein-Name und für Parrot empfunden hatte. Großvater zweifelte nicht mehr daran, daß die Religion des Weißen Mannes zu den großen Philosophien und Glaubensformen gehörte und daß jeder Mensch auch über diesen Glauben lernen konnte, den Pfad der Schamanen zu wandeln.

Vor allem lernte Großvater von dem Priester die Botschaft Jesu Christi. Er verstand jedoch nicht, wie die einfachen Lehren Christi so kompliziert hatten werden können. Christus hatte keine Kirche; er lehrte in den Bergen, in den Gärten, in der Wildnis, und seine Lehre war die einfache Wahrheit. Als Großvater diese Frage stellte, sagte ihm Pater Juan, dies sei der Grund, warum er Priester geworden war. Pater Juan glaubte, daß er – ähnlich wie Großvater – im Leben die Aufgabe habe, die einfache Wahrheit zu finden, sie von menschlichen Zutaten und Verfälschungen zu befreien und an andere weiterzugeben – ganz gleich, was die Menschen denken mögen.

In den letzten Tagen, die sie zusammen verbrachten, wies Großvater den Priester auf den Nutzen der Schwitzhütte hin, wie sie bei seinem Volk im Gebrauch war. Nun endete die Zeit, die diese Männer gemeinsam verlebt hatten, diese zwei Männer aus so verschiedenen Kulturen, von so großem Altersunterschied und so unterschiedlichen Überzeugungen, die doch beide zum selben Gott beteten. Als Großvater dann aufbrach, um zu seinem Volk zurückzukehren, empfand er wieder den Schmerz der Trennung, denn wie bei Parrot und Kein-Name fühlte er sich auch mit Pater Juan eng verbunden. In seinem Innersten wußte Großvater, daß Pater Juans Philosophie sich eines Tages über das ganze Land verbreiten würde. Auch wußte er, daß er Pater Juan niemals in irdischer Gestalt wiedersähe – aber er zweifelte nicht daran, daß sie beide, in ihrer gemeinsamen geistigen Welt, zusammen beten würden.

Friede zog ein in mein Herz, nachdem ich die Geschichte von Großvater und Pater Juan gehört hatte. Jetzt erkannte ich, daß alle Religionen und Überzeugungen durch denselben Geist verbunden sind. Großvater wußte, daß alle Pfade schließlich zum Großen Geist führen, vorausgesetzt, der Mensch kann zum reinen Kern seiner Religion vordringen und über die Begrenzungen und Dogmen hinauswachsen. Ich schwor mir damals, ebenso offen zu sein, wie Großvater es gegenüber allen Philosophien und Religionen war. Und schließlich verstand ich die ihnen gemeinsame wertvolle Lehre: Es gab kein richtig oder falsch, sondern nur die Wahrheit.

Aus Großvaters Geschichte über den Priester habe ich gelernt, offen zu sein für alle Menschen, gleich welcher Religion oder welchen Glaubens. Ich habe gelernt zu vergessen, daß ich durch meine Vergangenheit geprägt bin, und mein Herz ist jetzt frei genug, um vorbehaltlos den Menschen zu lauschen, ohne ihre Botschaft durch meine eigenen Vorurteile zu filtern. Ich habe gelernt, ihnen zuzuhören und dann hinter ihren Worten die gemeinsame Wahrheit zu suchen. Ich habe gelernt, daß es mehr Gemeinsamkeiten als Unterschiede gibt zwischen den verschiedenen Glaubensrichtungen. Nun endlich kann ich akzeptieren, daß es nur eine Wahrheit gibt – aber viele Wege, die zu ihr führen.

9
Am Wasserfall

Großvater, Rick und ich befanden uns auf dem Rückweg zum Lager, auf einem Pfad, den wir «die Plackerei» nannten. Vor Sonnenaufgang aufgebrochen, waren wir den größten Teil des Tages gewandert. Wir hatten Mitte August, das Thermometer erreichte fast vierzig Grad, und die Luft war schwül und drükkend vor Feuchtigkeit. Den ganzen staubigen Weg entlang gab es kein Wasser, und da wir keinen Vorrat mitgenommen hatten, waren unsere Lippen jetzt, am Nachmittag, rissig und ausgetrocknet. Die Sonne brannte hernieder und versengte unsere Haut, während bei jedem Schritt kleine Staubwolken aufstiegen, die uns die Kehlen verstopften. Rick und ich konnten nur an eines denken, nur von einem sprechen: wann wir endlich Wasser zu trinken bekämen. Schließlich wurde auch das Sprechen unmöglich, so ausgedörrt waren unsere Kehlen.

So schleppte ich mich dahin und dachte unentwegt an den klaren Bach, der durch unser Lager floß. Dies wäre das erste Wasser nach vierzehn Stunden, und ich stellte mir vor, wie ich mich kopfüber hineinstürzen würde, trinkend und schwimmend zugleich, wie ich es oft getan hatte. Einstweilen schlich ich dahin, zog schlurfend die Füße nach, was noch mehr Staub aufwirbelte. Oft stolperte ich sogar und stürzte zu Boden. Jedesmal fiel es mir schwerer, wieder aufzustehen und mich weiterzuschleppen. Ursache meiner Schwierigkeit war nicht die Erschöpfung nach stundenlangem Marsch durch den tiefen Sand, sondern mein brennender Durst. Ich hatte sogar Halluzinationen, die mir Wasser vorgaukelten. Manchmal glaubte ich Feuchtigkeit in der Luft zu spüren, dann wieder hörte ich das Plätschern eines Baches – und einmal schien es beinahe, als glitzere vor mir eine Wasserfläche. Mir war klar, daß es an diesem Weg kein Wasser gab; aber immer wieder täuschten meine Sinne mir das edle Naß vor, und es blieb ein Kampf zwischen Trug und Wirklichkeit.

Rick erging es genauso schlecht wie mir, davon war ich überzeugt. Keiner lächelte, jeder mied den Blick des anderen. Wir sprachen kein Wort und zogen dahin, eingehüllt in Wolken von Staub. Ganz anders Großvater. Er blieb oft am Wegrand stehen, um eine Fährte zu untersuchen, eine Blume zu bewundern oder einem Vogel nachzublicken. Niemals verlor sich sein heiteres Lächeln, und es schien, als genieße er jeden Augenblick dieser Wanderung. Durst schien er nicht zu verspüren. Für Rick und mich war es ärgerlich, denn jedesmal, wenn er stehenblieb, mußten auch wir stehenbleiben – was unseren Marsch natürlich verzögerte und unser Warten auf Wasser verlängerte. Großvater verlangsamte keineswegs seinen Schritt, nein, mit jeder Meile, die wir zurücklegten, schien er neue Kräfte zu gewinnen – statt zu verlieren wie wir beide. Die karge Landschaft schien ihn zu beflügeln. Er blühte auf, wo andere nur dursteten. Sein Schwung machte mich wütend – nicht auf ihn, sondern auf mich selbst.

Als wir das Lager vor Augen hatten und damit die lang ersehnte Erquickung im Bach, beschleunigten wir unser Tempo. Noch stolperten wir beide, Rick und ich, müde dahin, aber die Hoffnung auf Wasser machte uns Beine. Zuletzt, auf den letzten Metern, ging unser qualvoller Trott in flottere Gangart über – und schließlich in einen Wettlauf mit dem Durst. Ohne anzuhalten, rannten wir durch das Lager und stürzten uns in das erquikkende Naß. Kaum im Wasser, begann ich schon zu trinken. Ich hielt die Luft an und schlürfte in großen Zügen. Dann ließen wir uns treiben und stellten uns vor, wie unsere glühende Haut im

Wasser zischte – dampfend und brodelnd, wie in der Schwitzhütte beim Aufguß auf glühenden Steinen. Bald war unser Durst nur noch ferne Erinnerung, und unsere Kräfte kehrten zurück.

Danach lagen Rick und ich am Bachrand, die Köpfe auf der Böschung, die Körper im Wasser. Jetzt sah ich Großvater langsam die Böschung hinuntersteigen, dabei immer wieder stehenbleibend, um kleine Wunder am Wegrand zu betrachten. Er ließ sich Zeit, schien es nicht eilig zu haben. Hätte ich es nicht besser gewußt, nie wäre ich auf den Gedanken gekommen, daß Großvater eben die gleichen Strapazen durchgestanden hatte wie wir. Dieser Marsch durch glühende Hitze war anscheinend spurlos an ihm vorübergegangen, und auch jetzt zeigte er keine Eile, das Wasser zu erreichen. Für ihn war es anscheinend nur ein Spaziergang, eine vergnügliche Wanderung, bei der Durst und Hitze keine Rolle spielten. So heiter und gelassen schien er, daß es mich ärgerlich machte – ärgerlich auf mich selbst. Verbittert stellte ich mir vor, wie viele interessante Dinge ich unterwegs versäumte, weil der Durst meine Sinne betäubt hatte.

Bedächtig wie immer trat Großvater ans Ufer, schenkte Rick und mir ein Lächeln und wandte sich erst dann dem Bach zu. Lange blieb er sinnend stehen und blickte auf das Wasser. Seine Haltung drückte Andacht und Dank zugleich aus. Noch immer hatte er keine Eile, zu trinken. Er nahm sich Zeit, und seine Bewegungen bekundeten Ruhe und Gelassenheit. Endlich beugte er sich vor, strich mit der Hand übers Wasser und berührte es streichelnd, noch immer in sein Dankgebet vertieft. Dann endlich schöpfte er Wasser mit beiden Händen und trank. Er genoß jeden Schluck, wie ein Weinkenner einen edlen Tropfen verkosten würde.

Dieses Benehmen erstaunte uns Jungen immer wieder, obwohl es sich jedesmal wiederholte, bevor er sich anschickte, Wasser zu trinken. War sein Durst auch noch so stark – zuerst kam stets das Dankgebet, dann diese andächtige Berührung – wobei er das Ritual manchmal verlängerte, wenn er besonders durstig war. Wer dies miterlebte, mußte beeindruckt sein von

Großvaters dankbarer Ehrfurcht vor dem Wasser und wurde ebenfalls von Ehrfurcht ergriffen. Rick und ich wechselten einen wissenden Blick. Obwohl wir einiges von ihm wußten, verstanden wir doch kaum etwas von der treibenden Kraft, die Großvaters Handeln bestimmte.

Bis zum Abend blieben Rick und ich dann beim Wasser. Noch heute ist Wasser für mich eine Quelle der Ruhe, der Meditation; es schenkt mir tiefere, klarere Einsichten. Wasser reinigt den Körper, läutert den Geist und gibt mir spirituelle Gedanken. Auch damals hing ich meinen Gedanken nach – doch am stärksten beschäftigte mich Großvaters ehrfürchtige Einstellung zum Wasser. Oft hatte er mir Erklärungen gegeben – und doch fühlte ich, daß er uns eine Offenbarung vorenthielt. Ich fand, es fehlte noch ein Stück zum Ganzen, und ohne dieses konnte ich Großvaters Andacht und Dankbarkeit nicht richtig verstehen. Vor allem wußte ich: es war mehr als gewöhnliche Dankbarkeit, und gerade dieses «mehr» wollte ich begreifen. Ich war darum fest entschlossen, Großvater dazu zu fragen, sobald sich die Gelegenheit bot.

Es war dunkel geworden, und wir drei – Rick, Großvater und ich – saßen am Lagerfeuer und besprachen die lange Wanderung dieses Tages. Rick und ich bedauerten, daß der Durst uns alle anderen Empfindungen betäubt habe. Wir seien enttäuscht von uns selbst, so sagten wir, weil wir uns unserer Schwäche überlassen hätten. Wir wünschten uns, Großvater ähnlich zu werden; er aber meinte nur, wir sollten dem Durst nicht soviel Macht über uns einräumen, weil uns dies von all dem Schönen trenne, das wir am Weg finden würden. Unbefangen fragte ich Großvater, ob er nicht ebenfalls Durst gehabt habe und warum er sich soviel Zeit nehme beim Trinken, mochte sein Durst auch groß sein.

Geduldig erklärte mir Großvater, wie schon oft, daß er nur aus Ehrfurcht und Dankbarkeit so behutsam mit dem Wasser umgehe. Ich aber meinte, es müsse mehr dahinter stecken. Ich habe das Gefühl, sagte ich, daß er uns etwas verschweige, ob mit oder ohne Absicht, doch jetzt wolle ich es wissen. Darauf sah

Großvater uns lange an – und dann erzählte er die Geschichte vom Wasserfall, der seine ganze Einstellung zum Leben verändern sollte.

Es geschah auf Großvaters letzter Wanderung nach Südamerika, als ihm dieser Wasserfall die wichtigste Lektion seines Lebens erteilte. Er weilte bei einem alten Schamanen, den er schon öfter besucht hatte, und dieser erzählte ihm zum ersten Mal von dem Wasserfall, den er «das Leben» nannte. Irgendwo tief im Urwald liege dieser Wasserfall, so hörte Großvater, und viele Tage würde die Reise dorthin dauern. Jeder müsse den Wasserfall allein aufsuchen, sagte der alte Schamane, und darum könne er ihm nur die allgemeine Richtung weisen, ihn aber nicht hinführen. Nur derjenige, der auf spirituellen Pfaden wandele, könne den Wasserfall erreichen, alle anderen fänden auf dem gefährlichen Weg durch den Urwald den Tod.

Gleich am nächsten Morgen brach Großvater auf. Er hatte keinen anderen Wegweiser als die Erzählung des alten Schamanen – und seine innere Vision. Dicht und weglos war der Dschungel, denn jener alte Schamane lebte allein in seiner Hütte abseits vom Dorf, und dort endeten alle Pfade. Der Wald war so dichtbelaubt, daß Großvater nur selten die Sonne sah. Auch gab es keine Landmarken, die ihm die Richtung zum Wasserfall anzeigten. Nur von seiner inneren Vision konnte er sich führen lassen. Manchmal wurde der Urwald so dicht, daß Großvater auch bei Tag in grüner Dunkelheit wanderte. Großvaters Wunsch, kein pflanzliches Leben auszulöschen, erschwerte das Vorwärtskommen. Weil er keine Pflanzen knicken wollte, um sich einen Weg zu bahnen, mußte er oft unter Stauden hindurchkriechen oder Lianen ausweichen – was viel Zeit kostete und seine Orientierung erschwerte.

Nachts war es manchmal noch schlimmer als am Tag. Aber so sehr trieb ihn sein Wunsch vorwärts, diesen «Wasserfall des Lebens» zu finden, daß er sogar die Nacht hindurch wanderte – nur manchmal rastend, wenn er gar nicht weiter konnte. Alle Energie glaubte er aufbringen zu müssen, um sich des Wasserfalls würdig zu erweisen. Dennoch hatte er sich am Ende völlig verirrt. Zum einen wußte er nicht mehr, wo er sich befand; zum anderen hätte er niemals zur Hütte des alten Schamanen zurückgefunden – ohne die Hilfe seiner inneren Vision. Er hatte nichts als die innere Vision, und ihr mußte er, alle Logik beiseite schiebend, ganz vertrauen.

So wanderte er viele Tage – wie viele, das wußte er nicht. Tag und Nacht flossen ineinander, und er wußte nur, daß er den Wasserfall finden mußte, und koste es ihn das Leben. Angst hatte er nicht, denn im Dschungel fühlte er sich genauso zu Hause wie in jeder anderen Wildnis – und er vertraute darauf, daß die Wildnis für die Kinder der Erde sorgt. Er hatte auch keine Eile, sondern fand immer Zeit, mit Pflanzen und Tieren am Weg zu kommunizieren.

Er studierte seine natürliche Umwelt und belauschte ihre Geheimnisse, fand jedoch keine Anzeichen, daß jemals Menschen hier gewesen waren. Schmale Pfade, die es hie und da gab, stammten von Tieren und eigneten sich nicht zur menschlichen Fortbewegung. Als er im lehmigen Waldboden nachgrub, fand er nirgends Fußabdrücke, auch nicht an lichteren Stellen. Großvater hatte uns ja gelehrt, sorgfältig in den tieferen Schichten des Bodens zu graben, um Spuren zu finden, die dort – geschützt vor der Witterung – oft lange erhalten blieben. Wenn er jetzt sagte, daß er auch unter dem Humus des Waldes keine menschlichen Spuren entdeckte, so bedeutete dies, daß noch nie ein Mensch jene Urwaldregion durchquert hatte. Großvater wußte: er war als erster so weit in den Urwald vorgedrungen. Und er stellte sich vor, wie der erste Mensch sich gefühlt haben mochte, der über die Erde wandelte.

Allmählich bemerkte Großvater eine starke Veränderung der Landschaft. Hatte er sich bislang durch ebenen Urwald vorangekämpft, so führte sein Weg jetzt allmählich bergauf, immer höher, einem Gebirge entgegen, das er vorläufig noch nicht sehen konnte. Noch war der Urwald zu dicht, um einen Ausblick über die Landschaft zu bieten, aber deutlich spürte Großvater jetzt den Höhenunterschied. Plötzlich lagen große, bemooste Felsblöcke im Dschungel verstreut, hie und da zuerst, aber immer häufiger, je höher Großvater den Berg hinanstieg. Auch die Vegetation hatte sich verändert: es gab neue Pflanzen und Tiere, während die bislang vertrauten immer seltener wurden.

Noch eine Veränderung machte sich bemerkbar. Sie beruhte nicht nur auf dem Höhenunterschied oder auf Fauna und Flora des Waldes. Großvater spürte eine Macht, die er nicht zu benennen wußte – eine Macht, die ihn rief und die jeden seiner Schritte zu lenken schien. Anfangs wußte er nicht, was dies bedeuten mochte, denn auch seine innere Vision ließ ihn jetzt im Stich. Die bange Ahnung von etwas Unbekanntem begleitete ihn durch diese Tage und Nächte seiner Wanderung. Erst als der letzte Tag anbrach, wurde ihm klar, daß es der Wasserfall war, der ihn anzog. Nein, er hatte nichts gesehen oder gehört, was ihm diese Erkenntnis vermittelt hätte. Er vernahm den gebieterischen Ruf des Wasserfalls aus seinem Inneren.

Diesem Ruf folgend, wanderte er jetzt unbeschwert weiter. Es war, als habe sein spirituelles Bewußtsein die Führung übernommen, als sei der Körper von ihm abgefallen und existiere nicht mehr. Mit jedem Schritt, den er hinaufstieg, ging es leichter, und manchmal glaubte er beinahe zu schweben – völlig frei von Müdigkeit und Erschöpfung. Sein Bewußtsein und seine innere Schau erweiterten sich, daß er tatsächlich den Wasserfall vor sich zu sehen glaubte – bis er sein Brausen in allen Fasern seines Körpers spürte.

Ja, auch körperlich war die Wucht donnernder Wassermassen jetzt zu spüren, obwohl Großvater noch weit von dem Wasserfall entfernt war. Mit einem leisen Vibrieren setzte es ein und schwoll an zum mächtigen Brausen, je näher Großvater kam. Aber noch immer sah er den Wasserfall nicht. Der Urwald war dicht, und Großvater blickte nur ein paar Meter nach vorn. Zuletzt wurde die brausende Vibration so stark, daß Großvater sich ganz von stürzenden Wassermassen eingehüllt glaubte. Er mußte stehenbleiben, und nur der Ruf des Wassers wies ihm den Weg. Hier schien der Urwald noch feuchter, die Vegetation noch saftiger und üppiger, als sie es bislang gewesen.

Je mächtiger die Wasser brausten, desto kräftiger wurde das

Grün der Vegetation. Großvater glaubte zu erkennen, daß all diese Pflanzen von der Energie des Wassers lebten, daß sie ihre Kraft und Gesundheit aus dieser Lebensquelle schöpften. Aber noch immer konnte man keinen Wasserfall sehen; nur ein Tosen war zu hören, ein Vibrieren zu spüren, das sich mit jedem Schritt verstärkte, bis Großvater sich von brausender Energie eingehüllt fühlte. Felsen und Bäume, ja die Erde selbst schien zu beben, wenn er sie mit der Hand berührte, und in der Luft zitterten die Blätter der Pflanzen. Es war ein Aufruhr von Energie – furchteinflößend, aber auch beruhigend und kraftspendend.

Endlich erreichte Großvater den Fluß und folgte seinem Lauf aufwärts. Der Fluß, ziemlich tief, floß breit und träge dahin – sehr überraschend, da der Wasserfall so mächtig toste und Großvater vermutete, daß auch der Fluß schäumend dahinschösse. Während er dem Flußlauf folgte, merkte er, daß er in eine tiefe Schlucht eindrang. Weil aber Bäume und Pflanzen so dicht standen, sah er nicht, was vor ihm lag. Mit jedem Schritt, den er tiefer in die Schlucht vordrang, wurden die Bäume höher und mächtiger als alle, die er bislang gesehen hatte. Die Erde vibrierte noch stärker – beinahe zitterte sie, als sei sie von Fleisch und Blut. Auch Großvaters Herz schlug schneller in banger Erwartung, denn jeden Moment glaubte er den Wasserfall vor sich zu sehen.

Endlich, nach einer letzten Biegung des Flusses, erblickte er den Wasserfall in seiner ganzen erhabenen Pracht vor sich. Großvater war so beeindruckt, daß er beinahe strauchelte und in den Fluß stürzte. Der Wasserfall rauschte herab über grün bemooste Felsen und legte sich dann wie ein silbernes Band durch den Dschungel. So weit Großvaters Auge blickte, tanzte der Fluß in wilder Ekstase über die Felsen. Das Wasser sammelte sich in einem Becken auf halber Höhe des Berges, um überschwappend in senkrechtem Sturz herabzustürzen. Oben ein breites Band, wurde es nun von einem Felsentrichter zusammengedrängt – und prasselte schäumend in ein unteres Becken, von wo sich die brodelnden Massen, ruhiger werdend, in den weiteren Flußlauf ergossen.

Großvater hatte in seinem Leben schon größere und mächtigere Wasserfälle gesehen, doch dieser nahm seine Seele sogleich gefangen, spürte er doch eine tiefe Verwandtschaft mit dem Wasserfall, als habe dieser schon immer zu ihm gesprochen. Genauso hatte er ihn vor seinem inneren Auge gesehen, als der alte Schamane von dem Wasserfall erzählte. Er wußte, dies war ein heiliger Ort, und bebend wie die Bäume und Felsen ringsum stand er in diesem Tempel der Schöpfung. Seit dem ersten Augenblick, als er den Wasserfall gesehen, fühlte er sich geläutert und frei von Gedanken, hellwach an Körper und Geist. Bebend vor Erwartung stand Großvater da, bereit für die Botschaft, die der Wasserfall ihm künden sollte.

Nachdem er sein Gleichgewicht wiedergefunden hatte, suchte er einen Platz, wo er sitzen und abwarten konnte, bis der Wasserfall zu ihm spräche. Noch immer bebte es in ihm nach. Als er sich jetzt dem unteren Becken des Wasserfalls näherte, waren die Felsen glatt vor Nässe. Vorsichtig seine Schritt ertastend, schob er sich vorwärts. Es dauerte Stunden, bis er die kurze Strecke zum Becken hinter sich gebracht hatte. Endlich, gegen Abend, fand er einen Felsblock, der über die brodelnde Gischt hinausragte. Hier wollte er sitzen bleiben und warten. Wie eine Insel ragte die Klippe aus den Wasserschleiern; von dort hatte er einen guten Ausblick auf den ganzen Wasserfall. Großvater fühlte sich, als säße er auf einem erhöhten Felsenaltar.

Großvater beabsichtigte nicht, hier auf Visionssuche zu gehen, denn ihn bewegten keinerlei Fragen. Er saß ganz ruhig und wartete, bis der Wasserfall zu ihm spräche – wie ein Kind, das darauf wartet, daß ein Erwachsener zu ihm spricht. Alle seine Fragen hatte er bereits auf dem Weg hierher an den Wasserfall gerichtet – jetzt brauchte er nur noch demütig zu warten. Und mittlerweile kümmerte es ihn nicht mehr, ob der Wasserfall eine Botschaft für ihn hätte. Allein seine mächtige Gegenwart war für Großvater ein Segen. Es genügte ihm, einfach da zu sein, und er fühlte sich schon erfüllt und geläutert. Das war ihm Geschenk genug.

Die ganze Nacht verweilte Großvater vor dem Wasserfall, ohne seinen Felsenaltar zu verlassen. Er fand keinen Schlaf, sondern schwebte in träumender Starre. Manchmal wanderten seine Gedanken in die Vergangenheit, paradoxerweise in Zeiten, als er sich in der Wüste befand. So begab es sich erneut, daß er beinahe verdurstet wäre – bis das Brausen des Wasserfalls ihn zurückrief in die Wirklichkeit. Er wußte nicht, warum ihn diese Erinnerungen an das Verdursten so stark beschäftigten, aber sie überfielen ihn ohne Vorankündigung. Irgendwie schien es, als wecke der Wasserfall solche Erinnerungen, aber Großvater ahnte nicht warum. Manchmal schweiften seine Gedanken ab, kreisten um belanglose Dinge, wurden aber bald wieder abgelöst von Erinnerungen an Dürre und brennenden Durst.

Der Morgen brach an mit einem herrlichen Schauspiel von Licht und Schatten, und der Wasserfall bot sich dar als etwas Festes, nicht mehr als fließender Schleier von schäumender Gischt. Brausende Wirbel hoben sich von dunklen Felsflanken ab, erschienen wie lebendige Wesen. Irgendwie erschrak Großvater vor diesem lebendig gewordenen Naturschauspiel. Wohl wußte er, daß das Wasser eine geistige Kraft habe, doch dieser Wasserfall war jetzt nicht nur Geist, er schien auch körperliche Gestalt anzunehmen. Während er unverwandt auf das Wasser schaute, zweifelte er nicht mehr daran, daß es ein eigenes Leben hatte – und nicht nur Leben, sondern auch eine eigene Seele. Der Wasserfall war das kollektive Bewußtsein aller Wassertropfen und Schaumpartikel, die zusammenströmten in einer lebendigen Seele des Wassers. Es war nicht nur das Blut unserer Mutter Erde, sondern ein denkendes Lebewesen.

Großvater erzitterte in Ehrfurcht vor dieser Gottheit. Es kam als plötzliche Erleuchtung: Das Wasser war nicht nur Geist, sondern ein lebendiges Wesen. Er freute sich an diesem Gedanken. Der Wasserfall hatte ihn etwas Großes und Schönes gelehrt – die erste von vielen Lektionen, die noch folgen sollten. Dies war gewiß der Grund, so dachte Großvater, warum der alte Schamane diesen Wasserfall als «das Leben» bezeichnete. Denn Großvater hatte selbst gesehen, wie das Wasser lebendig wurde. Vor seinen

Augen war es zu Fleisch und Seele geworden. Es lebte in jeder Hinsicht, nicht nur in der Phantasie, sondern auch in der Realität, denn die Seele des Wassers hatte sich mit Großvaters Seele vereinigt, und die Kommunikation war tief und klar. Es war mehr, als menschliche Lippen auszusprechen vermochten.

Den ganzen Tag hielt Großvater Wache auf diesem Felsenaltar. Wenngleich bis zum Nachmittag keine Botschaften mehr kamen, hatte Großvater genug damit zu tun, in sich aufzunehmen, was er eben gelernt hatte. Jedesmal, wenn er an den lebendigen Wasserfall dachte, lief ihm ein Schauder dankbarer Erregung über den Rücken. Später fragte sich Großvater, warum dieser Wasserfall ihn so mächtig ergriffen habe, warum er ihm so lebendig erschienen sei. Gewiß hatte er schon vor vielen Wasserfällen gestanden, doch keiner hatte so lebendig mit ihm kommuniziert. Er hatte auch bei den anderen eine Verbindung gespürt, doch dieses Mal war alles viel stärker. Großvater fragte sich, ob tatsächlich alle Wasserfälle seien wie dieser. Vielleicht war er früher zu blind gewesen, um die Wahrheit zu erkennen.

Nun stellte er sich vor, wie all diese Gischt- und Wassertropfen zusammenwirkten, um den lebendigen Organismus des Wasserfalls zu bilden, und wie sie alle im Fluß zusammenströmten – oberhalb und unterhalb des Wasserfalls. Es war das kollektive Bewußtsein unzähliger Teile, das hier ein Ganzes ergab: ein erhabenes Bewußtsein, die Seele des Wasserfalls. Wo aber begann dieses kollektive Bewußtsein, und wo endete es? Lebte das Bewußtsein lediglich in diesem Wasserfall – oder in allen Wasserfällen, in allen Gewässern und allen Meeren? Könnte es sein, so fragte er sich, daß die Bewußtheit aller Wasserfälle, aller Bäche und Flüsse und Meere zusammenwirkte, um das Gesamtbewußtsein zu bilden, Körper und Seele aller Gewässer? Immerhin waren alle Gewässer miteinander verbunden. Sogar das Wasser seines Körpers war mit dem Wasser von Erde und Himmel verbunden.

Und jetzt überkam Großvater die Erkenntnis, daß es nicht nur Seele und Leben dieses einen Wasserfalls gebe, sondern daß alle Gewässer beseelt und belebt seien. Dieser Wasserfall war eine Pforte zu allen Gewässern der Erde, und mit ihnen hatte Großvater in seinem Denken und Fühlen kommuniziert. Ihm schwindelte, wenn er nur daran dachte. Es war überwältigend! Durch diesen Wasserfall, durch jedes Gewässer konnte Großvater mit allem Wasser der Erde kommunizieren, sogar mit dem Wasser, das durch die Adern von Menschen, Tieren und Pflanzen pulsierte, sogar mit den Regenwolken am Himmel. Das Wasser war also nicht nur ein geistiges, sondern ein lebendes, atmendes und fühlendes Wesen.

Großvater, erschöpft von diesem Erleben, versank in einen Zustand zwischen Schlaf und Wirklichkeit. Er fragte sich, ob er am Ende nur seine eigenen Gedanken auf das Wasser projizierte? Doch andererseits bestand alles Leben, auch unser Körper, hauptsächlich aus Wasser. Übertrug nicht vielmehr das Wasser seine Gedanken auf sich selbst, dabei als Vehikel benutzend, was wir für unsere Gedanken hielten? Waren unsere Gedanken wirklich unsere eigenen Gedanken? Oder waren sie das Zusammenwirken vieler Wesenheiten, vor allem des Wassers? Und an welchem Punkt, so überlegte er, wird das Wasser, das wir in unseren Körper aufnehmen, zu lebendigem Fleisch, zu lebendiger Hirnsubstanz, zu einer fühlenden Seele? War es denn möglich, daß nicht wir unsere Gedanken auf das Wasser projizierten, sondern das Wasser – umgekehrt – sein Bewußtsein auf uns übertrüge? Solche und andere Fragen überwältigten Großvater, und er sank in einen tiefen, lange ersehnten Schlaf.

Er wußte nicht, war es Traum oder Vision? Denn was er nun erlebte, schien so real. Er träumte, er schwimme auf einem weiten Meer, wo kein Land in Sicht war. Er spürte keine Gefahr, hatte keine Angst vor der unermeßlichen Weite; er empfand nur Frieden und fühlte sich als Teil des Ganzen. Manchmal war ihm, als spüre er nicht mehr die Grenze zwischen seinem Körper und dem Wasser der Meere. Er fühlte sich unbegrenzt, und seine Wirklichkeit reichte von einer Küste zur anderen – und bis zum Himmel hinauf. Sein Fleisch war der Ozean, seine Seele die Seele allen Wassers. Er war die Gesamtheit aller Gewässer und spürte dennoch seine eigene Identität.

Immer noch in Traum oder Vision befangen, wurde er dann aus dem Meer emporgetragen und schwebte auf dem Rücken eines Adlers gen Himmel. Er flog über Meere und Flüsse – bis in ein fernes Land. Dort wurde er zu einem Wasserfall getragen und durch den Wasserfall hindurch wie durch ein Fenster. Wieder war er verbunden mit allen Wassern der Erde und des Himmels. Danach wurde er zu einem Fluß getragen, zu einem Teich, zu einem Sumpf; er fühlte sich verbunden mit all diesen Gewässern. Weiter ging der Flug über hohe Berge, auf denen er Eis und Schnee der Gletscher erblickte, und wieder spürte er die Verbindung mit der Seele allen Wassers. Endlich wurde er in die Wolken entführt, über taufeuchte Wiesen und Weiden, dann über feuchten Waldboden, wo er sich wiederum als Teil allen Wassers fühlte. Schließlich ging es zurück zu seinem Felsenaltar, und während er in das Auge des Adlers blickte, war er wieder verbunden mit allen Gewässern. Der Adler reichte ihm eine Tonschale voll Wasser, und während er trank, war er selbst Wasser. Dann erwachte er vom Brausen des Wasserfalls.

Viele Fragen waren in seinem Traum beantwortet worden. Aber wie, das wußte er nicht. Er hatte gelernt und erfahren, daß jedes Wasser ein Fenster war, durch das man mit allem Wasser der Welt, gleich in welcher Gestalt, in Verbindung treten konnte. Auch vermochte er jetzt die Seele und Bewußtheit des lebendigen Wassers zu deuten. Und er wußte, in welchem Moment das Wasser lebendig wurde. Nicht erst, wenn es in den Körper einer Pflanze, eines Tieres oder Menschen eintritt, wird es zu Leben – schon Wasser an sich ist lebendig. Das ist seit jeher so, doch zeigt es sich nur denen, die seinen Geist verstehen.

Großvater war überwältigt von allem, was er vom lebendigen Wasser gelernt hatte – aber er spürte, daß da noch mehr war, viel mehr. Jedesmal an diesem Tag, wenn er den Rückweg antreten wollte, hielt ihn der Wasserfall zurück. Und jedesmal, wenn seine Gedanken abzuschweifen suchten von den Lehren, die das Wasser ihm erteilt hatte, führte das Brausen des Wasserfalls ihn wieder zur Idee des lebendigen Wassers. Es war, als fordere der Wasserfall von ihm, all das Gelernte und Geschaute in seinem

Herzen zu klären und zum Bestandteil seiner Wirklichkeit zu machen. Diese Läuterung dauerte den ganzen Tag bis in die Abendstunden. Erst als die Sonne unterging, konnte Großvater – erschöpft von Gedanken und Visionen – sich endlich entspannen, als wolle der Wasserfall ihm sagen, es sei nun genug.

Über Nacht herrschte dann Schweigen, nicht gewöhnliches Schweigen, sondern ein Schweigen der Kommunikation mit dem Wasserfall. Großvater sank in tiefen, traumlosen Schlaf, aus dem er gestärkt erwachte, als der Morgen dämmerte. Und wieder überkam ihn das Gefühl bebender Erwartung, und er ahnte, daß ihm neue Offenbarungen zuteil werden sollten. Doch als er zum Wasserfall hinaufschaute, wußte er, daß diesmal nicht das Wasser sein Lehrmeister sein sollte. Das verblüffte ihn, denn er hatte erwartet, der Wasserfall werde ihn unterweisen und erneut zum Fenster werden, das ihn mit allen Wassern verbände. Aber es herrschte spirituelles Schweigen. Nur die Erwartung blieb, während er Antworten vom Wasserfall erflehte.

Darum wandte er sich vom Wasser ab und betrachtete die Felsen zu beiden Seiten des Wasserfalls. Sie waren dunkel vor Nässe, immer benetzt von stürzenden Wasserschleiern. Überall zwischen den Felsen gab es Flecken von Moos, Farnen und anderer Vegetation, die weiter abseits einen dichten Teppich auf dem Gestein bildeten. Die steilen Felswände und die satte Vegetation beschäftigten Großvaters Phantasie genauso stark wie tags zuvor die Lehren des Wasserfalls. Irgendwie erkannte er, daß auch die Felsen ihn etwas lehren wollten, denn er fühlte, wie der gleiche mächtige Einfluß, der vom Wasser ausging, seine Konzentration jetzt auf die Felsen zog.

Er beobachtete Vögel und kleine Säugetiere, die zwischen den Klippen und Schründen ihre Nahrung suchten. Sie waren hier zu Hause; ihr Leben war verbunden mit dem Leben des Wasserfalls und der Felsen. Auch sah er deutlich den Zusammenhang zwischen Felsen und Wasser, zwischen Wasserfall und Felsklippen. Ohne die Felsen konnte das Wasser nicht herabstürzen, und ohne den Wasserfall konnte der Fels nicht zermahlen werden zu Bodenkrume. Eines existierte nicht ohne das andere, und plötzlich wurde ihm klar, daß auch die übrigen Lebewesen der Schöpfung auf Felsen, Wasser und Luft angewiesen waren, um zu existieren. Da begriff er, daß die Felsen genauso lebendig waren wie das Wasser. Das gleiche, was ihn das Wasser gelehrt hatte, lehrten ihn jetzt die Felsen.

Ja, er fühlte, wie alle Felsen und Steine und Böden der Erde mit seinem Fleisch und seinem Bewußtsein verbunden waren. Er spürte die Verbindung dieser Felsen mit allen anderen Felsen und Böden. Sie waren, genau wie das Wasser, lebendige und fühlende Wesen – nicht nur spirituell lebendig, sondern auch körperlich. Da erkannte er, daß die Essenz der Erde nicht erst lebendig wurde, wenn sie in den Lebenskreislauf der Pflanzen eintrat, sondern schon von allem Anfang an lebendig war. Wie das Wasser, so hatten die Felsen, die Erdkrume und sogar die Luft ihr eigenes, lebendiges Bewußtsein. In ihrem Zusammenwirken sind sie Teil jener Bewußtheit und körperlichen Realität, die wir als Leben bezeichnen. Jeder Felsen, jede Bodenkrume wurde zum Fenster, durch das alle Böden und Felsen der Erde und auch der Himmel miteinander kommunizieren konnten. Auch Großvaters Bewußtsein gehörte nicht ihm allein – es war ein Zusammenwirken von Fels, Erde, Luft und Wasser. Und zugleich blieb er mit allen Dingen verbunden als Teil der ganzen Schöpfung.

Durch diese lebendige Verbindung gelangte Großvater zu der Erkenntnis, daß alles, was der Erde, den Felsen, der Luft und dem Wasser angetan wurde, auch sein Fleisch und seine Seele betraf. Es gab keine Trennung mehr. Der Mensch bestand aus Erde, Luft und Wasser. Aus dem Zusammenwirken all dieser Dinge entsteht das Leben als Körper und Geist. Das kann man zwar leugnen, aber nicht ungeschehen machen. Stärker denn je spürte Großvater die Verwandtschaft mit allen Dingen der Erde. Sein Bewußtsein dehnte sich aus, alles umfassend, und nie hatte er sich so alliebend, so lebendig, so wirklich gefühlt. So allumfassend war sein Leben, daß er fühlte, wie die Erde sich in ihm und er sich in ihr bewegte. Das betraf nicht nur seinen Körper und seine Seele, sondern Körper und Geist aller Dinge. Jetzt wußte er, daß er mit allen Wesen des Himmels und der Erde kommunizieren konnte: durch seinen lebendigen Körper, durch seine innere Vision, die in Wahrheit die Vision aller war.

Großvater blieb noch viele Tage an diesem Ort; er durchstreifte den Dschungel und erforschte die oberen Stufen des Wasserfalls. Dieser Wasserfall hatte ihn gelehrt, was er ihn lehren konnte, doch Großvater hatte es nicht eilig, die Gegend zu verlassen. Er wußte: es war das einzige Mal, daß er den Wasserfall in diesem Leben besuchte. Er wollte ihn genau kennenlernen, damit er immer in seiner Seele lebendig bliebe. Endlich, am siebenten Tag, machte er sich auf den Heimweg. Die Reise würde viele Monate dauern. Wieder fühlte er sich gerufen und angezogen – diesmal vom Death Valley, einer Wüste in den Bergen des amerikanischen Westens. Es gibt keinen schärferen Gegensatz als den zwischen dem feuchten Dschungel und der trockenen Dürre in jenem Wüstental. Gerade dort aber, das wußte er, sollte die Lehre des Wasserfalls ihren Abschluß finden. Um das Wasser zu verstehen, mußte er auch seinen Gegensatz ganz verstehen.

Rick und ich wußten jetzt, warum Großvater eine so tiefe Verbindung zum Wasser hatte. Dies ging weit über Dankbarkeit und Ehrfurcht hinaus. Er benutzte jede Form von Wasser als Fenster zu allen Gewässern. Wenn er das Wasser an unserem Lagerplatz mit der Hand berührte, so glaube ich, daß er in Wahrheit jenen Wasserfall in Südamerika berührte. Es war wie eine Verschmelzung des Bewußtseins, wobei Großvater sich mit dem gesamten Wasserkreislauf der Erde verbinden konnte. Auch verstand ich schließlich, daß jedes Wasser für Großvater lebendig war. Er sah es als einen einzigen großen Organismus von Körper und Seele – nicht nur als geistige Wesenheit, wie ich geglaubt hatte. Seit jenem Tag näherten wir uns dem Wasser genauso, wie Großvater es tat, denn wir wußten, daß Wasser lebendig ist.

Ich lehre meine Schüler stets, was die Kinder der Erde glauben: daß nämlich alle Dinge eine Seele haben und darum lebendig sind. Wir machen keinen Unterschied zwischen Pflanze und

Tier, zwischen Fels, Wasser, Luft und fruchtbarer Erde. Für meine Schüler wie für mich ist alles das lebendig. Wir selbst sind die kollektive Gesamtheit aller Teile des Himmels und der Erde, ein kollektives Bewußtsein, das lange existierte, bevor wir lebendig wurden. Wir stürzen uns nicht mehr achtlos ins Wasser, denn wir wissen, daß wir eigentlich zu uns selbst zurückkehren, zu unserem Ursprung, um uns wieder mit unserem Blut zu vereinen. In Wahrheit wird das lebendige Wasser noch da sein, lange nachdem wir wieder Geist geworden sind – und das Wasser wird immer einen Teil unseres Bewußtseins aufbewahren, genau wie die Felsen, die Erde und die Luft es tun. Immerhin atmeten unsere Vorfahren einst die Luft, die wir heute atmen, und das Wasser, das heute in unseren Adern kreist, war einst das Blut der Wesen, die vor uns lebten.

10
Im Tal des Todes

Etliche Wochen nachdem wir die Geschichte vom Wasserfall gehört hatten, führte uns Großvater in den zweiten Teil der Lehre ein. Er hatte sie im Tal des Todes empfangen. Wieder einmal waren wir unterwegs auf dem Pfad, den wir «die Plackerei» nannten. Der Marsch war noch qualvoller als vor einigen Wochen, obwohl er sich unter den gleichen Bedingungen vollzog. Allerdings fand ich es noch heißer und trockener als bei der letzten Wanderung. Mein Durst übertraf alles, was ich bislang erlebt hatte. Meine Lippen waren so ausgetrocknet, daß sie aufplatzten und bluteten. Meine Kehle und meine Lungen steckten so voll Staub, daß ich kaum atmen konnte. Es gab keine Flüssigkeit mehr in mir, die den Staub fortgeschwemmt hätte.

Wir rasteten, und Rick und ich lagen erschöpft im dürftigen Schatten am Wegesrand. Großvater wirkte, wie immer, ganz heiter. Er beschäftigte sich mit Eidechsenspuren, die über den heißen Sand in die Blaubeersträucher am Weg führten. Dann setzte er sich zu uns, nicht weil er müde gewesen wäre, sondern um uns Gesellschaft zu leisten, während wir uns zu erholen versuchten. Ich glaubte, unmöglich weitermarschieren zu können, aber mir blieb keine andere Wahl. Unser Lager, und mit ihm das Wasser, kam ja nicht von selbst zu mir. Auch konnte ich nicht den Tag überstehen und erst in der Abendkühle zum Lager wandern. Mein Durst war viel zu stark, um noch länger in der Hitze zu bleiben. Ich sah auch nicht mehr die Wunder der Natur, die mich umgaben – so sehr machte mir der Durst zu schaffen. Er war wie ein Vakuum, das mein Bewußtsein aufsaugte und meine Sinne erstarren ließ.

Obwohl ich wußte, daß mir nichts anderes übrigblieb als die Rückkehr ins Lager, brummte ich mürrisch, als Großvater aufstand, um weiterzugehen. Er marschierte los – mit seinem federnden Schritt, der mich wahrhaftig wütend machte. Auch diesmal war es nicht Wut auf ihn, sondern auf mich selbst, weil ich so schwach war und mich von Durst und Schmerz regieren ließ. So gern wäre ich wie Großvater gewesen, aber ich wußte nicht, wie ich meine Einstellung zu Hitze und Durst verändern sollte. Gewiß hatte Großvater mir oft gesagt, ich dürfe diesen Dingen keine Macht über mich einräumen – doch das war leichter gesagt als getan. Jetzt aber, auf halbem Weg, war ich entschlossen, mehr darüber zu erfahren. Wie schaffte er es, mit solcher Hitze fertig zu werden?

Wie immer, wenn wir in der Nähe des Lagerplatzes ankamen, stürmten Rick und ich los, hinunter zum Wasser. Diesmal war ich besonnen genug, zuerst ein kurzes Dankgebet zu sprechen und das Wasser zu ehren, bevor ich mich kopfüber hineinstürzte. Großvater jedoch nahm sich Zeit wie immer. Langsam trat er ans Wasser, sprach seine Gebete – und dann kam jene Berührung, die ihn mit allem Wasser der Erde verband. Auch diesmal schien es, als ob der Durst ihm nichts ausmachte, als ob er ihm nicht einmal lästig wäre. Am Ende, so dachte ich, hielt er den Durst gar für einen Segen. Aber warum, das wußte ich nicht. Es schien, als sei er fast glücklich über seinen Durst.

Rick und ich tummelten uns den Rest des Nachmittags in und am Wasser, um wieder zu Kräften zu kommen und unseren inneren Wasservorrat zu ergänzen. Erst bei Anbruch der Dämmerung kehrten wir ins Lager zurück; auch jetzt noch schleppte ich mich müde dahin. Mir war so vieles entgangen durch diesen bedrückenden Durst, der mich von allem anderen abkapselte. Mein Verhalten im Lager, wo ich achtlos Sachen umwarf oder plump über Baumwurzeln stolperte, zeigte deutlich meinen Ärger. Auch Rick war offensichtlich wütend. Ich blickte mich nach Großvater um und erschrak, als ich merkte, daß auch er mich ansah. Das Lächeln auf seinem Gesicht verriet mir wieder einmal, daß er genau wußte, wie ich mich fühlte und daß er Mitleid mit mir hatte. Aber sein Lächeln besagte auch, daß er ebenfalls diesen Zorn kennengelernt hatte, irgendwann in seinem Leben. Ich glaube, das ist der Grund, warum er uns an jenem Abend die Geschichte vom Tal des Todes erzählte.

Anfangs kam kein Gespräch in Gang, bis Großvater ohne Überleitung aussprach, was wir empfanden: «Ihr seid wütend auf euch selbst, weil ihr euch der Hitze, dem Schmerz und dem Durst ausliefert. Weil Schmerz und Durst euch beherrschten, habt ihr nichts anderes gesehen und erlebt als diesen Durst. Durch seine Macht wurdet ihr von allem anderen abgeschnitten und seid wie Tote dahinmarschiert. Zwar habt ihr gewußt, daß ihr bald Wasser finden würdet, aber das minderte nicht euer Leiden. Vielmehr hieltet ihr an Durst und Schmerz fest wie an alten Freunden. Ihr konntet sie nicht vergessen, nicht einmal für einen Moment. Lieber bliebt ihr abgeschlossen in einem Vakuum von Durst und Schmerz – und Selbstmitleid. Ihr hättet lernen können, was der Durst euch zu lehren versuchte, um ihn dann loszulassen; ihr aber wolltet seine Lehre nicht annehmen. Darum müßt ihr den Durst immer wieder so lange aushalten, bis ihr gelernt habt, was er euch lehren will. Erst dann könnt ihr über euren Durst hinauswachsen und seine Macht überwinden.»

Lange saß ich schweigend und versuchte zu verstehen, was Großvater da sprach. Ich hatte keine Ahnung, was er meinte, wenn er behauptete, daß ich an Durst und Schmerzen festhielte wie an alten Freunden. Auch wußte ich nicht, welche Lektion der Durst mich lehren sollte. Was kann Durst einen anderes lehren als Dankbarkeit gegenüber dem Wasser? Großvaters Stimme unterbrach meine Grübelei: «Der Durst ist ein Geschenk, das wir schätzen und verstehen müssen, denn er führt uns zu einem tieferen Verständnis des Lebens. Erst wenn wir die Lektion des Durstes gelernt haben, können wir wahrhaft das Leben verstehen. Der Durst ist kein Dämon, sondern ein Segen. Er ist eine Realität, wie eine Insel in einer Welt des Unwirklichen.»

Irgendwie ahnte ich, wovon Großvater sprach, aber ich konnte es noch nicht ganz verstehen. Ich erinnerte mich, wie Großvater einmal vor unserem Haus gesessen und auf mich gewartet hatte. Es war ein heißer, dunstig schwüler Nachmittag im August, und doch war Großvater heiter wie immer und zeigte ein glückliches Lächeln. Ein Nachbar, der zufällig vorbeikam, fragte Großvater, warum er nie unter Hitze und Kälte zu leiden scheine. Damals wunderte ich mich über Großvaters Antwort. Er sagte einfach: «Weil sie real sind.» Anfangs verstand ich diese Antwort nicht, aber im Lauf der nächsten Monate wurde mir klar, welche Bedeutung seine Worte hatten. In der Welt einer von aller Wirklichkeit abgeschlossenen Gesellschaft, wo die Lebens- und Arbeitsbedingungen zumeist unnatürlich und steril sind, bietet die Natur einen willkommenen Ausweg. Dennoch verstand ich nicht, warum Großvater gesagt hatte, daß Durst ein Geschenk sei. Immerhin lebte ich in der Realität der Natur, und mein Durst konnte mich, soweit ich sah, nicht noch mehr Wirklichkeit lehren. Und nun erzählte Großvater Rick und mir die Geschichte vom Tal des Todes.

Kurz nachdem Großvater vom Wasserfall fortgegangen war, so sagte er, wurde ihm klar, daß er das Death Valley im Westen Amerikas aufsuchen müsse. Mit jeder Meile, die er zurücklegte, gewann der Gedanke, ins Tal des Todes zu wandern, mehr Macht über ihn. Noch bevor er den Dschungel verlassen hatte, dachte er nur noch an heiße, trockene Wüstenregionen. Er erkannte, daß die Lektion, die er beim Wasserfall gelernt hatte, der Ergänzung durch die Wüste bedurfte. Instinktiv wußte er, daß er die tiefere Weisheit nicht verstehen konnte, solange er nicht beide Extreme kennengelernt hatte. Darum eilte er vorwärts und blieb niemals länger an einem Ort. Ein Lager schlug er nur auf, wenn er neue Vorräte brauchte. Viele Tage war er unterwegs; er schlief auf der nackten Erde, um dann für zwei Tage ein festes Lager zu bauen und seine Vorräte zu ergänzen. Auf dem

Marsch wurde er getrieben von dem Wunsch, die Wüste noch im Hochsommer zu erreichen.

Selbst als er den Norden Mexikos durchquerte, dachte er nicht daran, seine Leute zu besuchen. Sein Verlangen, die Wüste bald zu erreichen, verbot ihm sogar einen Besuch in den Hütten seines Stammes. Obwohl es ihn drängte, alte Freunde wiederzusehen, wollte er nicht von seiner Wegroute abweichen. Alle Freuden des Körpers und der Seele mußten warten. Während er durch seine Heimat wanderte, mied er absichtlich jeden Kontakt mit seinen Leuten. Oft fiel es ihm schwer, aber auf dieser ganzen Reise, vom Wasserfall bis in die Wüste, war Schmerz sein ständiger Begleiter und seine treibende Kraft. Manchmal trieb es ihn so rasend dahin, daß er sogar in der Nacht wanderte oder auch in der heißesten Zeit des Tages – was in Wüstengegenden nicht ratsam ist. Gewisse Strecken seiner Reise legte er sogar im Laufschritt zurück, und bevor er die Grenze zu den Vereinigten Staaten überquerte, befand er sich in einem Zustand tiefer Erschöpfung.

Endlich, nach monatelanger anstrengender Wanderung, erreichte er den südlichen Teil des Tales. Seltsamerweise konnte er nicht gleich weiterziehen, hinein in das Tal des Todes – nicht weil er zu erschöpft gewesen wäre, sondern weil das Tal ihm zu sagen schien, daß er warten müsse. Dies verwirrte Großvater einigermaßen, hatte er es doch so eilig gehabt, hier anzukommen. Dauernd hatte ihn das Gefühl gequält, gegen eine unsichtbare Uhr zu laufen, nur um bei der Ankunft den inneren Befehl zu vernehmen, daß er warten solle. Das einzige, was er zweifelsfrei verstand, war, daß er das Tal noch nicht betreten durfte. Also beschloß er, sein Lager aufzuschlagen, Nahrung und Wasser zu suchen, sich gründlich auszuruhen und zu warten, bis das Tal ihn aufforderte einzutreten. Jedenfalls schien es ihm eine gute Idee, ein Weilchen zu rasten und wieder Kräfte zu sammeln, besonders nach einer so harten Anstrengung. Dies war wohl der Grund, so vermutete er, warum er den Ruf des Wüstentales nicht mehr vernahm.

Tage vergingen ohne ein Zeichen vom Tal des Todes. Großvaters Kräfte kehrten allmählich zurück, und körperlich fühlte er sich erholt. Sein Geist aber fand keine Ruhe und sehnte sich danach, ins Tal vorzudringen. Es wurde ein mühsames Warten, denn manchmal überlagerte sein sehnlicher Wunsch nach Verstehen alle anderen Botschaften; und oft war er frustriert, weil er wußte, daß ein unbekanntes Geheimnis ihn erwarte. Er wünschte sich sehnlich, das Wissen, das er vom Wasserfall empfangen hatte, hier abzurunden. Endlich, bei Anbruch des siebenten Tages, vernahm er wieder den Ruf des Tales, und jetzt wußte er, daß er gehen durfte. Einerseits empfand er es als Erleichterung, endlich ins Tal vorzudringen, andererseits hatte er auch Angst. Er wußte, daß er diese Visionssuche mit leeren Händen antreten mußte, ohne Hilfsmittel aus der Außenwelt, und daß es eine harte Prüfung sein würde, allein und entblößt von allem in die Wüste hinauszuwandern.

Die endlose Weite der kahlen, doch schönen Wildnis gab ihm keinen Hinweis, wohin er gehen oder was er tun solle. Immer wieder, bei Tag und auch bei Nacht, wenn er sich zur Ruhe legen, Nahrung sammeln oder Wasser suchen wollte, vernahm er die Stimme der Wüste, die es ihm verbot. Es trieb ihn weiter, teils aus dem eigenen Drang, Antworten zu finden, teils dem Ruf der Wüste folgend. Mit jeder Meile, die er zurücklegte, fühlte er seine Kräfte schwinden und seinen Durst stärker werden. Dennoch plagte er sich weiter durch Tageshitze und Kälte der Nacht – sein Körper geschunden von Schmerzen, sein Geist von Halluzinationen verfolgt. Er verlor jeden Kontakt zur Realität; es gab nur noch Durst und Schmerzen. Aber er wankte nicht in seiner Entschlossenheit, die Suche fortzusetzen. Sein Wunsch, das Ziel zu erreichen, wo immer es sein mochte, wurde ihm wichtiger als der Schmerz, sogar wichtiger als das Leben selbst.

Am Anfang des fünften Tages mußte er auf allen Vieren kriechen; aufrecht zu gehen oder zu stehen war unmöglich. Die Sonne brannte noch stärker herab, und nirgends gab es Schatten. Noch in der furchtbarsten Hitze des Tages kroch er weiter, bis er vor Erschöpfung liegenblieb. Unmöglich konnte er sich weiterschleppen – er vermochte nicht einmal mehr auf dem Bauch zu kriechen. Er konnte nur liegenbleiben, wo er lag, unfähig, sich zu bewegen. Seine Suche nach Antworten, sein Streben nach Wahrheit hatte ihn schließlich bis an den Rand des Todes geführt. Auch wenn er wußte, daß er schließlich sterben würde, machte es ihm nichts aus; er hatte nur noch den Wunsch, zu finden, wonach er suchte. Wenn diese Suche ihn das Leben kosten sollte, dann wäre er nicht vergeblich gestorben. Er glaubte daran, daß sein Leben den Einsatz wert sei. Was ihn betraf, so wäre er lieber tot, als ohne Antwort zu bleiben.

Während Großvater in grübelnder Starre versunken lag, merkte er nicht, daß der Himmel sich langsam bewölkte. Erst als sanfte Regentropfen seine glühende Haut berührten, kam er wieder zu Bewußtsein. Anfangs hielt er es für eine Halluzination, denn die ersten Tropfen fühlten sich an, als ob sie sein Fleisch versengten. Dann regnete es stärker, doch Großvater konnte sich noch immer nicht bewegen. Er lag da und weinte – auch wenn er so ausgedörrt war, daß keine Tränen flossen. Es war, als hätte die Wüste seinen heißen Wunsch nach Wissen erkannt und ihm das Leben wiedergeschenkt. Er wälzte sich auf den Rücken und spürte, wie linderndes Regenwasser in seinen Mund floß. Und während die Tropfen sich zum Rinnsal vereinten und durch seine Kehle rannen, spürte er, wie das Wasser sich mit seiner Körpersubstanz vereinigte. Es gab keine Trennung mehr zwischen ihm und dem Wasser. Die Lektion, die er beim Wasserfall gelernt hatte, stand greifbar klar vor seinen Augen.

Großvater wußte, daß der Regenschauer nicht lange dauern würde; in der Wüste regnete es um diese Jahreszeit selten. Darum bemühte er sich, soviel Regenwasser aufzufangen wie möglich. Er suchte beckenförmige Steine, in denen er Wasser sammeln konnte, während er zwischendurch immer wieder seinen offenen Mund dem Himmel entgegenreckte.

Doch bald stellte er überrascht fest, daß eine beachtliche Wassermenge sich in einer großen, wannenförmigen Vertiefung vor einem Felsvorsprung angesammelt hatte. Sofort wußte er, daß er an dieser Stelle sein Lager aufschlagen sollte. Dies war der Platz, wo das Tal ihn haben wollte. Hier gab es Obdach, genügend Wasser für mehrere Tage und reichlich Nahrung. Er fühlte sich ungeheuer erleichtert und kam sich wie wiedergeboren vor.

Den nächsten Monat führte er ein sehr spartanisches Leben. Jedesmal, wenn er den Ruf des Tales vernahm, brach er auf und wanderte weiter in die Wüste. Und jedesmal, wenn er die Sicherheit seines Lagerplatzes verließ, lernte er etwas Neues – aber nie gelang es ihm, so klar mit der Wüste zu kommunizieren, wie er es mit dem Wasserfall getan hatte. Auch wenn er schon oft in den verschiedenen Wüsten des Landes gewesen war, erfuhr er jetzt vieles, was er nie kennengelernt hatte. Die Pflanzen und Tiere erteilten ihm kleine, doch unschätzbare Lektionen über das Leben unter den harten Bedingungen dieser Wildnis. Selbst die Steine konnten ihn vieles lehren, auf geistiger wie auf körperlicher Ebene. Aber noch immer wurde ihm nicht das Wissen offenbart, das er hier suchte. Es schien, als wolle die Wüste warten – aber worauf, das wußte er nicht.

Endlich, als Großvater kaum noch damit rechnete, wurde ihm die erste der großen Lektionen zuteil, die die Wüste ihm erteilen wollte. Er beobachtete eine Eidechse, die sich in der Morgensonne wärmte, während auch er sich die Kälte der Nacht aus den Gliedern vertreiben ließ. Und er bewunderte, wie leicht dieses kleine Tier unter so harten Bedingungen zu leben verstand. Es gab ja immer die Möglichkeit, ums Überleben zu kämpfen, falls die Umweltbedingungen ungünstig waren. Aber die Eidechse war Teil dieser Umwelt. Solche Eidechsen gab es nur in Wüstengegenden, nur unter diesen Bedingungen; im Hochgebirge, in der Prärie oder im Wald konnten sie nicht existieren. Sie brauchten diese Umwelt, um zu leben und zu überleben. Hier waren sie zu Hause, und sie akzeptierten vorbehaltlos diese schwierigen Lebensbedingungen. Die Eidechsen hatten gelernt, nach den Gesetzen der Wüste zu leben, und die Wüste war ihr Zuhause, ihr einziges Zuhause.

Anhand dieser neuen Erfahrung gab er sich Rechenschaft

über sein Leben, auch über die Art, wie er dieses Wüstental erlebte. Für ihn bedeutete es kein Zuhause, sondern immer noch Überlebenskampf. Er fühlte sich fremd in dieser Umwelt und kämpfte gegen sie an, statt sich harmonisch einzufügen. Könnte er so leben wie die Eidechse, dann wäre die Wüste sein Zuhause, dann gäbe es keinen Kampf ums Überleben. Wenn er den Gesetzen und Umweltbedingungen der Wüste gehorchte, dann würde er hier heimisch werden. Dies nannte er die Philosophie der Eidechse, und diese Philosophie wollte er verwirklichen. Er wollte sie in sein Leben einbauen, damit sie sein Handeln leite, solange er sich hier befand.

Im Feuer der Wüste lernte er auch das Wasser wirklich schätzen. Hier erkannte er klar, wie kostbar jeder Tropfen Wasser für die Erhaltung des Lebens war. Diese Lektion hatte er gelernt, doch noch immer konnte er dieses Land nicht sein Zuhause nennen. Wohl fühlte er sich zugehörig, aber nur spirituell. Doch er wollte auch leiblich ein Teil davon werden, genau wie die Eidechsen, die Pflanzen und die übrigen Tiere, die sich hier daheim fühlten. Je länger Großvater nach Antworten suchte, desto weiter entfernt schien ihm die Möglichkeit, sich hier einzuleben. Es mußte einen Schlüssel geben – ein Geheimnis, das er finden wollte. Darum beschloß er, das Rätsel der Eidechsen-Philosophie zu lösen und damit die Frage, wie die Wüste sein Zuhause werden könnte.

Viele Wochen blieb Großvater an seinem Lagerplatz und beobachtete die Tier- und Pflanzenwelt, besonders die Eidechsen, aber noch immer fand er keinen Hinweis auf eine Antwort. Bald hatte er alle Möglichkeiten erschöpft und war gezwungen, sich tiefer in die Wüste vorzuwagen, die Sicherheit seines Lagers aufzugeben – und auch seinen geschützten, aber schwindenden Wasservorrat. Kaum hatte er diesen Vorsatz gefaßt, überkam ihn die Gewißheit, daß er sofort aufbrechen müsse. Zuerst dachte er daran, noch einmal an seinen Lagerplatz zurückzukehren, um einen letzten Schluck Wasser zu trinken, aber dann gehorchte er dem Drang, sich sofort auf den Weg zu machen.

Unverzüglich wanderte er in die Wüste hinaus, ohne zu wissen, wohin er ging. Niemals kam es ihm in den Sinn, an diesem gebieterischen Ruf zu zweifeln. Wenn er Antworten zu finden hoffte, dann mußte er diesem Gefühl folgen, ob es auch Leiden brachte. Auch wußte er, daß er wieder dem Tod begegnen konnte – aber die Suche nach Antworten galt ihm mehr als sein Leben. Großvater glaubte immer, daß seine Suche nur lohne, wenn er bereit sei, dafür sein Leben einzusetzen. Nur allzu viele Menschen wandern durchs Leben und haben kein Ziel, wofür sie zu sterben bereit sind – aber für Großvater konnte das kein Leben sein. Er hatte eine Leidenschaft für die Dinge, nach denen er suchte. Darum beseelte ihn eine Liebe zum Leben, wie nur wenige sie kennenlernen. Der Wahrheit galt seine Suche, der einfachen Wahrheit des Lebens. Und oft führte die Suche ihn bis an den Rand des Todes, doch eben dort, an der Grenze von Leben und Tod, gab es die wichtigsten Lektionen zu lernen. Manchmal war es die einzige Möglichkeit, sie überhaupt zu erhalten.

Wieder wanderte er viele Tage, begleitet von Durst und Leiden, um den ersehnten Ort der Erkenntnis zu finden. Wieder wurde er bis an den Rand des körperlichen Zusammenbruchs getrieben. Noch immer war das Leben in der Wüste für ihn ein Kampf, und abgesehen von einer kurzen geistigen Verbindung fühlte er sich hier weiterhin fremd. Durst und Schmerzen plagten ihn schlimmer als bei seiner ersten Krise. Seine Haut brannte wie Feuer, und in der Kehle hatte er ein Gefühl, als stecke dort ein blutiger Klumpen. Noch immer konnte er keine Wolke am Himmel entdecken, und die Hoffnung auf Regen schwand. Das Wüstental schien ihn abzulehnen, und auch die Geisterwelt wollte nicht zu ihm sprechen. Seine Gebete stießen auf taube Ohren; er fühlte sich einsam und ausgestoßen. Es war, als wollte die Wüste ihn verdammen, am Ende gar töten.

Irgendwann in der Nacht, so erinnerte er sich, war er aufgewacht, und dann noch einmal bei Tag. Vielleicht vergingen nochmal ein Tag und eine Nacht, so jedenfalls schien es ihm. Er hatte ganz den Kontakt zur Wirklichkeit verloren. Die Zeit war ein Traum, und der Raum nur noch Legende. Halluzinationen gaukelten ihm Wasser vor. Einmal, frühmorgens, glaubte er Tautropfen auf einem Fels zu entdecken – und verbrannte sich die Zunge, als er die glühende Oberfläche ablecken wollte. Irgendwann aber rief ihn das Gefühl prasselnder Regentropfen auf seinem Rücken zurück in die Wirklichkeit. Anfangs glaubte er wieder an eine Halluzination, aber dann wurde ihm klar, daß es tatsächlich regnete. Er hob das Gesicht zum Himmel, sperrte den Mund weit auf und versuchte das kostbare Naß aufzufangen. Langsam kehrten seine Kräfte zurück, und nun wollte er, wie beim ersten Mal, möglichst viel Wasser sammeln. Nur, leider, fand er diesmal keine beckenförmig gehöhlten Steine, die als Gefäß dienen konnten. Also begnügte er sich damit, soviel zu trinken, wie er nur konnte.

Schon glaubte er, keinen Tropfen Wasser mehr schlucken zu können, als der Regen plötzlich aufhörte. Die Wolken lichteten sich, und bald brannte die Sonne herab und verwandelte die Wüste erneut in ein Inferno. Diesmal gab es keinen überhängenden Felsen, der ihm Schutz geboten hätte. Hier fand sich nichts mehr, was er zum Überleben brauchte. Es war eine der trostlosesten Einöden, die er in seinem Leben gesehen hatte. Nirgendwo, auch wenn er die Augen zusammenkniff, konnte er eine geschützte Stelle entdecken, keinen Platz, der Rettung geboten hätte.

Jetzt mußte Großvater eine Entscheidung treffen. Entweder konnte er versuchen, seinen ersten Lagerplatz zu erreichen, wo es Schatten und auch Trinkwasser gab. Oder er konnte bleiben und warten, bis er Antwort auf seine Fragen erhielt. Bald würde sein Körper schon zuviel Wasser verloren haben, um den Weg zum Lager zu schaffen.

Er suchte am Himmel nach Antwort, aber der Himmel blieb stumm. Er flehte die Geister an, doch auch die Geister schwiegen. Großvater mußte sich entscheiden, und zwar schnell. Er mußte den Rückweg zum Lager suchen – oder den Tod riskieren. Oder, anders gesagt, er mußte seine Suche aufgeben, um sein Leben zu retten, oder er würde auf Antwort warten – und möglicherweise auf den Tod. Sein Herz sehnte sich nach der

Sicherheit des Lagerplatzes, aber sein Geist wollte etwas anderes. Und wie immer in Situationen auf Leben und Tod, traf Großvater rasch eine Entscheidung. Denn er gedachte, lieber das Leben einzusetzen, als seine Suche aufzugeben. Und gleich nachdem er seine Entscheidung durch ein Gebet bekräftigt hatte, spürte er, daß etwas in seinem Innern sich verändert hatte. Es war nur ein Gefühl – das Gefühl, irgend etwas zu wissen. Doch was dies war, das blieb ihm noch fremd.

Und dann sah er – war es Traum oder Wirklichkeit? – eine Eidechse unter einer großen Felsplatte verschwinden. Zuerst glaubte er, dieser Felsblock sei tief im sandigen Boden verankert, doch als er nähertrat, sah er, daß dies nicht der Fall war. Nur an drei Seiten war die Steinplatte in den Sand eingebettet. Unter dem Felsen lag eine tiefe Mulde, die er von dort, wo er saß, nicht hatte sehen können. Die Mulde senkte sich tief in den Wüstenboden und bildete eine geräumige Höhle, in der Großvater sogar aufrecht sitzen konnte. Wie überrascht war er, als er sah, daß sich im hinteren Teil der Vertiefung ein reichlicher Wasservorrat vom letzten Regenguß angesammelt hatte. Gewiß würde das Wasser für mehrere Tage ausreichen. Großvater war erleichtert und überglücklich. Fast fühlte er sich jetzt in der Wüste zu Hause.

Tränen der Dankbarkeit strömten ihm über die Wangen bei dem Gedanken, daß die kleine Eidechse ihn dorthin geführt hatte. Ja, die Wüste sorgte für ihre Kinder! Denn durch die Eidechse war er gerettet worden, und die Wüste schenkte ihm nun das Leben wieder. Schon begann er, sich hier heimisch zu fühlen, so, als wäre er ein Teil des Ganzen. Aber da war noch immer jenes Gefühl der Isoliertheit. Noch fehlte ein letztes Stück zum Puzzle. Warum überfiel ihn gerade in diesem Moment ein solches Gefühl der Fremdheit? Gewiß, es war nur ein Gefühl, kein bewußter Gedanke. Er hatte etwas Wichtiges gelernt, doch fand er noch nicht zur vollen Klarheit. Jetzt wollte er das Gelernte in eine Sprache übersetzen, die auch sein Geist verstand.

Nicht oft gelingt es, ein unbestimmtes Gefühl in einen klaren

Gedanken zu übertragen. Oft weiß man etwas, ohne eine logische Erklärung dafür zu finden. Großvater beschloß, seine veränderte Wahrnehmung der Wüste einfach zu akzeptieren, ohne nach Gründen zu forschen. Sein Gefühl jedenfalls war eine Realität, denn es schenkte ihm eine tiefe Ruhe. Nein, es war nicht nur eine spirituelle Veränderung in ihm vorgegangen: auf dieser Ebene hatte er sich immer mit der Wüste verbunden gefühlt. Durch dieses kleine Ereignis hatte sich seine ganze seelisch-leibliche Existenz verändert. Lange blieb er in der Höhle sitzen, tief in Gedanken versunken und froh über die Gewißheit, daß diese Veränderung endlich eingetreten war.

Tage vergingen, und Großvater verließ kaum seine Höhle. Jetzt war die Wüste für ihn keine trostlose Einöde mehr, sondern die Heimat unendlich vielfältigen Lebens. Er sah in ihr keine feindliche Umwelt, sondern eine Welt, die für ihre Kinder sorgte, wiewohl zu ihren eigenen Bedingungen. Alle Geschöpfe, die in der Wüste lebten, hatten hier ihren Platz und nirgendwo anders. Auch Großvater fühlte jetzt, daß sein Platz hier sei. Schon oft war er Geschöpfen begegnet, denen es gelang, selbst im härtesten Wüstenklima zu existieren. Jetzt aber sah er die Lebewesen der Wüste in einem anderen Licht. Bislang war ihm das Leben dort als grausamer Überlebenskampf vorgekommen; jetzt wußte er, daß es in Wirklichkeit keinen Kampf gab. Nicht mehr jedenfalls, als anderswo.

Die Geschöpfe, die hier lebten, brauchten nur den Gesetzen der Wüste zu gehorchen. Überleben hieß für sie, sich bewußt und harmonisch in das Ganze einzufügen, damit es lebendig bliebe. Von diesem Wüstental empfing Großvater die gleiche Botschaft, die er vom Wasserfall empfangen hatte. Dieses Tal mit seiner mörderischen Hitze, seiner Trockenheit und seiner endlosen Einöde war tatsächlich ein Geschöpf mit eigenem Leben und eigenem Bewußtsein, das nun auch Bestandteil von Großvaters Leben und Bewußtsein geworden war. Wie der Wasserfall, so lebte auch die Wüste in ihm, und er lebte in der Wüste. Es gab keine Grenze mehr zwischen Innen und Außen, keine Isolation des Selbst, sondern nur noch diese Ganzheit, dieses Eins-Sein mit allen Dingen. Großvater war überwältigt von der Erkenntnis; er konnte nicht alles auf einmal verstehen. So überließ er sich seinem neuen Wissen – und was er bislang in der Außenwelt gesucht hatte, suchte er nun in seinem Inneren.

Er verstand jetzt, daß Durst nicht unbedingt Leiden und Tod bedeuten muß. Durst war eine Realität der Wüste, ein Lebensgeschenk in anderer Form. Wie jeder andere Lebenstrieb, konnte der Durst uns lehren zu überleben. Die Sinnesorgane wurden geschärft und der spirituelle Sinn fürs Überleben wurde erhöht, denn die Wüste erlaubte keinen Fehler. Wirklich Durst kennenzulernen hieß, die Probe aufs Überleben zu bestehen. Der Durst steigerte das Bewußtsein für die Verletzlichkeit des Lebens auf Erden. Verletzlich war das Leben, ja, aber gewiß kein Kampf. Jetzt hatte Großvater eine der wichtigsten und wertvollsten Lebensregeln der Wüste verstanden: Durst ist kein Feind, sondern ein Verbündeter.

Seit diesem Tag in der Wüste nutzte Großvater seinen Durst als Wegweiser zum Überleben. Wie alle anderen Kinder der Wüste ging er sehr bewußt mit dem Wasser um. Hitze und Durst bekamen für ihn einen neuen Sinn. Man mußte sie akzeptieren als Teil einer allgemeinen Realität – und wenn man sie akzeptierte, konnte man sie transzendieren. Durst und Hitze brauchen keine Macht über uns zu haben, denn sie sind Teil unserer Existenz auf Erden. Ohne Hitze und Durst, so dachte Großvater, konnte es kein Lebewesen namens Wüste geben. In der Wüste erkannte er, wie auch in Hitze und Durst, eine kostbare Schönheit, eine Schönheit, die Teil des Ganzen ist.

Nachdem Großvater all dies in seine Seele aufgenommen hatte, lernte er die Wüste verstehen wie nie zuvor. Von Tag zu Tag fühlte er sich hier mehr zu Hause. Alte Vorstellungen wurden aufgegeben, neue Wahrheiten kündigten sich an. Großvater konnte sein Leben harmonisch in den Rhythmus der Wüste einfügen. Bald gab es keinen Kampf mehr für Körper und Geist. Endlich war er ein Teil des Ganzen, akzeptierte die Wüste zu ihren eigenen Bedingungen und lernte im Einklang mit ihren

Gesetzen zu leben. Beinahe wäre er gestorben in der Wüste, doch nur der Fremde in ihm war gestorben, um wiedergeboren zu werden als Kind dieses Landes.

Rick und ich verstanden endlich, warum Großvater nicht unter Hitze und Durst zu leiden schien. Es war keineswegs so, daß er sie nicht gespürt hätte wie jeder andere. Doch anders als wir fürchtete und bekämpfte er diese Dinge nicht, denn sie sind Teil der Realität des Lebens. Er wußte, sie sind kostbare Lebensgeschenke, die Wegweiser zum Überleben sein können. Der Durst wird zur Pforte, durch die wir ins Herz der Wüste blicken können – und wichtiger noch, in unser eigenes Herz. Durst und Hitze sind also Lehrer. Sie bringen nicht Schmerz und Leid, sondern Freiheit und Erleuchtung, wenn wir es nur verstehen, sie als Geschenke anzunehmen und zu nutzen.

Rick und ich haben seither gewiß noch oft Durst verspürt. Aber er hatte seine Macht über uns verloren. Nicht länger hinderte er uns, die Schönheit dieser Welt zu genießen; vielmehr befähigte er uns, sie noch freudiger zu erleben. Jedesmal, wenn wir durstig waren, lernten wir daraus – vor allem Einsichten über uns selbst und über unsere Wahrnehmung der Dinge, die uns umgeben. Der Durst ist eine Realität des Lebens, die wir akzeptieren und als wunderbaren Lehrer begreifen. Der Durst ist Wirklichkeit, und wir lieben die Wirklichkeit.

11
Der Weg zum Licht

Viele Monate waren vergangen, seit Rick und ich die Geschichte von Großvaters Weg in das Tal des Todes gehört hatten. Diese Lektion übte eine starke und bleibende Wirkung auf uns aus. Wohl wußten wir nun um die Bedeutung von Hitze und Durst, doch wir hatten auch erfahren, daß Großvater die Wüste nicht eher kannte und nicht wirklich verstand bis zu jenem Tag im Tal des Todes, als er beinahe sein Leben verlor. Dies erschreckte uns ziemlich, denn Großvater war schon oft in Wüstenregionen gewesen, bevor er ins Death Valley eindrang. Aber dort gewesen zu sein, garantierte nicht von selbst, daß man die Wüste verstand. Man mußte bereit sein, zu lernen und Lehrgeld zu bezahlen. Für Großvater waren Suche und Wanderschaft wichtiger als das eigene Leben. Er widmete sein Leben ganz der Suche nach Wahrheit, ganz gleich um welchen Preis.

Was der Wasserfall und die Wüste ihn gelehrt hatten, bildete nur einen Teil der Geschichte. Letzten Aufschluß erhielt Großvater einige Jahre später, als er den nördlichsten Teil des Kontinents durchquerte. Erst als er das Nordlicht sah, war sein Wissen abgerundet. So wurden die Lektionen von Feuer und Eis, von Wasser und Stein schließlich fruchtbar. Das Eis des hohen Nordens enthielt den letzten Schlüssel zu dem, was Großvater als Leben erkannte. Es barg die Weisheit reinen Überlebens ohne

Kampf. Die Wasser des Urwalds hatte Großvater gesehen und die Feuer der Wüste; nun erlebte er die tückische Kälte des Nordens – und jedesmal lernte er, die Natur zu ihren eigenen Bedingungen zu akzeptieren, nach ihren Gesetzen zu leben. Vor allem mußte er jedesmal lernen, seine bewußte Vorstellung von wahrem Leben neu zu bestimmen, von dem das spirituelle Leben ein Teil ist.

Mitten im tiefen Winter hörten wir Großvaters Geschichte von seiner Reise nach Norden. Rick und ich hatten Weihnachtsferien, und den größten Teil der Woche benutzten wir, um unsere Survivalkenntnisse zu erproben. Dabei wurden wir von einem Unwetter überrascht. Viel Schnee war gefallen, seit wir Anfang der Woche unsere Schutzhütten gebaut hatten; jetzt herrschte seit einigen Tagen klirrender Frost. Rick und ich hatten Schwierigkeiten, die Lage zu meistern. Wir mußten die wärmeren Stunden des Tages abwarten, bevor wir den Lagerplatz zu verlassen wagten, und selbst dann kamen wir nicht weit. Morgens und in der Nacht blieben wir Gefangene unseres kleinen Feuers, von dem wir uns kaum entfernen konnten – außer, um Brennholz zu sammeln. Wir hatten noch nicht jene Körperbeherrschung gelernt, die Großvater besaß, und womit er der Kälte ihre Strenge nahm.

Wie immer, schien Großvater ganz unbeeindruckt von Frost und Kälte. Jeden Morgen ging er zum Bach, um ein Bad zu nehmen. Dies tat er bei klirrendem Frost genauso wie an heißen Sommertagen. Strenge Kälte machte ihm sowenig aus wie Hitze und quälender Durst. Ich weiß, er hatte uns oft erklärt, woher seine Fähigkeit stamme, den Elementen zu trotzen; aber ich wußte, es mußte mehr dahinter stecken. Ich hatte bei ihm schon erlebt, daß er in eiskaltem Wasser tatsächlich schwitzte. Und oft hatte er mir gesagt, daß er extremer Hitze oder Kälte keine Macht über sich einräumen wolle. Ich wußte aber, daß das nur die Hälfte der Antwort sein konnte. Seine Überlegenheit war so groß, daß sie über bloße Körperbeherrschung weit hinausging.

Während wir am wärmenden Feuer saßen und Großvater

beim Baden beobachteten, waren wir beide sehr wütend auf uns selbst. Ich hatte noch sehr viel zu lernen, was Körperbeherrschung betraf, und konnte nicht verhindern, daß der Schneesturm jetzt Macht über mich gewann. Aber wie gerne hätte ich es Großvater gleichgetan. Ich dachte an all die wunderbaren Dinge, die er erlebte, und stellte mir vor, welche Freude er dabei empfand, während ich hier am Feuer kauerte. Bei ihm gab es keinen Widerstand gegen das, was ihm geschah, sondern nur Hingabe und absolutes Annehmen. Es gab keinen Kampf, keine Anstrengung, nicht einmal eine Gänsehaut oder ein Frösteln. Es schien, als ob Großvater mit der Kälte verbündet wäre und noch Kraft aus ihr gewänne. Er war eins mit der Kälte, und sie stärkte ihn.

Je öfter ich ihn beobachtete, desto fester entschloß ich mich, ihn nach seiner Philosophie der Kälte zu fragen. Für mich war Kälte noch überwältigender und gefährlicher als Durst und Hitze, die uns auf unseren Sommerwanderungen quälten. Den Durst konnten wir schließlich mit Wasser stillen. Hier aber, wo das Feuer uns mit knapper Not wärmte, konnte ich mir nicht vorstellen, im eiskalten Bach zu baden, wie Großvater es tat. Ich wollte mich noch nicht einmal vom Feuer entfernen. Mein Wunsch, sein Geheimnis zu erfahren, wurde fast zur Besessenheit. Rückblickend vermute ich, daß Großvater viele solcher praktischen Lektionen geplant hatte. Er machte uns neugierig, bis wir nichts sehnlicher wünschten, als sein Geheimnis zu erfahren. Dann – und erst dann – lehrte er uns etwas Neues; denn er wußte, daß sein Wissen jetzt bei uns auf fruchtbaren Boden fallen würde. Unser Lerneifer trieb uns an, alle Hindernisse zu überwinden.

An diesem Abend, nachdem Großvater den ganzen Tag in der Kälte umhergewandert war, erzählte er uns die Geschichte von seinem Marsch ins Land des Nordens. Kurz nachdem er das Tal des Todes verlassen hatte, spürte er den Ruf, zur Westküste zu wandern. Anfangs war es keine eindeutige Weisung, einen bestimmten Ort aufzusuchen, sondern nur ein allgemeines Richtungsgefühl. Schon mehrmals war er die ganze Westküste entlang gezogen, doch diesmal glaubte er, daß seine innere Vision eine Lektion für ihn bereithielte, die zu lernen ihm noch bevorstand. Dennoch war er nicht in Eile, anders als auf der Reise vom Wasserfall bis ins Tal des Todes. Er wanderte gemächlich dahin, lernte manches und freute sich an allem, was er sah. Nur wenn er zu lange an einem Ort verweilte, spürte er wieder die treibende Kraft.

Ein paar Monate blieb er im nördlichen Kalifornien, allein mit sich und den riesigen Redwoodbäumen. Immer beglückte ihn die heitere Weisheit, die diese Gegend ausstrahlte. Für ihn war es eine Zeit der Muße und inneren Einkehr, wobei er Klarheit gewann über vieles, was er auf seinen Reisen zum Wasserfall und ins Tal des Todes erfahren hatte. Für ihn bargen die Bäume, die hier standen, eine unergründliche Weisheit und Macht – ein Wissen von der Vergangenheit und, noch wichtiger, von der Zukunft. Frei und offen konnte er mit ihnen sprechen und sie mit ihm. Wie immer empfand er Demut vor ihrer erhabenen Größe. Es waren geheimnisvolle Giganten, die das Wissen von Jahrhunderten in sich bargen und die Seele des Menschen verwandeln konnten. Hier befreite er sich von all den bohrenden Fragen, die ihn im Hinblick auf seine neuen Erkenntnisse noch beschäftigten. Hier kam er wieder zu Kräften.

Darum war er glücklich in seinem Lager unter den Redwoods und dachte sogar daran, längere Zeit dort zu verbringen – als der Ruf weiterzuziehen ihn wieder erreichte. Diesmal war der Ruf stärker als anfangs, da er die Wüste verließ. Es wurde ihm nicht nur die Richtung gezeigt, sondern auch der Ort, den er aufsuchen sollte. Er wußte, daß er noch einmal hinauf nach Norden ziehen mußte, wo die Lichter am Himmel tanzten. Vor Jahren war er schon dort gewesen und hatte den Sommer bei einer kleinen Eskimo-Sippe verbracht, und jetzt sollte er wieder dorthin gehen. Er freute sich, seine alten Freunde wiederzusehen, aber er fragte sich, wie er bei anbrechendem Winter den langen Marsch bis in ihr Dorf überstehen würde. Auch wußte er nicht, ob die Leute noch immer am selben Ort lebten. Es war Sommer gewesen, als er sie damals in ihrem Camp besuchte. Jetzt konnte er nur hoffen, ihr Winterlager zu finden, aber er war entschlossen, sich von seiner inneren Vision leiten zu lassen.

Noch immer ohne Eile, setzte Großvater seine Wanderung entlang der Westküste fort. Es konnten viele Monate vergehen, bis er die nördliche Tundra erreichte, und dennoch befahl die innere Stimme ihm kein schnelleres Tempo. Auch wollte er unterwegs Freunde besuchen, die an der Küste lebten. Er gedachte ein Weilchen bei ihnen zu bleiben und von ihnen zu lernen. Obwohl er Dörfer und menschliche Siedlungen sonst zu meiden trachtete, gab es doch einige Menschen, zu denen er sich hingezogen fühlte. Manche dieser Leute an der Westküste kannte er gut, denn er hatte sie oft besucht, und sie waren Freunde geworden – immer bereit, ihre Zeit und ihr Wissen mit ihm zu teilen. Doch als er seine Freunde besuchte, erlaubte ihm die innere Stimme nicht, länger bei ihnen zu bleiben. Es zog ihn weiter nach Norden, und er zweifelte nicht daran, daß er sein Ziel erst im Winter erreichen würde.

Er wußte nun, daß seine Berufung ihn nicht nur zu einem bestimmten Ort führen wollte, sondern ihm auch den Zeitpunkt vorschrieb, wann er dort eintreffen sollte. Immer wenn er seine Reise beschleunigte, merkte er, wie seine innere Vision ihn bremste und sogar zwang, mehrere Tage an einem Ort zu verweilen. Es war beinahe, als würde seine Wanderung von einer äußeren Kraft geleitet, ganz unabhängig von seinem eigenen Willen. Wenn er zu schnell oder zu langsam marschierte, machte sich diese leitende Kraft mahnend bemerkbar. Seine innere Stimme ließ ihm keine Ruhe, bis er dem Befehl gehorchte. Schon in seiner Kindheit hatte er gelernt, daß es an Selbstmord grenzte, sich solchen inneren, spirituellen Kräften zu widersetzen; darum gehorchte er ihnen ohne Zweifel oder Vorbehalte.

Unterwegs führte die innere Stimme ihn oft an bestimmte Orte, als wollte sie ihn vorbereiten auf das, was ihm bevorstand. So kam es zu einem überraschenden Erlebnis. Er war weit abgewichen von seinem Wanderweg entlang der Küste Kanadas. Statt weiter nach Norden zu ziehen, wie die Berufung ihm ursprünglich befahl, hatte er den Impuls gespürt, sich nach Osten zu wenden, ins Binnenland hinein. Dies verwirrte ihn einigermaßen, und er unterbrach die Reise für ein paar Tage, um sich zu vergewissern, daß es ein wahrhaft spiritueller Impuls war, der ihn leitete. Denn er verstand nicht, wieso die Kraft, nachdem sie ihn so viele Meilen nach Norden geführt hatte, ihn plötzlich zu einem Umweg zwang. Schließlich überzeugt, daß alles in Ordnung sei, wandte er sich nun zuversichtlich nach Osten, hoch hinauf in die waldreichen Berge.

So wanderte er zwei Tage lang ohne eine Ahnung, wohin er geführt wurde. Manchmal schien die innere Vision ihn im Stich zu lassen, und er war überzeugt, sich verirrt zu haben. Doch jedesmal, wenn er von seiner Richtung abweichen wollte, erwachte die Stimme wieder und führte ihn zurück auf den richtigen Pfad. Unbeirrt zog er ein paar Tage weiter, noch immer in gemächlichem Tempo, da die Zeit keine Rolle zu spielen schien. Dennoch hatte er das Gefühl, daß er nie lange an einem Lagerplatz verweilen dürfte. Wenn er frühmorgens erwachte, machte er sich sofort auf den Weg und wanderte ohne Pause weiter, bis die Müdigkeit ihn zwang, wieder Rast zu machen. Schließlich gelangte er in ein enges Tal, und nun wußte er: er war angekommen. Während er das Tal hinaufwanderte, stieß er plötzlich auf eine kleine, offenbar sehr alte Hütte, die sich an den nördlichen Talhang schmiegte. Es schien, als habe sie immer dort gestanden.

Kaum hatte er die Hütte entdeckt, als ihm klar wurde: das war das Ziel, wohin ihn seine innere Vision führen wollte. Dennoch wußte er, daß es nur eine Zwischenstation auf dem Weg seiner Berufung war. Vorsichtig näherte er sich der Hütte. Auf den ersten Blick war nicht zu erkennen, ob es die Behausung eines Indianers oder eines weißen Einsiedlers war, denn sie trug Merkmale beider Kulturen. Eine blasse Rauchfahne stieg aus dem verbeulten Ofenrohr, das als Schornstein diente; daran erkannte Großvater, daß der Ort bewohnt war. Er wollte nicht einfach zur Hütte hinaufsteigen, denn oft bewachten die Leute ihr Land und waren mißtrauisch gegen fremde Eindringlinge. Vielmehr näherte er sich der Hütte sehr vorsichtig, immer wieder stehenbleibend, um sich zu vergewissern, daß keine Menschen in der Nähe waren.

Aus sicherem Abstand prüfte er die Fußabdrücke vor der Hüttentür. Jetzt wußte er, daß nur ein einzelner dort lebte und daß der Bewohner, nach den jüngsten Spuren zu schließen, im Hause sein mußte. Auch konnte er feststellen, daß die Spuren von einem alten Mann stammten – wahrscheinlich älter als er. Die Spuren verrieten ihm auch, daß dieser Mann eine außergewöhnliche Aufmerksamkeit für seine Umwelt haben mußte – wahrhaft ein Kind des Waldes. Aber noch immer war ihm nicht klar, ob dieser Alte aus der Welt des Weißen Mannes oder aus der Welt der amerikanischen Ureinwohner stammte. Nach vorsichtiger Annäherung, immer wachsam innehaltend, stellte er fest, daß die Hütte keinen feindseligen Eindruck machte. Seine innere Vision sagte ihm, daß keine Gefahr bestehe; darum trat er jetzt unbekümmert vor die Tür.

Nur drei Schritte trennten ihn von der Tür, da hörte er aus dem Innern eine Stimme, die ihn freundlich bat einzutreten. Es war eine alte Stimme, und sie verriet ihm, daß er schon lange erwartet wurde. Großvater war überrascht, denn dieser alte Mann hatte offenbar von seinem Kommen gewußt, lange bevor er die Hütte erreichte. Auch war dem Alten anscheinend bekannt, in welchem Moment Großvater vor der Hüttentür ankommen würde. Dies verwunderte Großvater, denn nur wenige Menschen, die er auf seinen Reisen kennenlernte, verfügten über Fähigkeiten, die an die Wachsamkeit dieses Alten heranreichten. Und selbst jene, die noch in enger Verbindung zur Erde lebten, wären kaum fähig gewesen zu einer so aufmerksamen Beobachtung. Es war schon erstaunlich genug, daß der Alte von Großvaters Kommen wußte. Dabei hatte er nicht einmal seine Hütte verlassen. Voll staunender Neugier trat Großvater durch die Tür.

Er sah den Alten an einem massiven, abgewetzten Tisch sitzen. Die ganze Hütte war primitiv aus Balken zusammengefügt. An der Wand hing eine alte Flinte, die aussah, als habe sie schon seit Jahren niemand mehr berührt. Daneben gab es verschiedene

Gerätschaften, die meisten handgefertigt und von indianischer Herkunft. In dieser Hütte fanden sich kaum Dinge aus der zivilisierten Außenwelt. Und auf den ersten Blick war zu sehen, daß dieser alte Mann in völliger Autarkie lebte. Auch er selbst paßte vollkommen in das Bild der Hütte. Er trug die zerschlissenen Leinwandhosen des Weißen Mannes, dazu Mokassins und ein Hirschlederhemd. Seine runzligen, verwitterten Gesichtszüge waren die eines weißen Mannes, doch sein weißes Haar hing auf indianische Art lang und in Zöpfen geflochten herab. Sein Hirschlederhemd war mit Federkielstickerei verziert, sorgfältig ausgeführt, doch zerschlissen vor Alter.

Der alte Mann begrüßte Großvater lächelnd und winkte ihn freundlich zu sich an den Tisch. Zwar liebte Großvater es keineswegs, in geschlossenen Räumen oder auf Stühlen zu sitzen, aber er wollte den alten Mann nicht kränken. Der Alte goß Tee in eine handgeschnitzte hölzerne Schale und reichte sie Großvater mit breitem Lächeln. Zu Großvaters Freude war es ein Tee von Tannenspitzen und nicht die typische Mischung, die es im Handelsposten zu kaufen gab. Ohne Umschweife sagte der Alte nun zu Großvater, daß er gewiß ein Indianer aus dem Süden sei; er schätzte sein Alter ziemlich genau und erriet sogar seine Stammesgruppe. Auch blieb ihm nicht verborgen, daß Großvater ein Kind der Erde war, unverkennbar unterwegs auf der Suche nach einer Vision. Großvater konnte nur staunen, was dieser Mann alles von ihm wußte. Er erinnerte ihn an seinen Urgroßvater, bei dem er einst aufgewachsen war: genauso wachsam war sein Bewußtsein, genauso scharf seine Beobachtungsgabe.

Lange Gespräche führten die beiden an diesem Tag. Der Alte bezauberte Großvater mit seinem Witz und Charme. Bald hatte Großvater herausgefunden, daß dieser Alte ein Mensch von tiefer Spiritualität war und viele Dinge wußte, die Großvater von der Geisterwelt erfahren hatte. Das überraschte ihn, denn es kam nur selten vor, daß ein Weißer solche spirituellen Fähigkeiten hatte wie dieser Alte. Großvater erkannte bald, daß der Alte in tieferer Verbindung zur Erde lebte als die meisten spirituellen Sucher. Dann wurde ihm klar, daß er einen weißen Schamanen vor sich hatte. Noch nie war er einem solchen begegnet – zumindest keinem von so hohem Rang.

Großvater und der Alte tauschten manche Erfahrungen und Geschichten aus. Sie stellten fest, daß beider Leben zum großen Teil in ähnlichen Bahnen verlaufen war. Beide waren Wanderer und Sucher nach einer verbindlichen, einfachen Wahrheit. Beide verehrten den Großen Geist im Tempel der Schöpfung und hatten Verbindung gefunden zur spirituellen Welt der Natur. Der Alte erzählte Großvater, wie verzweifelt er in den letzten Jahren einen Menschen gesucht habe, dem er sein Wissen weitergeben könne. Doch die Welt wolle nicht hören auf das, was er zu sagen habe. Jetzt wünsche er nur noch, seine restlichen Jahre hier im Herzen der Schöpfung zu verbringen – weit entfernt von der Welt des Weißen Mannes. Dennoch betrübe es seine Seele, daß all sein Wissen mit ihm sterben solle, denn er befürchte, daß die Oberflächlichkeit dieser Gesellschaft eines Tages die Erde zerstöre. Wie hilflos war dieser Alte in seinem Bemühen, eine Entwicklung aufzuhalten, die unausweichlich zur Vernichtung allen Lebens führen mußte! Doch niemand wollte auf ihn hören.

Großvater war es ähnlich ergangen. Wie oft hatte er versucht, anderen sein Wissen zu vermitteln, aber anscheinend wollte niemand die alten spirituellen Überlieferungen kennenlernen. Auch er fühlte sich hilflos, und er fürchtete, daß all sein angesammeltes Wissen vergeblich sein würde. Aber anders als dieser Alte wollte Großvater nicht aufgeben und zum Einzelgänger werden. Er wußte, eines Tages würden die alten spirituellen Überlieferungen wieder auf Interesse stoßen. Er wußte nicht warum, doch war er überzeugt, daß die Kenntnisse, die er erworben hatte, nicht nur ihm gehörten, sondern der ganzen Welt. Der Alte hatte einen heroischen Kampf geführt, er hatte weiterzugeben versucht, was er wußte – und er versuchte es immer noch. Aber er war zu alt geworden, um seinen Weg fortzusetzen. Dennoch habe er nicht aufgehört zu lernen, wie er Großvater erzählte, und er werde niemals damit aufhören, bis der Große Geist ihn in die Geisterwelt entführe.

Zum Ende dieses Tages hatten Großvater und der alte Mann

das Gefühl, als ob sie sich seit Jahrzehnten kennen würden. Großvater staunte über die spirituellen Fähigkeiten des Alten. Seit langer Zeit hatte er keinen Menschen von ähnlicher Bewußtheit und Wachsamkeit getroffen; es tat gut, mit jemandem beisammen zu sein, der ihn verstand und mit dem er auf ebenbürtiger Basis sprechen konnte. Auch die folgenden Tage verbrachte Großvater bei dem alten Mann, lernend und Erfahrungen austauschend. Stundenlang wanderten die beiden auf den Waldpfaden der Umgebung. Großvater stellte fest, daß der Alte oft Wild im Dickicht bemerkte, lange bevor Großvater wußte, wo es war. Es entwickelte sich ein spielerischer Wettkampf zwischen den beiden, wer als erster ein Tier entdecken konnte. Das Spiel zog sich Tage hin, und einmal lag der eine, einmal der andere in Führung. Ging der Tag zu Ende, stand das Spiel meist unentschieden.

Großvater fiel auf, daß der Alte anscheinend nicht auf Wildwechsel und Fährten achtete, die sich durch das Gebiet zogen. Dies fand er seltsam, denn ein so scharfer und aufmerksamer Beobachter der Natur sollte doch Fährten im Auge behalten. Für Großvater bestand kein Unterschied zwischen Bewußtheit und Fährtenlesen – sie waren für ihn ein und dasselbe. Er verstand einfach nicht, warum der Alte so manches übersah, was es am Boden zu entdecken gab. Er wußte nicht, ob es Absicht oder Zufall war. Und nun fragte er den Alten, warum er anscheinend nicht auf Fährten achte – und war sprachlos vor Staunen über die Antwort des alten Mannes. Er sagte Großvater, er sei von Geburt an blind und könne nur Fährten lesen, indem er sie mit den Händen ertaste.

Großvater war wirklich verblüfft. Denn im Verhalten des Mannes, in seinen Bewegungen und seinem Gang gab es nichts, was seine Blindheit verraten hätte. Großvater konnte nicht fassen, daß dieser Alte – in völliger Blindheit – so selbständig, autark und bewußt leben und so weite Reisen unternehmen konnte, wie er es in seinem Leben getan hatte. Großvater staunte über die Fähigkeit des Alten – er mußte sie einfach bewundern. Er versuchte sich vorzustellen, welche Hindernisse dieser Mann in seinem Leben zu überwinden hatte und wie leicht Großvaters Weg war – verglichen mit dem Weg, den dieser alte Mann in völliger Dunkelheit gehen mußte. Und Großvater verstand überhaupt nicht, wieso dieser Alte sein Leben als gescheitert betrachtete. War es nicht Erfolg genug, so gut für sich selbst sorgen zu können? Er brauchte keine Schüler, um sie zu lehren, denn er war ein leuchtendes Beispiel für alle, die seinen Weg kreuzten – besonders aber für Großvater.

Am nächsten Tag nahm Großvater Abschied. Er sagte seinem neuen Freund, daß er für immer seinem Beispiel folgen wolle und daß er anderen Menschen berichten werde, was ein Blinder trotz seines Gebrechens erreicht habe. Durch ihn, sagte Großvater, solle der Alte seine Vision als Lehrer verwirklicht sehen, denn die Lektionen, die Großvater von ihm gelernt habe, würden für immer ein Teil von ihm und seinem Wissen bleiben. Ohne ein Lebewohl ging Großvater fort, den Weg zur Küste zurück, den er gekommen. Er fühlte sich sehr traurig, denn er wußte, daß er den Alten niemals in irdischer Gestalt wiedersähe. Spirituell würden sie immer verbunden bleiben, doch Großvater war es, als habe er einen Vater verloren, so stark war ihre Freundschaft und Liebe. Er hatte Tränen in den Augen, als er aus der Ferne ein letztes Lebewohl winkte. Großvater lächelte, als der Alte zurückwinkte; dieser wußte, ohne es zu sehen, daß Großvater gewinkt hatte. Wieder konnte er nur ehrfürchtig staunen.

Ein paar Tage später war Großvater wieder an der Küste und auf dem Weg nach Norden. Noch immer hatte er keine Eile, doch vernahm er den Ruf und folgte ihm. In seinem Herzen wohnte das tiefe Wissen, das er bei dem Alten erworben hatte. Er wußte, es ging um mehr als das leuchtende Beispiel, das dieser Mann ihm geboten. Immerhin hatte die innere Stimme, der er folgte, ihn aus einem bestimmten Grund zu dem Alten geführt. Und er erkannte, daß dieser Besuch mehr Bedeutung hatte, als er vorläufig ahnen konnte. Aber so sehr er sein Herz befragte, die Lektionen waren ihm noch nicht klar. Er wußte, daß er sich mit dem begnügen mußte, was er gelernt hatte; alles andere blieb der Zukunft überlassen. Dennoch ließ ihn der Gedanke an den alten Mann nicht los. Immer war eine gewisse Traurigkeit damit verbunden, aber er wußte nicht warum.

Viele Tage waren vergangen, seit Großvater die Hütte des Alten verlassen hatte, und er dachte nun seltener an ihn zurück. Eines Abends, als Großvater vor seinem offenen Feuer schlief, hatte er einen Traum – oder eine Vision – von dem alten Mann, wie er einen Berg hinanstieg. Ganz deutlich sah er den Alten am Gipfel ankommen – einem Gipfel, der ganz aus Licht zu bestehen schien. Im Traum drehte der Alte sich um und schaute den Weg zurück, den er gegangen war. Großvater sah ihn lächeln, noch einmal winken – und dann in das Licht eingehen. Großvater erwachte mit einem Ruck, schwitzend und zitternd von dem lebhaften Eindruck seines Traumes. Er wußte sogleich, daß die Vision des alten Mannes ihre Vollendung gefunden hatte, und instinktiv ahnte er, daß der Alte gestorben war. So sehr überwältigte ihn der Verlust, daß er schluchzte, bis das erste Tageslicht seine Tränen trocknete.

Konnte es sein, dachte Großvater, daß dieser alte Mann nur so lange gelebt hatte, bis er ihm sein Wissen hinterlassen konnte? Jetzt, da es weitergegeben war, durfte der Alte seine letzte Wanderung ins Licht antreten. Großvater empfand tiefe Dankbarkeit bei diesem Gedanken. Und wieder wünschte Großvater den tieferen Sinn der Lektion zu erfahren. Ohne zu wissen, ob er damit die Vision des Alten vielleicht entwürdigte, gelobte er, nicht nachzulassen, bis er sein spirituelles Vermächtnis verstände. Nur wenn er alle Lektionen, ob er sie schon verstand oder nicht, im Herzen bewahrte, konnte er das Andenken seines Freundes in Ehren halten.

Darum beschloß er, ein paar Tage haltzumachen und sich ausschließlich mit der Lehre des Alten zu beschäftigen. Damit verstieß er jedoch gegen die innere Stimme, die ihn nach Norden rief. Das Vermächtnis des Freundes war ihm wichtiger, und er glaubte nicht weiterwandern zu dürfen, bevor er nicht die tieferen Lektionen verstanden hatte. Die treibende Kraft aber rief ihn immer dringender, und allmählich verblaßte seine Erinnerung an den Alten. Der Ruf nach Norden wurde so stark, daß er sich nicht mehr auf die Vision des Alten konzentrieren konnte. Der klare Befehl, sofort aufzubrechen, lenkte ihn ab von allen anderen Gedanken. Und während Großvater dann im Morgennebel weiterzog, sah er den alten Mann auf einem fernen Berg im Norden stehen und ihm zuwinken. Da wußte er, daß auch der Alte ihn nach Norden rief und er gehen mußte, ohne das Geheimnis der Vision dieses Mannes zu erfahren.

Großvater war noch mitten in Alaska, als der Winter anbrach. Dennoch trieb die Kraft ihn weiter nach Norden. Er fürchtete sich, denn irgendwo jenseits der Baumgrenze mußte der Schutz des Waldes für ihn enden. Der weitere Weg durch die tief verschneite Tundra wäre dann ein mühsamer Überlebenskampf. Auch fände er kein Material, um sich ein festes Lager einzurichten. Und bei der mörderischen Kälte dort dürfte er keinen Fehler machen. Schon der kleinste Irrtum könnte ihn das Leben kosten. Aber er folgte dem Ruf, auch wenn sein Leben auf dem Spiel stand.

Nun trieb die innere Stimme ihn zu äußerster Eile an. Selten war ihm eine Rast vergönnt; nach kurzem Schlaf verließ er wieder das Lager. Irgendwann wurde ihm klar, daß er ohne Schneeschuhe nicht weiterkomme, und es dauerte ein paar Tage, bis er sich welche gemacht hatte. Dauernd trieb die Kraft ihn zur Eile. Endlich, nach schier endloser Wanderung, kam er in eine Gegend, wo er den Ruf schwächer vernahm, bis er schließlich ganz verstummte. Er war am Ziel, das wußte er; hierher hatte die Kraft ihn geführt. Er zweifelte nicht daran, auch wenn ihm nicht klar war, warum – oder welche Lektion er hier lernen sollte. Rasch fing er an, sich ein festes Lager zu bauen, bevor das Land im Griff des Winters erstarrte.

Sein Lager lag am Rand eines Waldstreifens, der sich bis in die Tundra erstreckte. Da standen die letzten Bäume, die es hier gab, und da war auch der letzte Platz, wo er noch Zuflucht für den Winter finden konnte. In der unendlichen Tundra zu lagern wäre Selbstmord gewesen. Nach ein paar Tagen merkte er, daß er gar nicht am Rande der Tundra lagerte, sondern am Ufer eines gefrorenen, jetzt mit Schnee bedeckten Sees. Die Tundra dehnte sich jenseits des Sees bis zum fernen nördlichen Horizont. Dennoch zweifelte Großvater nicht, daß dies der Ort sei, an den er geführt werden sollte. Das Überleben wurde ihm hier erleichtert, denn in dem Wald, wo er sein Lager aufschlagen wollte, fand er eine alte, halb verfallene Jägerhütte, die ihm nach einigen Reparaturen Zuflucht bot. Tatsächlich ähnelte seine neue Bleibe eher einem Unterstand als einer Hütte; die Balkendecke war nur roh behauen und mit Lederriemen zusammengefügt.

Die nächsten Tage verbrachte Großvater mit dem Sammeln von Nahrung, bevor die schweren Winterstürme ihn daran hinderten. Bald würde der Schnee kommen und alles unter sich begraben; darum war es Großvaters erstes Ziel, Nahrungsvorräte zu sammeln und seine Hütte auszubessern. Nach des Tages Arbeit war er meist so erschöpft, daß er in langen, tiefen Schlaf versank. Er brauchte sich keine Gedanken zu machen, warum er sich hier aufhielt und was er hier tun sollte. Es war ein Wettlauf mit Kälte und Schnee, und Großvater fand keine Zeit für Entspannung und innere Einkehr. Diesen Luxus konnte er sich jetzt nicht leisten. Es gab kaum Menschen so hoch im Norden, und diese wenigen hatten sich schon längst auf den Winter vorbereitet. Wie einsam fühlte sich Großvater in seinem Überlebenskampf!

Als sein Winterlager fertig und sein Nahrungsvorrat angelegt war, fand Großvater endlich Zeit, sich auszuruhen und die im Frost erstarrte Landschaft zu genießen. Er beobachtete die Tiere, die es hier gab, und staunte, wie leicht sie anscheinend überlebten. Die Schneehühner faszinierten ihn besonders. Diesen sorglosen Vögeln schien auch tiefer Schnee und strengste Kälte nichts auszumachen. Sie brauchten kein Nest, sondern gruben sich einfach in eine Schneewächte ein, in deren weißer Tarnung sie verschwanden – sicher vor aller Gefahr. Er konnte nur staunen über diese kleinen Vögel, die doch so verletzlich wirkten. Anscheinend brauchten sie nichts, um hier im eisigen Norden zu überleben, denn sie waren Teil der Schnee- und Eiswüste. Er dagegen brauchte Nahrung und Werkzeuge aller Art, um notdürftig sein Leben zu fristen.

Die Tage vergingen, und Großvater erkannte, daß diese Schneehühner der Tundra ganz ähnlich lebten wie die Eidechsen der Wüste. Beide gehörten an ihren Platz, beide waren Teil des großen Ganzen. Und er begann seine Schwäche zu akzeptieren und fand sich mit der Tatsache ab, daß der Mensch eben Werkzeuge zum Überleben benötigt. Anders als die Schneehühner, die nichts brauchten, um zu überleben, brauchte er so viele Dinge – und dies gab ihm oft das Gefühl, ein Fremder in diesem Land zu sein. Es war eine deprimierende Vorstellung für Großvater, überall ein Fremdling zu bleiben, weil er sich Werkzeuge machen mußte. Realistisch betrachtet, so überlegte er, konnte der Mensch ohne irgendwelche Geräte nur in den wärmsten und fruchtbarsten Gegenden der Erde leben. Auch wenn er selbst ganz zufrieden war mit seinem Leben in einer so kalten Gegend, fühlte er sich noch immer ein wenig abseits und fremd. Sehnlich wünschte er sich, ein Teil des Ganzen zu werden, wie es die Schneehühner in Eis und Schnee und die Eidechsen in der Wüste waren.

Dann verbrachte er Tage damit, den kleinen Waldstreifen bei seiner Hütte zu erforschen, den gefrorenen See, die schneebedeckten Hügel und die weite Tundra dahinter. Obwohl er seine Chance, hier zu überleben, nicht allzu hoch einschätzte, ließ er sich nicht aufs Kämpfen ein. Wie er es in der Wüste erfahren hatte, mußte er hier dem Gesetz der eisigen Tundra gehorchen und selbst Teil dieses Gesetzes werden. Für Großvater war es beglückend zu wissen, daß er die Lektion der Wüste jetzt in der Eiswildnis anwenden konnte. Auch hier betrachtete er das Ganze als ein Wesen, das nicht nur spirituell, sondern auch körperlich lebendig war. Indem er das Bewußtsein dieses Landes in sich aufnahm, wurde er Teil dieses Bewußtseins, und jetzt bestand auch sein Bewußtsein aus Schnee, Eis und Kälte. Nun fühlte er eine stärkere Verbindung zum Land, doch noch lieber hätte er ganz so gelebt wie die Schneehühner.

Noch bedrückte ihn die Ungewißheit, warum er in die Tundra geführt worden war. Das Leben hier sah er nicht als Kampf an, und leicht akzeptierte er die Gesetze dieser Wildnis. Wohl blieb noch vieles zu lernen, aber die Kenntnisse, die er in der Tundra erwerben konnte, waren nicht so klar umrissen wie die, die ihn die Wüste gelehrt hatte. Ungeduldig fragte sich Großvater, ob er sich härter anstrengen solle, um mögliche Antworten zu finden? Nur eines wollte er nicht: Er wollte nicht kämpfen müssen – jetzt, da ihm alles so leicht fiel. Sollte er auf Visionssuche gehen? Auch dies wäre müheloser gewesen, hier, wo er zu akzeptieren gelernt hatte. Alle Antworten, das wußte er, lagen in der Weisheit der Schneehühner beschlossen. Aber er, wie sollte er diese Weisheit finden?

Eines Abends zog es ihn hinaus bis zur Mitte des Sees. Lange saß er dort am Rande einer überfrorenen Schneeverwehung, und schaute zum Himmel über dem fernen Horizont. Das Nordlicht tanzte mit einem Leuchten, wie er es nie erlebt hatte. Es entflammte den ganzen See mit einem Spiel von Licht und Schatten. Ehrfürchtig blickte Großvater zum Himmel hinauf. Beinahe unerträglich war diese Schönheit, und Tränen stiegen ihm in die Augen. Plötzlich schien die unendliche Eiswüste lebendig zu werden – lebendiger als alles, was er bisher erlebt hatte. Er spürte den Schnee, den der Wind herantrieb, er spürte die klirrende Kälte. Bald aber wurde er ein Teil der Schneedrift, ohne den Blick vom himmlischen Lichtertanz zu wenden. Er blieb allein und wünschte doch, er könne diesen Zauber mit anderen teilen. Was ihn traurig machte, hier in der winterlichen Einsamkeit des Nordens, war die Tatsache, daß dieses magische Schauspiel unbeachtet blieb – unbeachtet auch von vielen, die dieses Land ihr Zuhause nannten.

Als er sich dann ganz einsam und verlassen fühlte, sah er plötzlich vor sich im Schnee einen winzigen, glitzernden schwarzen Punkt. Es war das Nordlicht, gespiegelt in diesem schwarzen Tröpfchen Feuchtigkeit. Er schaute es lange an und versuchte sich klar zu werden, ob das Bild wirklich sei oder nur Einbildung. Jetzt blinkte der schwarze Punkt, und Großvater merkte, daß es ein Auge war, das ihn anblickte, das Auge eines Schneehuhns, das tief im Schnee verborgen saß. Genau wie er selbst betrachtete auch das Schneehuhn das Schauspiel des

Nordlichts – und es betrachtete Großvater. Trauer und Einsamkeit fielen plötzlich von ihm ab. In diesem Schneehuhn erkannte er einen Freund, einen Sucher nach Schönheit und Einfachheit, wie er selbst es war. Auch das Schneehuhn sah die unaussprechliche Schönheit des tanzenden Lichts, und so entstand für immer ein Band zwischen ihnen beiden.

Tief in Gedanken und dankbar für die Lehre, die das Schneehuhn ihm erteilt hatte, ging Großvater zurück in sein Lager. Jetzt fühlte er sich angenommen von diesem Land – doch kehrte das Gefühl der Fremdheit zurück, als er seine Hütte erreichte. Sein Obdach schien ihn von diesem Land zu trennen, von diesem Eins-Sein, das er zu erreichen suchte. Er sehnte sich danach, so zu werden wie das Schneehuhn. Und dann fiel ihm etwas ein, das der blinde Alte ihm gezeigt hatte, etwas, was der Reise hierher einen Sinn gab. Das Erlebnis auf dem See erinnerte ihn an das Auge eines Schneehuhns, das er bei dem Alten gesehen hatte. Damals schien diese Begebenheit nicht so wichtig, aber jetzt sah er sie in einem anderen Licht.

Unweit der Hütte des Alten waren sie durch den Wald gewandert, wie Großvater sich nun erinnerte, und hatten ein totes Schneehuhn gefunden. Der alte Mann erzählte, daß ein Freund von ihm versucht habe, Schneehühner in Gefangenschaft zu züchten – doch der Versuch scheiterte, und viele der Vögel entkamen in die Freiheit. Der Alte erzählte weiter, daß Schneehühner in jenem Teil des Landes nicht überleben könnten, weil sie die kalte Tundra als ihre Umwelt brauchten. Im letzten Sommer, so sagte er, habe er die meisten dieser arktischen Vögel tot aufgefunden. Großvater erinnerte sich, wie er mit einem Gefühl von Verlust und Trauer in das erstarrte Auge des toten Schneehuhns geblickt hatte. Er wußte, der Vogel war fern von seinem Lebensraum und konnte nicht überleben. In dieser Landschaft und bei der anderen Witterung blieb der Vogel ein Fremdling.

Und plötzlich wurde Großvater ganz leicht ums Herz, weil ihm – durch dieses Schneehuhn – eine wichtige Frage beantwortet worden war. Immer war Großvater überzeugt gewesen, daß der Mensch überall schlechte Überlebenschancen habe, weil er

Werkzeuge braucht und dadurch ein Fremdling auf Erden bleibt. Jetzt aber erkannte er die Notwendigkeit solcher Werkzeuge: sie sind keine Belastung, sondern ein Segen. Denn mit Hilfe von Werkzeugen kann der Mensch überall existieren, wo er nur will, und die Herrlichkeit der Natur genießen. Er bleibt auf keinen Ort beschränkt, ist nirgendwo fremd, und solange er die Gesetze der Natur befolgt, hat er die Freiheit zu wandern, wie sie nicht einmal die Tiere kennen. Nein, er glaubte sich keineswegs den Tieren der Schöpfung überlegen, doch endlich fühlte er sich als Teil des Ganzen. Wohl war das Bedürfnis des Menschen nach Werkzeugen eine Belastung, aber gleichzeitig gereicht es ihm auch zum Segen. Solange der Mensch das Gesetz der Schöpfung befolgt, lebt er nicht als Fremdling auf Erden und solange er auf das lebendige Bewußtsein des Landes eingeht, braucht sein Überleben kein Kampf zu sein.

Nach ein paar Tagen verließ Großvater sein arktisches Lager, um zur Küste zurückzuwandern und dann nach Süden. Monate blieb er unterwegs, jetzt aber nicht mehr mit einem drängenden Ziel, sondern nur mit der Absicht, die Länder am Weg zu erforschen. Sie tat gut, diese Befreiung vom dauernden Suchen und Lernen und von jener unerbittlichen inneren Stimme, die ihn die letzten zwei Jahre begleitet hatte. Aber während er die Küste entlangwanderte, meldete sich die Stimme noch einmal – und befahl ihm, wieder landeinwärts zu gehen. Großvater war sich klar darüber, wohin die Stimme ihn führen wollte. Er war unterwegs zur Hütte des Alten, und doch wußte er in seinem Herzen, daß er den Freund dort nicht mehr antreffen würde. Doch wenigstens konnte er das Andenken des Alten durch Gebet und Zeremonie ehren.

Es dauerte ein paar Tage, bis er die Hütte erreichte, und zu Großvaters großer Überraschung stieg Rauch aus dem verbeulten Schornstein auf. Kein Zweifel, dort wohnte noch jemand. Großvater beschleunigte seine Schritte und trat vor die Tür der Hütte. Bevor er anklopfen konnte, bat eine Stimme ihn herein. Es war nicht die Stimme des Alten, sondern eine viel jüngere Stimme, aber sie hatte den gleichen Klang von Bewußtheit und spirituellem Wissen, den die Stimme des alten Mannes gehabt hatte. Als Großvater die Tür öffnete, sah er einen jungen Mann am Tisch sitzen. Er trug ein Hirschlederhemd, mit Federkielstickerei verziert. Lächelnd bat er Großvater, sich zu setzen. Gebannt sah Großvater diesen Jungen an, der in seinem Verhalten und seiner Bewußtheit so sehr dem Alten zu gleichen schien.

Großvater blieb ein paar Tage bei dem jungen Mann. Verwundert erfuhr er, daß Ben – so hieß er – der Großneffe des Alten sei. Ben erzählte Großvater, daß er schon viele Sommer an diesem Ort lebe; zwischendurch habe ihn die Großstadt für ein Weilchen angelockt. Seine Suche, so erzählte er, habe ihn wieder an seinen Ausgangspunkt geführt, und nun sei er bereit, in die Spuren seines Großonkels zu treten. Er wolle die Vision des Alten bewahren und weitergeben. Jetzt wußte Großvater, daß die Vision des Alten lebendig war und sein Wunsch doch noch Erfüllung gefunden hatte. An dem Tag, als Großvater weiterzog, sagte Ben, er habe ein Geschenk für ihn von seinem Großonkel. Mit diesen Worten überreichte er Großvater die Schwungfedern eines Schneehuhns und sagte, sein Onkel habe ihm versichert, daß Großvater wisse, was sie bedeuten. Mit Tränen in den Augen ging Großvater von dannen.

Ich schaute auf die Schneehuhnfedern in Großvaters Zopf und verstand endlich ihre Bedeutung, die mir so lange rätselhaft geblieben war. Rick und ich standen noch im Bann von Großvaters Geschichte. Nein, sie machte es uns nicht leichter, die Kälte der Nacht zu ertragen, aber sie eröffnete uns eine ganz neue Betrachtung des Menschen und der Natur. Auch ich hatte die Überlebenswerkzeuge als Belastung empfunden, aber jetzt erkannte ich sie als Segen. Auch fand ich ein ganz neues Verständnis für die Welt des Lebendigen und des scheinbar Nichtlebendigen. Alle Dinge haben ein lebendiges Bewußtsein, sie sind die Summe all seiner Teile. Auch ich bin Teil dieses Bewußtseins. In dieser Nacht empfanden wir das Feuer nicht mehr als beengend, sondern als etwas, das uns die Freiheit schenkte, die Schönheit des winterlichen Landes zu genießen.

12
Gebrochene Menschen

Ich erinnere mich, wie wir oft zum westlichen Rand der Pine Barrens wanderten, um einen alten Freund Großvaters zu besuchen. Dieser Mann, den Großvater «Half Tree» nannte, war indianischer Herkunft. Ich weiß jedoch nicht, zu welchem Stamm er gehörte. Er lebte verborgen im Wald, ohne fließendes Wasser oder elektrischen Strom, und hielt sich abseits von den Menschen. Anscheinend hatte er draußen in der Gesellschaft von frühester Jugend an nur Ablehnung und Vorurteile erfahren. Daher sein Beschluß, die Menschen möglichst zu meiden und selbständig von der Erde zu leben. Er war ein verbitterter und gebrochener alter Mann, der selten lächelte. Großvater schien der einzige, dem er vertraute, und ich wußte nicht, ob dies auf Großvaters Autorität beruhte oder darauf, daß auch er indianischer Herkunft war.

Half Tree beachtete Rick und mich kaum. Ich glaube, er duldete uns nur Großvaters wegen. Obwohl ich nichts getan hatte, was ihn verärgern konnte, hatte er nur tiefe Verachtung für mich übrig. Alles, was er zu mir sagte, würzte er mit bitterem Sarkasmus. Wenn Großvater nicht da war, sprach er kein Wort mit mir. Ich spürte bei ihm einen tiefsitzenden Haß, aber ich kam nicht dahinter warum. Immerhin, was wünschte er sich noch mehr? Er lebte doch in der Wildnis und fern der Gesellschaft. Offenbar fehlte ihm nichts, und er liebte den Wald. Ich verstand nicht, warum er immer so unglücklich war. Ich glaube, ich habe ihn niemals lachen gehört, und selten sah ich ihn lächeln, allerdings nur, wenn er mit Großvater zusammen war.

Großvater schien zu verstehen, was Half Tree quälte. Stundenlang konnten die beiden Alten sich unterhalten, und danach fiel mir stets auf, daß Half Tree viel sorgloser wirkte. Dann lächelte er manchmal sogar, und das ließ mich annehmen, daß Großvater ihm irgendwie über seine Seelenstörung hinweghalf. Im Lauf der Zeit ging eine deutliche Veränderung mit Half Tree vor sich. Er lächelte öfter und sprach sogar mit mir. Manchmal kam er zu mir und stellte Fragen über die Fertigkeiten, die Großvater ihm beibrachte. Anscheinend war er sehr dankbar für alles, was er von uns lernen konnte. Ja, er lernte die alten Überlieferungen mit größerem Eifer, als ich es je erlebt habe. Sogar im Wald schien er jetzt unbeschwerter, und oft hörte ich ihn mit Großvater über irgend etwas lachen. Es war eine bemerkenswerte Veränderung, die mit ihm vorging, und ich konnte kaum glauben, daß der frühere Half Tree und der neue Half Tree ein und derselbe Mensch waren.

Nachdem Monate vergingen, und Half Trees Fortschritte immer deutlicher sichtbar wurden, erwachte bei mir die Neugier: Ich wollte wissen, welche Sorgen Half Tree früher bedrückt hatten. Er schien irgend etwas zu hassen, und manchmal quälte ihn Selbstverachtung. Auch schien es, als würde Half Tree ein dunkles Geheimnis in sich tragen, mit dem er allein nicht fertig wurde. Wohl wußte ich, daß Großvater die Fähigkeit besaß, Menschen zu heilen, aber was er für Half Tree getan hatte, war für mich ein Wunder. Nachdem ich mich immer für Methoden der Naturmedizin interessiert und Großvater oft geholfen hatte, Heilkräuter zu sammeln, beschloß ich jetzt, ihn zu fragen, auf welche Weise er Half Tree geheilt hatte.

Großvater sagte: «Ich konnte Half Tree helfen, weil es mir einst genauso erging wie ihm. Ich war verbittert und innerlich gebrochen wie er. Aber ich habe gelernt zu gesunden und konnte darum auch ihn heilen.» Und Großvater erzählte mir, daß Half Tree an dem gleichen Schmerz litte wie so viele eingeborene Menschen. Man hatte sie versklavt, ihre Kultur zerstört und ihnen ihr Land weggenommen; auch durften sie ihre Überlieferungen und ihre Religion nicht mehr praktizieren. Ihre Familien waren zerrissen, und sie mußten nach Art des Weißen Mannes leben, getrennt von der Erde. Man sagte ihnen, daß ihre Lebensweise und ihre Religion primitiv und falsch seien und daß sie lernen müßten zu leben wie die Weißen. Sie waren verhaßt und verachtet, galten kaum mehr als die Tiere des Weißen Mannes, und darum war ihr Geist gebrochen. Dann erzählte mir Großvater die Geschichte seines langen Leidens.

Anfangs, als Großvater die Wanderung seines Lebens antrat, schlich er sich oft unbemerkt in die Reservate der Indianer. Er hoffte dort Menschen zu finden, die er unterweisen könne – Menschen, die die alten Überlieferungen lernen wollten. Wohl fand er bereitwillige Schüler, aber er stellte fest, daß sie nicht lange bei ihm blieben. Sie fürchteten die Vergeltung der Weißen, wenn sie die alten Traditionen kennenlernten und am Leben erhielten. Meist mußte er einsehen, daß er es mit versklavten und gebrochenen Menschen zu tun hatte – Menschen, die alle Hoffnung und sogar den Glauben verloren zu haben schienen. Großvater fand überall Armut und Hunger. Die Verantwortlichen waren korrupt, und die Leute lebten unter widerlichen Bedingungen. Häufig verhängte man harte Strafen, und die Menschen fürchteten sich. Viele konnten nicht einmal ihre Religion in Freiheit ausüben.

Die Kinder wurden, wenn sie das Schulalter erreichten, aus ihren Familien gerissen und zur Umerziehung auf ferne Schulen geschickt; manche sahen ihre Familie nie wieder. Das Land, auf dem sie lebten, war unfruchtbar, darum blieben sie abhängig von der Versorgung durch den Weißen Mann. Die Methoden psychologischer Kriegführung und Gehirnwäsche, die man anwandte, waren noch widerwärtiger als die Lebensbedingungen, die sie zu ertragen hatten. Nirgendwo gab es Frieden. Es herrschte drangvolle Enge in den Reservaten, und oft hetzte der Weiße Mann die Stämme gegeneinander. Seuchen und Hunger töteten mehr Menschen als jemals in Kriegen umgekommen waren. Und Alkohol wurde für viele zum einzigen Ausweg.

Einmal, bei einem dieser Besuche in einem fernen Reservat des Nordens, wurde Großvater beinahe von einer weißen Patrouille gefangen. Er verbarg sich am Rand eines Sumpfes, halb im Schlamm vergraben, wo er stundenlang ausharrte, während die Männer ihre Pferde tränkten und aßen. Als sie endlich die Pferde sattelten und bereit schienen, aus der Gegend zu verschwinden, hörte Großvater ein Rascheln am Rand des Sumpfes, nicht weit von dort, wo er sich versteckte. Es mußte ein Mensch sein, der sich bewegte, denn für ein Tier war das Geräusch viel zu laut und unnatürlich. Auch die Männer auf ihren Pferden hatten das Geräusch bemerkt und wandten sich in die Richtung, aus der es kam. Während sie der Ursache des Geräusches nachgingen, hörte Großvater ein Platschen im Wasser, das sich rasch näherte. Wer immer dieses Geräusch verursacht haben mochte, jetzt kam er in seine Richtung, und zwar deutlich vernehmbar.

Das Unterholz teilte sich, und ein junger Indianer kam auf dem Bauch herangekrochen. Die Reiter suchten fieberhaft nach dem Ursprung des Geräuschs; als der junge Mann vor Großvater durchs Gebüsch brach, wandten sie sich in seine Richtung. Ohne nachzudenken, reckte Großvater sich hoch, packte den Jungen am Arm, drückte ihm die Hand auf den Mund und zog ihn zu sich in den Schlamm. Anfangs wehrte sich der Flüchtling, doch als er Großvaters Gesicht sah, ließ er sich in den Schlamm sinken. Die Männer kamen immer näher, wagten sich aber nicht vom festen Ufer weg. Jetzt brach Großvater ein Stöckchen von einem Busch und warf es in ein Schilfdickicht, nicht weit von der Stelle, wo sie beide versteckt lagen. Mit klatschendem Flügelschlag, Büsche und Wasser aufpeitschend, flog eine Wildente auf. Die Männer von der Patrouille lachten und gaben die Suche auf, da sie glaubten, die Ente habe das Geräusch verursacht. Sie ritten davon und waren bald verschwunden.

Großvater zog den jungen Mann aus dem Schlamm, und sie wuschen sich am Wasser, ohne ein Wort zu wechseln. Der Junge betrachtete Großvater verwundert und musterte seine Hirschlederkleidung. Der junge Mann war eindeutig ein Indianer, trug aber Kleider und Schuhe des Weißen Mannes. Es schien, als schäme er sich vor Großvater für seine Kleidung. Großvater, der bemerkte, wie der junge Mann ihn beobachtete, sagte: «Du schaust, als hättest du einen Geist gesehen.» Mit Verwunderung in der Stimme erwiderte der junge Mann: «Vielleicht einen Geist aus der Vergangenheit, lieber Alter. Nie hätte ich gedacht, daß es noch Leute gibt wie dich. Ich kann es nicht fassen, wie leicht du mich vor der Patrouille gerettet hast.» Großvater und der junge Mann lachten ausgiebig über die verdutzten Gesichter der Männer, als die Ente aufflatterte, und dieses Lachen schien den jungen Mann zu erleichtern.

Lange blieben Großvater und der junge Mann am Ufer sitzen und unterhielten sich. Großvater erfuhr, daß der junge Mann keinen indianischen Namen trug, sondern John hieß und in einem Reservat lebte, nicht weit von dort, wo sie saßen. Er mußte sich vor der Patrouille verstecken, erzählte Großvater, weil er ein privates Grundstück betreten hatte und dieses Gebiet für alle Bewohner des Reservats verboten war, auch für die Ältesten. Er sei hierhergekommen, erklärte er, nicht um Rinder zu stehlen, wie die Weißen argwöhnten, sondern um einen heiligen Platz aufzusuchen, von dem die Ältesten oft gesprochen hätten. Es sei schwer, solche Plätze zu finden, denn die meisten der Ältesten, die noch von den Überlieferungen wüßten, seien tot oder schon sehr alt. Viele der Ältesten fürchteten die Vergeltung der Weißen und wagten es nicht, offen über die alten Traditionen zu sprechen.

John erzählte Großvater von seinem Bemühen, möglichst viele der Überlieferungen zu bewahren, die sonst bald für immer vergessen sein würden – und mit ihnen der Großteil der Religion und Weisheit seines Volkes. Viele der Männer und Frauen, so sagte er, seien fortgezogen, um in den Städten zu leben. Manche hätten sich freiwillig als Soldaten zum Krieg gemeldet, der in Europa tobe. Und nicht wenige wenden sich dem Alkohol zu und leben am Rand des Verhungerns, unter asozialen Bedingungen. Viele dieser Menschen hätten ihren Lebenswillen verloren, und der Geist des Stammes sei seit langem gebrochen. Auch John habe versucht, das Reservat zu verlassen und anderswo seinen Lebensunterhalt zu finden, wie er Großvater erzählte, aber er werde in der weißen Gesellschaft nicht akzeptiert. Man hasse und verspotte ihn und verfolge ihn mit Mißtrauen. Er fühle sich nicht mehr als Mensch. Nur sein Verlangen, die alten Traditionen zu erhalten, gebe ihm noch etwas Selbstachtung.

John bat Großvater, auch ihm seine Geschichte zu erzählen, und Großvater berichtete kurz von der Visionssuche seines Lebens, und wie auch er versucht habe, die alten Kenntnisse zu bewahren. Er schilderte John, wie schwer es sei, jemanden zu finden, der von ihm lernen wolle – und daß er überzeugt sei, viele der alten Überlieferungen würden mit ihm sterben. Als Großvater mit seiner Erzählung fertig war, zog ein zufriedenes Lächeln über Johns Gesicht. Und er bat Großvater, ihn zu unterweisen: «Wie lange habe ich darum gebetet, jemand wie du möge kommen und mich belehren. Ich hatte schon den Glauben verloren, daß der Schöpfer diese alten Überlieferungen bewahren wolle.» Großvater sah Johns Begeisterung und sagte ihm lächelnd, daß er nicht lange zu bitten brauche. Er sei gerne bereit, jeden zu unterweisen, der lernen wolle. Als die Dunkelheit anbrach, kehrte John ins Reservat zurück, und Großvater blieb am Flußufer. Sie wollten sich am kommenden Tag an derselben Stelle wiedersehen.

In den nächsten Wochen kam John jeden Morgen zu Großvater an den Fluß. Zuerst lehrte Großvater ihn mit leeren Händen zu überleben, beschützt und ernährt von der Erde selbst, solange er ihre Gesetze befolge. Auch lehrte er ihn, Fährten zu lesen, sogar auf glattem Gestein. Ausnahmslos jeden Tag gab es Lektionen in Wachsamkeit, Bewußtheit und in der Kunst des Pirschens. Und darin eingeflochten war die Philosophie des Lebens mit der Erde. Nach ein paar Wochen der Ausbildung in den physischen Fertigkeiten begann Großvater, John in den spirituellen Überlieferungen zu unterweisen. Auch hier lernte John sehr schnell und blieb stets offen für Großvaters Philosophie. John erwies sich als williger Schüler; oft bat er Großvater, ihm mehr beizubringen, als er zu bewältigen vermochte. Auch Großvater war glücklich, John unterrichten zu können. Zum ersten Mal im Leben faßte er Hoffnung für die Kinder der Erde, und in John sah er die Verkörperung dieser Hoffnung.

Johns Liebe und Begeisterung für das Wissen war ansteckend; mit der Zeit brachte er auch andere junge Leute mit, die lernen wollten. Diese jungen Männer und Frauen waren zwar nicht so lernbegierig wie John, aber sie zeigten sich zumindest interessiert. All diese Menschen gaben Großvater noch mehr Hoffnung für die Zukunft. Er wunderte sich aber, daß er nie in das Reservat eingeladen wurde. John und die anderen, die zu ihm kamen, schienen ihn immer heimlich zu besuchen. Sie achteten auf jeden ihrer Schritte und schienen übermäßig wachsam zu sein. Offenkundig wollten sie nicht entdeckt werden, weder von den Patrouillen noch von gewissen Leuten aus dem Reservat.

Beunruhigt darüber, daß er nicht ins Reservat kommen durfte, stellte Großvater schließlich John zur Rede, warum er ein solches Geheimnis bleiben müsse. Und John erzählte Großvater, daß man nicht jedem im Stamm vertrauen könne. Es gebe Indianer, die korrupt und mit dem Weißen Mann verbündet seien. Falls sie herausfänden, daß manche der jungen Leute zu den alten Traditionen zurückkehrten, würde das sicherlich Rückwirkungen der einen oder anderen Art zeitigen. Großvater fand es sehr traurig, daß es Leute im Stamm gab, denen man nicht vertrauen konnte. Er fragte sich, ob diesen Menschen auch die Tradition der Brüderlichkeit ausgetrieben worden war. Er sah, daß die Leute oft gegeneinander aufgehetzt wurden, was Mißtrauen erzeugte. Dieses Mißtrauen hielt die Menschen davon ab, offen auszusprechen, unter welchen Bedingungen sie leben mußten – ein trauriges Ergebnis psychologischer Kriegsführung.

Auf Großvaters Drängen nahm John ihn endlich mit ins Reservat, anfangs nur im Schutz der Nacht. Bislang, wenn er ein

Reservat besucht hatte, war er immer in den Außenbezirken geblieben und nie ins dichter besiedelte Zentrum vorgedrungen. Nichts, was Großvater bisher gesehen hatte, ließ sich vergleichen mit dem, was er bei seinen Besuchen erleben sollte. Die Lebensbedingungen waren erbärmlich. Viele Behausungen bestanden aus roh zusammengezimmerten Kästen ohne Fußboden oder Heizmöglichkeit. Es gab kaum sanitäre Einrichtungen, fließendes Wasser war selten, und nur wenige der Häuser verfügten über elektrischen Strom. Überall lag Müll herum. Wahrlich, der Weiße Mann hatte diese einst so stolzen Menschen fast zu Tieren herabgewürdigt.

Durch John lernte Großvater bald einige der vertrauenswürdigen Menschen kennen. Hier erlebte Großvater, wie der Terror sogar die Seelen beschädigt hatte. Erschüttert nahm er wahr, wie diese einst stolzen Männer und Frauen, die in Verbindung mit der Erde gelebt hatten, jetzt niedergedrückt, versklavt und gebrochen waren. Er sah Menschen, die in dauernder Furcht voreinander und vor dem Weißen Mann lebten. Vor allem schienen die meisten alle Hoffnung verloren zu haben. Großvater empfand nur noch Trauer angesichts dieses ungeheuren Verlustes. Die Kinder der Erde wurden vor seinen Augen ausgerottet, und er stand hilflos dabei. Wohl war sein eigenes Volk noch frei, aber auch diese Menschen gehörten zu seinem Volk. Depression und Schwermut befielen ihn, als er sah und endlich verstand, was die Herrschaft des Weißen Mannes angerichtet hatte.

Ein paar Wochen blieb Großvater noch am Rande des Reservates. Die meisten seiner Schüler hatten das Interesse für seine Lehren verloren und kümmerten sich um andere Dinge. John, immer noch sehr interessiert, zog schließlich in ein anderes Reservat, um dort zu lehren. In John sah Großvater seine lebendig gebliebene Hoffnung. John wollte als Lehrer in der Reservatsschule arbeiten und hoffte, den Kindern etwas von den alten Fertigkeiten und spirituellen Überlieferungen nahezubringen. Als Großvater dann weiter nach Südwesten zog, wußte er, welch ungeheurer Kampf John bevorstand. Fast schien es unmöglich, daß ein einzelner hoffen durfte, eine Veränderung zu bewirken. Schwermut und Depression bedrückten Großvaters Herz. Er betrachtete sich als einen der Letzten, die noch in Freiheit die alten Traditionen praktizieren durften. Er war allein.

Auf der Reise zurück zu seinem Volk versank Großvater in die tiefste Depression seines Lebens. Oft überwältigte ihn das Gefühl, allein und verloren zu sein. Er wußte, es gab noch Älteste in den Reservaten, die in den alten Traditionen lebten, doch seine Sorge galt den künftigen Generationen. Die Gehirnwäsche des Weißen Mannes und seine Absicht, die Ureinwohner Amerikas zu zivilisieren, beschädigten das Denken von Kindern und jungen Erwachsenen. Die alten Überlieferungen galten als primitiv, und man verlachte diejenigen, die dafür Interesse zeigten. Manchmal wurden Kinder sogar bestraft, wenn sie nach dem alten Wissen strebten. Verlockungen und leere Versprechungen der Weißen entfernten die Kinder noch weiter von ihrem Pfad. Großvater sah zu jener Zeit nur wenig Hoffnung, und er war sehr verbittert.

Zuletzt empfand Großvater sein Leben als Sklaverei – wenn auch von anderer Art als in den Reservaten. Er fühlte sich nicht als freier Mann, solange er nicht kommen und gehen durfte, wie es ihm gefiel. Er konnte nicht wandern, wie seine Vorfahren es taten. Er war eingeschränkt, denn auf seinen Reisen mußte er immer darauf achten, nicht entdeckt zu werden. Er konnte nicht offen auftreten, sondern mußte sich bei seinen Reisen auf das Dickicht der Wildnis oder den Schutz der Nacht beschränken. Stets blieb er auf der Hut und rechnete mit Gefahren. Diese Erkenntnis bedrückte seine Seele wie eine Gefangenschaft, und auch er empfand den Schmerz, den viele Menschen im Reservat ertragen mußten. Er fühlte seinen Glauben erschüttert und seinen Mut zerbrechen. Und wieder begann er zu fürchten, daß viele der alten Überlieferungen mit ihm sterben würden, denn alle Hoffnung schien verloren.

Als ihm klar wurde, welch ungeheure Folgen ein solches Aussterben der Kinder der Erde zeitigen würde, entwickelte sich bei ihm ein Gefühl des Zweifels an sich selber. Er fragte sich, ob seine Überzeugungen etwa die falschen seien – und die des Weißen Mannes die richtigen? Er fragte sich ferner, ob seine primitive Lebensweise vielleicht nur für rückständige Menschen geeignet sei? Wie konnte die Mehrheit der Weißen irren? Befanden sich doch alle Menschen, die in Verbundenheit mit der Erde lebten, jetzt in Gefangenschaft. Falls aber die Ureinwohner im Recht wären – sollten dann nicht die Weißen in Reservaten gefangen leben? Falls die Ureinwohner im Bunde mit dem Schöpfer wären – sollten sie dann nicht imstande sein, den Weißen Mann ins Meer zurückzutreiben, von wo er gekommen war? Selbstzweifel quälten Großvaters Herz, und seine Depression überwältigte ihn. Großvater hatte nur noch den Wunsch, zu seinem Volk zurückzukehren und dort zu sterben. Er sah keinen Sinn mehr darin, das alte Wissen zu lehren, denn das schien ihm jetzt hoffnungslos zu sein.

Tagelang hielt sich Großvater fern vom Lagerplatz seiner Leute. Er konnte ihnen nicht unter die Augen treten mit dem bedrückenden Gefühl, das er hatte. Da lebte sein Volk noch wild und in Freiheit und praktizierte die alten Überlieferungen, aber was bedeutete das schon? Sein Volk war ebenso eingeschränkt und versklavt wie er selbst. Alt waren sie geworden und ohne Nachkommen, denen sie die Traditionen überliefern konnten. Sie waren ein aussterbender Klan, ein Stamm der alten Traditionen, die niemand mehr lernen würde. Er wollte nicht hingehen und ihnen traurige Nachrichten bringen, er wollte ihnen nicht sagen, daß sie die Letzten ihrer Art seien. Für die ihnen verbleibenden Jahre, so glaubte er, wäre es am besten, wenn sie weiterhin in dem Glauben lebten, daß es noch andere wilde und freie Stämme gäbe, die durch die Wildnis streiften. Er mußte abwarten, bevor er ihnen gegenübertrat und in der Zwischenzeit seine Gedanken sammeln.

Eines Morgens, als er an seinem heiligen Platz saß und betete, kam Coyote Thunder zu ihm. Großvater erschrak, als er ihn vor sich stehen sah. Ohne abzuwarten, was Großvater sagen wollte, sprach ihn Coyote Thunder an: «Wir wußten seit vielen Tagen, daß du kommen würdest. Ich kenne auch die Sorge in deinem Herzen, denn auch ich habe den Schmerz gebrochener Seelen gesehen. Das ist der Grund, warum ich den Leuten unserer Sippe nicht erlaube, die Nähe des Weißen Mannes zu suchen. Wir ziehen es vor, bis zu unserem letzten Tag im verborgenen zu leben. Es scheint keine Hoffnung mehr zu geben, aber wir dürfen nicht mutlos werden. Du mußt jeden lehren, der bereit ist zu hören. Geist und Wahrheit werden niemals untergehen, sondern am Ende siegen. Sie werden immer denen gehören, die in Verbundenheit mit der Erde leben und auf spirituellen Pfaden wandeln. Lehre all jene, die für die Erde leben wollen, ganz gleich welcher Rasse oder Religion, denn diejenigen, die diese Verantwortung auf sich nehmen, werden die neuen Kinder der Erde sein! Unsere Traditionen können nicht sterben. Irgendwann wird der Mensch wieder nach unserem Wissen streben.»

Schweigend ging Coyote Thunder fort, ohne daß Großvater die Möglichkeit fand, etwas zu erwidern. Allmählich fühlte er eine neue Hoffnung in sich wachsen. Er wußte, daß es seine Vision und seine Bestimmung war, andere Menschen das Wissen zu lehren. Und er wußte auch, daß er versuchen mußte, jeden zu unterweisen, der bereit war zu hören, ganz gleich ob indianischer Ureinwohner oder Weißer. Er erkannte, daß Coyote Thunder recht hatte. Die alten Lehren und Traditionen würden nicht sterben. Wenn die Weißen endlich die Sinnlosigkeit ihrer Lebensweise und die Leere ihrer materiellen Existenz einsähen, dann würden jene Überlieferungen wieder auferstehen. Er mußte sie weitergeben, damit der Weiße Mann, wenn er über das Materielle hinauszustreben begann, einen Weg finden würde. Ohne Zögern und mit neugeborener Hoffnung ging Großvater nun zu seinem Stamm und wartete dort auf seine nächste Wanderung, seinen nächsten Schüler.

Jetzt verstand ich endlich, was Großvater für Half Tree getan hatte. Er hatte ihm Hoffnung geschenkt – vielleicht zum ersten Mal im Leben. Ich bin mir sicher, daß es Half Tree damals ergangen war wie allen Menschen in der Gefangenschaft des Reservats. Auch er glaubte, einer der Letzten seines Volkes zu sein. Gedemütigt, verlacht und gebrochen, blieb Half Tree nichts anderes übrig, als sich selbst zu hassen. Das war es, was der Weiße

Mann ihm und seinem Glauben angetan hatte. Ich aber konnte mich jetzt mit Half Tree und mit Großvater identifizieren. Immerhin strebte auch ich nach den alten geistigen Überlieferungen. Ich fühlte mich gefangen in einer weißen Gesellschaft, die mich nicht anwenden ließ, was ich glaubte und wofür ich lebte. Ich fühlte mich verlacht, verachtet und von vielen meiner Freunde als Außenseiter behandelt. Ich war Großvater ähnlicher, als ich mir vorgestellt hatte, und seit jenem Tag wurden Half Tree und ich Brüder.

13
Der Lehrer

Bei allem, was Großvater tat, schien er mit sich im Frieden zu sein. Am glücklichsten wirkte er, wenn er jemandem half, gesund zu werden, oder wenn er andere etwas lehren konnte. Das Lehren liebte er mehr als alles andere. Bei Rick und mir gab er sich alle Mühe, unsere Neugier zu erregen – und dann brachte er uns dazu, daß wir ihn bestürmten, uns etwas Neues beizubringen. Dabei hielt er sich zurück, bis unser Interesse für eine Fertigkeit so stark wurde, daß wir uns nichts sehnlicher wünschten, als diese Fertigkeit zu beherrschen. Zuerst weckte er also unseren Wissensdurst, um ihn dann zu stillen, wenn unser Interesse und unsere Motivation am stärksten waren. Nie lehrte er uns etwas, das wir nicht wissen wollten, und er war es, der den Wunsch in uns weckte. Unser Wissensdrang mußte sehr stark werden, bevor er sich für uns öffnete.

Ja, Großvater war ein Coyote-Lehrer. Ein Coyote-Lehrer verschmäht es, vor dem Schüler alles auszubreiten und ihm jede Antwort zu geben. Vielmehr plant der Coyote-Lehrer eine Lektion in der Weise, daß der Schüler nachdenken, Fehler machen und dann die Antwort selbst finden muß. Es ist keine einfache, aber eine höchst wirksame Lehrmethode. Hat der Schüler sich eine Fertigkeit oder Technik auf diese Weise angeeignet, dann beherrscht er sie in jeder Situation, die eintreten mag. Ich vermute, daß Großvater diese Methode kennenlernte, als er selbst in seiner Jugend belehrt worden war. Nachdem ich viele Geschichten gehört habe, wie Coyote Thunder einst Großvater unterrichtete, erkenne ich rückblickend, daß die meisten dieser Lektionen auch mir auf dieselbe Art übermittelt wurden.

In all den Jahren, die ich mit Großvater zusammen war, verlor er nie die Freude am Lehren. Manchmal, nach eines Tages langer Wanderung, war auch er erschöpft – aber sobald wir Interesse für etwas zeigten, vergaß er seine Müdigkeit und begann uns bereitwillig zu unterweisen. Unsere Begeisterung schien ihn emporzutragen, und er fand tiefe Befriedigung, wenn er uns lernen sah. Es gab keinen falschen Zeitpunkt, um Großvater eine Frage zu stellen. Ein Lehrer zu sein, das war alles, was er wollte; es galt ihm als höchstes Ziel seines Lebens. Selbst in den schwierigsten Situationen verlor er nie seine gute Laune, wurde er nie seiner Aufgabe des Lehrens überdrüssig. Seine Haltung als Lehrer machte mir nicht wenig zu schaffen, weil auch ich Lehrer sein wollte. Die wenigen Male aber, da ich jemanden etwas lehren konnte, erwies es sich als harte Arbeit, und ich war schnell frustriert. So fragte ich ihn eines Tages, warum er niemals die Begeisterung verlöre, wenn er uns unterrichte und warum er nie erschöpft oder frustriert sei. Und dann erzählte er mir die Geschichte seines Weges als Lehrer.

Kurz nachdem Großvater das Reservat verlassen hatte und wieder zu seinem Stamm gestoßen war, vernahm er noch einmal den Ruf, auszuziehen und zu wandern. Diesmal war es eher eine Berufung, hinzugehen und andere Menschen zu lehren als ein Befehl, spirituelle Erleuchtung zu suchen. Monatelang bedrängte ihn das starke Gefühl, lehren zu müssen – aber er wollte nicht. Seine früheren Versuche, anderen Menschen sein Wissen zu bringen, hatten ihn so enttäuscht, daß er einfach nichts mehr damit zu tun haben wollte. Noch immer fühlte er sich innerlich verletzt von seinem letzten Besuch im Reservat, und er befürchtete, erneut demselben Leid zu begegnen, wenn er wieder versuchte, Schüler zu finden. Die Leute seiner Sippe waren schon alt und sehr erfahren, darum gab es keine Gelegenheit, sie zu unterweisen. Ihre Fähigkeiten und Kenntnisse waren unübertrefflich.

Was Großvater bei seinem früheren Wirken als Lehrer am meisten betrübte, war, daß seine Schüler keine Ausdauer aufbrachten. Es schien, als wollten sie nur ein paar Monate, höchstens ein halbes Jahr bei ihm bleiben, um dann fortzugehen und sich um andere Dinge zu kümmern. Nie konnte er vollenden, was er angefangen, denn dies würde Jahre dauern. Jugendliche und Erwachsene, so fand er, hatten zuviel mit sich selbst und ihrem Leben zu tun, als daß sie sich ernsthaft mit den alten Überlieferungen beschäftigen wollten. Wenn er jemals sein Wissen weitergeben sollte, dann mußte er einen jüngeren Schüler finden, der eine Leidenschaft fürs Lernen hatte, die alles andere ausschloß und Großvater die Jahre schenkte, die er brauchte, um seine Erkenntnisse zu vermitteln. Solch einen Schüler zu unterrichten, das wußte er, wäre die größte Aufgabe seines Lebens. Jetzt, da er alt geworden war und seine Zeit knapp wurde, fürchtete er, daß seine Vision keinen Nachfolger finden würde. Alles müßte mit ihm sterben.

Aber das starke spirituelle Verlangen, noch einmal hinzugehen und zu lehren, ließ Großvater keinen Tag in Ruhe. Die Qual wurde stärker, je länger er seinen Aufbruch verschob. Er zögerte immer noch und wollte herausfinden, wohin er gehen und was er tun sollte. Im Innersten wußte er: es würde das letzte Mal sein, daß er auszog, um einen Schüler zu finden. Seine Jahre waren gezählt, und ihm blieb nicht mehr viel Zeit. Er mußte bald jemanden finden, und je länger er zögerte, desto unwahrscheinlicher wurde das. Endlich, als er die spirituelle Unruhe nicht mehr ertragen konnte, verließ er abermals seinen Stamm. Er wußte nicht wohin, aber wenigstens mußte er ausziehen und versuchen, seine Vision zu vollenden.

Großvater war gerne bereit, jeden zu lehren, der ihm nur zuhören wollte; aber er wußte auch, daß er einen sehr jungen Schüler finden mußte, jemanden mit viel Zeit und einer Leidenschaft für das Lernen. Dies wäre die einzige Möglichkeit, all sein Wissen weiterzugeben. Das größte Hindernis aber wäre nicht das

Finden eines jungen Menschen. Allen Kindern gefiel immerhin, was er zu lehren hatte. Das Problem war die Gesellschaft, in der sie lebten, und die Befürchtungen ihrer Eltern. Wohl war das Leben in den Reservaten jetzt offener und leichter, aber viele Eltern wünschten, daß ihre Kinder die Lebensweise des Weißen Mannes kennenlernten, um Erfolg im Leben zu haben. Die alten Überlieferungen galten ihnen als primitiv – als etwas, das nicht mehr gebraucht wurde. Dennoch hoffte Großvater, Schüler in den Reservaten zu finden.

Mehr mit dem Kopf als mit dem Herzen beschloß er, John zu suchen, den jungen Indianer, den er vor Jahren unterwiesen hatte. Er wußte, daß John in ein anderes Reservat gezogen war – in der Hoffnung, den Kindern die alten Traditionen nahezubringen. Wenn er John finden würde, könnte er ihm helfen, sie zu unterrichten. Beinahe zehn Jahre waren vergangen, seit er John zum letzten Mal gesehen hatte, und es mochte sehr schwierig werden, ihn ausfindig zu machen. Er hatte keine Ahnung, wohin John gegangen war, um als Lehrer zu arbeiten; darum mußte er in all den vielen Reservaten jener Region nach ihm suchen. Er fürchtete vor allem, daß er in diese Reservate gehen und John aufspüren mußte, ohne Aufsehen zu erregen. Zwar wußte er, daß er sich unter Angehörigen seiner Rasse bewegen würde, aber die Vorstellung ängstigte ihn dennoch.

Zuerst kehrte Großvater zurück in das Reservat, wo er John einst begegnet war. Dort hoffte er einen der Schüler zu finden, die er mit John zusammen unterwiesen hatte. Vielleicht wußte der eine oder die andere, wo man ihn finden könnte. Aber es bereitete ihm schon Schwierigkeiten, den Platz zu finden, wo damals sein Lager stand. Die Landschaft hatte sich sehr verändert, und der kleine Fluß, an dem er lagerte, war jetzt nur noch ein Abwasserkanal. So verließ er seinen einstigen Lagerplatz und zog sich in den dichtesten Wald zurück, den er finden konnte. Es war noch gefährlicher, sich hier aufzuhalten, jetzt, da das Land urbar gemacht und erschlossen war. Sorgfältig mußte er darauf achten, sein Lager vor den Blicken Außenstehender zu verbergen. Und seine Furcht, sich dem Reservat zu nähern, wurde so groß, daß er beinahe den Plan aufgegeben hätte und zu seinem Volk zurückgekehrt wäre. Die Erinnerung an früheren Schmerz bedrückte ihn, besonders hier in der Nähe des Reservats.

Die nächsten Tage blieb er an seinem Lagerplatz, erforschte die nähere Umgebung und hoffte, daß zufällig jemand vorbeikäme, mit dem er sprechen könnte. Manchmal ging er in den dichter besiedelten Teil des Reservats – aber nur bei Nacht. Um nicht Gefahr zu laufen, ertappt zu werden, wollte er sich lieber einen Fluchtweg offenhalten. Das Reservat war jetzt besser ausgebaut, aber die Lebensbedingungen glichen immer noch denen in einem Slum. Er streifte von Haus zu Haus und suchte die Namen der Bewohner zu erfahren. Vielleicht, so hoffte er, fand er die Spur eines seiner früheren Schüler. Es wäre eine große Hilfe gewesen, denn es hätte ihn von dem Zwang befreit, einen Fremden anzusprechen und nach John zu fragen. Mehrere nächtliche Ausflüge in das Dorf brachten jedoch keinen Hinweis auf einen seiner Schüler, und Großvater war sehr enttäuscht.

Eines Morgens, als Großvater an seinem heiligen Platz saß und betete, bemerkte er eine junge Frau, die sich der Stelle näherte, wo er vor langer Zeit sein Lager aufgeschlagen hatte. An ihrer Seite trippelte ein kleines Mädchen, kaum älter als fünf Jahre. Mit großem Interesse beobachtete er, wie die Frau zu seinem einstigen Lagerplatz ging und sich an den Rand des Abwassergrabens setzte. Und nun sah er fasziniert, wie die junge Frau betend die Hände hob, um dann Kräuter auf Großvaters altem Lagerplatz zu verstreuen. Großvaters Herz jubelte, während er sie beobachtete. John hatte vor vielen Jahren ein paar junge Mädchen zu Großvater mitgebracht, und diese Frau mochte eine von ihnen sein. Ohne zu zögern, mit froher Erwartung im Herzen, näherte er sich der jungen Frau. Kaum hatte er die Lichtung erreicht, wandte sie sich um, sah Großvater und lief ihm sofort entgegen. Sie umarmte ihn herzlich und sagte: «Ich wußte, du würdest wiederkommen. Ich wußte es.»

Großvater spürte, wie ihm Tränen in die Augen stiegen. Hier stand ihm eines der jungen Mädchen gegenüber, die er vor Jahren unterwiesen hatte. Sie war gekommen, um die alten Traditionen zu praktizieren und ihre Tochter die altüberlieferten Gebete zu lehren. Großvater nahm an, daß diese junge Frau wahrscheinlich schon oft diesen Platz aufgesucht hatte – in der Hoffnung, ihn anzutreffen. Sein Herz jubelte, denn er sah, daß sein Wissen auf fruchtbaren Boden gefallen war. Viele Stunden lang saßen er und die junge Frau am Wassergraben und sprachen miteinander. Doch wie betrübt war Großvaters Herz, als sie von den vergangenen Jahren erzählte. Viel Leid hatte es gegeben und viel Verunglimpfung. Die Lebensbedingungen waren so schlecht geblieben wie damals, und die Menschen waren noch hilfloser und niedergedrückter, vor allem die Alten. Die Frau erzählte Großvater, sie sei in ihrem Dorf als einzige von denen übriggeblieben, die Großvater vor langer Zeit unterrichtet hatte.

Als einzige sei sie auch, wie sie Großvater erzählte, den Überlieferungen treu geblieben, die er sie damals lehrte. Sie habe dafür viel Spott ertragen, auch von Großvaters Schülern. Schließlich sei sie gezwungen gewesen, ihre Fertigkeiten im geheimen zu praktizieren – aber auch dann hörten die Verunglimpfungen nicht auf. Erst seit einigen Monaten könnte sie wieder öffentlich die Tradition pflegen. Jetzt versuche sie, die Überlieferungen an ihre Tochter weiterzugeben. Und es schien, als faßten viele in ihrem Stamm wieder Mut, öffentlich ihre Religion zu praktizieren. Auch von John wußte sie zu berichten. Er hatte sich in ein Reservat im Norden begeben, um dort Kinder zu unterrichten. John war Lehrer von Beruf, und so glaubte er, daß er das überlieferte Wissen in den Schulunterricht einflechten könne. Aber die Frau hatte seit Jahren nichts mehr von ihm gehört und wußte nicht, ob er noch immer dort wohne.

Am nächsten Tag verließ Großvater sein Lager und ging nach Norden, in jenes Reservat, wo John angeblich zuletzt gelebt hatte. In großer Erwartung näherte sich Großvater diesem Reservat. Er war mit dem Ergebnis seiner Lehren bei dieser Frau sehr zufrieden und hoffte nun, sie würden bei John noch segensreicher wirken. Vielleicht hatte John Erfolg gehabt bei seinem Versuch, den Kindern das alte Wissen nahezubringen. Immerhin unterrichtete die Frau jetzt ihr Kind. Doch Großvaters Hoffnungen wurden enttäuscht, als er endlich das Reservat erreichte. Er suchte bei Nacht im Dorf, fand aber keine Spur von John. Als der Tag dämmerte, mußte er einstweilen seine Suche abbrechen. In der nächsten Nacht wollte er wiederkehren – in der Hoffnung, einen Hinweis zu finden auf Johns gegenwärtigen Aufenthalt.

Alle folgenden Nächte suchte Großvater im Dorf, fand aber nichts, was ihn zu John führen konnte. Nun ging er auch tagsüber in das Dorf, blieb aber stets in Deckung, um nicht gesehen zu werden. Tagelang beobachtete er das Kommen und Gehen der Bewohner – aber immer noch keine Spur von John. Großvater mußte fürchten, daß John nicht mehr in dem Dorf wohnte. In einem letzten, verzweifelten Versuch, John zu finden, begab er sich zur Schule am Rand des Dorfes und sah die Kinder und Lehrer dort ein und aus gehen. Doch John konnte er nirgends finden. Großvater war nun überzeugt, daß John fortgezogen sein müsse, wußte aber nicht wohin. Dann aber hörte er ein fernes Geräusch, das ihm vertraut war: das Klopfen von zwei aneinander geschlagenen Steinen, die Musik der alten Stämme.

Immer im Schutz des Dickichts, am Rande des Schulhofs, pirschte sich Großvater in die Richtung, aus der das Geräusch kam. Bald erreichte er eine kleine, abgeschlossene Lichtung, wo ein kleiner Junge saß, der Großvater den Rücken zukehrte. Der Junge meißelte einen Stein zurecht, anscheinend um eine Pfeilspitze herzustellen. Beherzt trat Großvater hinter den Jungen und legte ihm die Hand auf die Schulter. Der Junge sprang auf und rannte auf die andere Seite der Lichtung. Von dort beobachtete er Großvater mit angstvollen, staunenden Augen – dabei die Steine, die er bearbeitet hatte, furchtsam hinter seinem Rücken versteckend. Großvater hob die Hand und deutete auf die Steine. Widerstrebend, mit linkischer Gebärde, schob er einen Stein in Großvaters Hand. Großvater meißelte rasch ein paar Splitter ab und gab dem Jungen die fertige Pfeilspitze zurück. Verwundert betrachtete dieser die Pfeilspitze und sah dann Großvater an.

Großvater, der das Vertrauen des Jungen gewonnen zu haben

glaubte, fragte ihn, wo er denn gelernt habe, Steine zu meißeln. Das dürfe er nicht verraten, sagte der Junge. Großvater erzählte dem Jungen, daß der Mann, der ihn gelehrt habe, Steine zu bearbeiten, wahrscheinlich derselbe Mann sei, den Großvater einst in dieser Kunst unterwiesen habe. Der Junge aber sagte, er würde große Schwierigkeiten bekommen, wenn jemand erführe, daß er bei John in die Lehre gegangen sei. Großvaters Herz jubelte, als er Johns Name hörte. Noch einmal bat er den Jungen, ihn zu John zu führen, und dieser willigte widerstrebend ein. John lebe nicht im Dorf, so erzählte er Großvater, sondern hause allein im Wald, viele Meilen entfernt. John könne es nicht leiden, wenn Erwachsene zu Besuch kämen. Er spräche nur mit Kindern. John könne ihm böse sein, befürchtete der Junge, wenn er einen Erwachsenen mitbrächte.

Auf einer alten, von Gras überwucherten Straße führte der kleine Junge Großvater in den Wald. Es ging durch ein Labyrinth von Pfaden und Schneisen, meist über Stock und Stein. Er sagte Großvater, wie leid es ihm täte, daß sie so lange Umwege machen müßten – aber John habe ihm eingeschärft, beim Kommen und Gehen niemals denselben Weg zu benutzen. Großvater erinnerte sich, wie er John die Listen eines Scouts gelehrt hatte, doch fand er es merkwürdig, daß John diese Techniken bei sich zu Hause anwandte. Endlich kamen sie zu einer alten Hütte, tief verborgen im dichtesten Wald. Die Hütte fügte sich unauffällig in die Umgebung ein. Sie ähnelte einem primitiven, aber wetterfesten Unterstand. Der Platz rund um die Hütte war sauber und frei von Abfällen. Von der allgemeinen Zerstörung der Natur konnte man hier nichts merken, und die Vegetation ringsherum war die gesündeste, die Großvater auf seinem ganzen Weg gesehen hatte. Ganz offensichtlich stand er hier vor Johns Zuhause. Großvaters Herz jubelte, als er erkannte, daß John immer noch in vollkommener Harmonie mit der Erde lebte.

Der Junge bat Großvater, ein Weilchen draußen zu warten, während er selbst zu John hinüberlaufen wolle, um festzustellen, ob dieser bereit sei für Großvaters Besuch. Als der Junge über die Lichtung sprang, schallte ihm aus dem Innern der Hütte eine

Stimme entgegen, die ihn bat einzutreten. Der Junge schien sehr verblüfft, daß John von seinem Kommen gewußt hatte. Großvater erblickte einen Mann in der Tür stehen, der ein paar Worte mit dem Jungen wechselte, doch Großvater war zu weit entfernt, um John zu erkennen. Zuerst schien es, als sei der Mann wütend auf den Jungen, und Großvater sah, wie er mißbilligend den Kopf schüttelte. Dann zog der Junge die steinerne Pfeilspitze aus der Tasche – und jetzt rannte der Mann eilig los, in Großvaters Richtung. Als er näherkam, erkannte Großvater John wieder. Er stand auf und trat aus dem Gebüsch, wo er sich versteckt hatte.

Aus dem Lauf heraus fiel John Großvater um den Hals, dann setzten sie sich beide lachend ins Gras. Der kleine Junge, der John nachgelaufen war, stand staunend und verwirrt dabei. Nie hatte er gesehen, daß John jemanden so herzlich begrüßte – geschweige denn einen Erwachsenen. Und nie hatte er John so glücklich gesehen. Dieser, der das verdutzte Gesicht des Jungen sah, stellte Großvater als den Lehrer der Fertigkeiten vor, die John auch den Jungen gelehrt hatte. Der Junge, dem endlich klar wurde, daß dies der alte Mann sein mußte, von dem John seit Jahren sprach, lief hin und umarmte Großvater herzlich. Wohl sah Großvater, welche Verehrung der Junge ihm entgegenbrachte – doch warum, das wußte er nicht. John erzählte nun Großvater, er sei eine Legende in dieser Gegend, und viele Menschen hätten seine Geschichte wohl mehr als einmal gehört.

Als Großvater sich bei John erkundigte, wo alle seine Schüler seien, deutete John traurig auf den kleinen Jungen. Und im Lauf des Tages, den sie zusammen verbrachten, erzählte er Großvater von den schrecklichen Erfahrungen seines Lebens. Vor vielen Jahren, kurz nachdem er Großvater verlassen hatte, bewarb sich John als Lehrer an einer Schule des Weißen Mannes. Die meisten Kinder in dieser Schule waren indianischer Herkunft, und John sah eine gute Chance, ihnen etwas von dem überlieferten Wissen zu vermitteln. Er fand eine Anstellung für ein Jahr und sollte Geschichte in der vierten Klasse unterrichten. Soweit schien alles schön und gut. Das Thema, das er zu behandeln hatte, war Amerikanische Frühgeschichte, und so konnte er leicht die indianischen Überlieferungen in den Unterricht einflechten. Bald nachdem er angefangen hatte, stellte er fest, daß die meisten Geschichtsbücher und die historische Literatur voller Vorurteile gegen die Ureinwohner Amerikas steckten und die Geschichtsdeutung der Weißen bevorzugten. Also begann er, die Kinder nicht nach Büchern zu unterrichten, sondern aus seiner Kenntnis der Wahrheit.

Schon in seinem ersten Monat als Lehrer wurde er von der Schulbehörde streng verwarnt, weil er vom Lehrplan abwich und angeblich Lügen verbreitete. Im zweiten Monat wurde er noch zweimal getadelt und dann schließlich entlassen, als man ihn dabei ertappte, wie er die Stammesreligion in der Klasse erläuterte. Von nun an versuchte er sich als wandernder Lehrer – aber vergeblich, oder bestenfalls mit sehr geringem Erfolg. Er war von jeder Lehrtätigkeit im öffentlichen Schulsystem ausgeschlossen und fand keine Möglichkeit mehr, sein Wissen weiterzugeben. Es wurde sogar gegen ihn ermittelt unter dem Verdacht, kommunistische Parolen zu verbreiten, wie einige Weiße behaupteten. Die Angehörigen seines Stammes mieden ihn aus Furcht, mit seinen Lehren in Verbindung gebracht zu werden. Schließlich blieb ihm nichts anderes übrig, als seinen Stamm zu verlassen; nun unterrichtete er jeden, der zufällig seinen Weg kreuzte. Die letzten Jahre hatte er nur zwei Schüler gehabt – einer davon der kleine Junge, den Großvater schon kannte.

Großvaters Hoffnungen sanken wieder. Nicht etwa, weil die Kinder nicht lernen wollten, denn offenbar waren sie begeistert von den überlieferten Fertigkeiten. Aber er dachte an die Weißen, die dem Volk der Ureinwohner ihre Lebensweise und ihre Meinungen aufzwangen. John erzählte Großvater, daß er mehrmals in der Vergangenheit junge Leute um sich versammelt habe, um sie zu unterrichten, aber nach kurzer Zeit hätten der Druck der Außenwelt und der Spott der anderen sie wieder vertrieben. John aber wolle die Hoffnung trotz allem nicht aufgeben, wie er sagte, weil neuerdings viele nach dem alten Wissen verlangten. Er glaube daran, daß die Menschen eines Tages – vielleicht nicht zu seinen Lebzeiten, doch in ferner Zukunft – wieder nach diesen Werten streben würden. Und er sah eine Chance in der Entschlossenheit der Stämme, die Freiheit des Denkens und Handelns zu fordern, unbeirrt vom Zorn des Weißen Mannes.

Großvater blieb ein paar Tage bei John und dem kleinen Jungen. Er wollte alles über Johns vergebliche Bemühungen als Lehrer erfahren. Was er hörte, nahm ihm jede Hoffnung, und in dieser Verfassung verabschiedete er sich von John. Er bedauerte, wie John leben und wieviel er aufgeben mußte, um die alten Traditionen zu pflegen. Großvater fühlte sich verantwortlich, weil er John mit seinem Traum, seiner Vision bekannt gemacht hatte. Ohne Großvaters Einfluß wäre John vielleicht ein guter Lehrer geworden, in irgendeiner Schule, wo er viel Gutes hätte bewirken können. Statt dessen hatte Großvaters Lehre ihn zu einem Leben verurteilt, das Spott und Verachtung preisgegeben war. Tief verbittert tat Großvater die nächsten Monate nichts anderes, als ziellos durchs Land zu wandern. Obwohl er jeglichen Kontakt mit Menschen vermied, drängte der Geist ihn immer noch, jemanden zu suchen, dem er sein Wissen weitergeben könnte.

Da er die geistige Qual nicht mehr ertragen konnte, setzte Großvater sich bei seiner Wanderung wieder ein Ziel. Er zog durch die Gegend und suchte Kinder, die er unterweisen könnte. Kaum hatte er einen Schüler gefunden, verbot man ihm auch schon, mit Großvater überhaupt zu sprechen. Nach monatelangem Scheitern fühlte sich Großvater, als hätte er die Pest. Niemand war bereit, länger bei ihm zu bleiben und von ihm zu lernen. In der Welt des Weißen Mannes schien es immer etwas zu geben, was die Schüler schließlich vertrieb. Täglich wuchs seine Enttäuschung, aber der Geist, der ihm befahl, jemandem – irgend jemandem – sein Wissen zu vermitteln, gab ihn nicht frei. Endlich, als er die Qual nicht mehr aushalten konnte, beschloß er, zu seinem Volk zurückzukehren und dort seine letzten Jahre zu verbringen. Seine Vision war für ihn gestorben. Schließlich hinderte ihn auch sein Alter daran weiterzumachen.

Auf dieser langen Reise zurück zu seinem Volk geriet Großvater sogar in Versuchung, seinem Leben ein Ende zu setzen. Er konnte sich nicht damit abfinden, daß er sein ganzes Leben für die Bewahrung des alten Wissens eingesetzt hatte – und nun erkennen mußte, daß sein Lebenswerk umsonst war. Zwar hätte er sich kein anderes Leben gewünscht, aber er fühlte sich der Aufgabe eines Lehrers unwürdig, da er so elend scheitern mußte. Also wollte er zu seinem Volk zurückkehren und seine letzten Jahre im Kreis seiner Freunde und seiner Familie verbringen. Er wußte nicht, was er noch tun, nicht, was er noch lernen sollte. Die innere Stimme, die ihn trieb, war zum ersterbenden Flüstern geworden, und jetzt schien auch die Geisterwelt ihn verlassen zu haben. Wenn er nicht für seine Vision lebte, konnte er auch der Welt der Geister nichts mehr nützen.

Endlich kam er zu seinem Volk und bat, vor der Ratsversammlung sprechen zu dürfen, bevor er sich am Rande der Ansiedlung niederließe. Eines Abends, fast einen Monat nachdem er sein Lager aufgeschlagen hatte, riefen die Ältesten ihn vor den Rat. Großvater berichtete von seinem Scheitern, daß seine Vision nicht mehr lebendig sei, und daß er sich unwürdig fühle, im Dorf bei den anderen zu leben. Seltsam kam es ihm vor, solche Worte in der Versammlung zu sprechen, er, einer der ältesten unter den Anwesenden. Einundachtzig Winter hatte er schon gesehen, und nur zwei Stammesbrüder waren älter als er. Nachdem Großvater von seinen Reisen und seinen vielen Fehlschlägen berichtet hatte, sagte einer der Ältesten zu ihm, seine Vision sei noch nicht am Ende. Und er empfahl Großvater, noch einmal auf Visionssuche zu gehen, um seinen Weg zu erkennen. Er erinnerte ihn daran, daß die Vision so lange kein Ende fände, bis der Suchende seine letzte Wanderung zum Schöpfer angetreten habe.

Großvater konnte gegen den Ratschlag des Ältesten nichts einwenden, aber er ging trotzdem nicht auf Visionssuche. Vielmehr lebte er bei den andern im Dorf und versuchte, Frieden zu finden mit sich, Frieden für seine letzten Tage. Fast ein Jahr lang tat Großvater nichts anderes, als einfach dahinzuleben.

Jeden Tag quälten ihn die Worte des Ältesten, aber er war nicht bereit, noch einmal die Vision zu suchen. Endlich kam der Tag, da einer der letzten Stammesältesten starb, und bald folgte ihm auch der Älteste, der Großvater den Rat gegeben hatte, seiner Vision zu folgen. Noch auf dem Sterbebett flehte er Großvater an, auf Visionssuche zu gehen – es war seine letzte Bitte, es waren die letzten Worte, die er sprach. Solch ein Drängen hatte in seiner Stimme gelegen, daß Großvater nichts anderes übrigblieb, als am nächsten Tag seine Visionssuche zu beginnen, wenn auch aus keinem anderen Grund, als dem Geist des Alten die letzte Ehre zu erweisen.

Vor dem ersten Tageslicht wanderte Großvater hinaus in die Wildnis, an seinen Platz der Visionssuche. Er wollte den Geist des Alten ehren, aber er vergaß auch nicht, daß er nun als Ältester an der Spitze des Stammes stand. Er würde die Leute führen müssen. Immerhin war der nächste in der Rangfolge zehn Jahre jünger als er. Und er begann sich darauf einzustellen, daß sein Volk jetzt auf sein Wissen angewiesen war. Vielleicht war es ihm bestimmt, sein Volk zu führen, statt zu lehren. Diese und manche andere Fragen begleiteten Großvater an diesem Tag auf seine Visionssuche. Als er sich seinem heiligen Platz näherte, überkam ihn ein sonderbares Gefühl. Kaum hatte er sich niedergesetzt, kehrte der Kriegergeist seiner Jugendjahre zu ihm zurück. Gebieterisch deutete der Geist nach Osten, wo ein junger weißer Koyote sein Lied anstimmte und mit der Pfote nach alten Steinen im Flußbett scharrte. Da wußte Großvater zweifelsfrei, daß er nach Osten ziehen müsse, um den weißen Koyoten zu finden.

Zufall oder Bestimmung – jedenfalls war ich damals an jenem Flußbett, als ich Großvater zum erstenmal sah. Der Koyote sang, und Tränen stiegen in Großvaters Augen. Heute ist seine Vision wieder lebendig geworden, sogar über meine kühnsten Träume hinaus. Obwohl ich mich unwürdig fühle und oft meiner Schwäche unterliege, glüht in meinem Innern noch immer das Feuer des Wissens. Ich bin von derselben Leidenschaft getrieben, die Großvater als Lehrer beseelte. Und ich blicke mit derselben Hoffnung in die Zukunft, die er vor so vielen Jahren in meiner Seele entzündete. Das Feuer brennt immer noch, und viele tragen die Flamme weiter. Großvater hatte recht: Eines Tages werden die Menschen wieder das alte Wissen suchen, die alte Wahrheit.

Die Geschichten, die ich hier wiedergebe, sind für mich von unschätzbarem Wert. Großvater hat sie nicht erzählt, um bloß zu belehren; sie sollen auch anspornen, den Weg zu gehen, den er vorangeschritten ist. Die meisten Menschen geben sich damit zufrieden, die Lehre kennenzulernen, doch das genügt nicht. Mein Ziel ist es, dem Leser ein Bild von der wahren Welt zu vermitteln, in der wir leben, einer Welt, die weitgehend in Vergessenheit geraten ist. Das Buch soll weiterhin zeigen, daß uns die Wahrheit nicht in den Schoß fällt, daß wir sie suchen müssen – und daß diese Suche sehr mühevoll sein kann. Auch Großvater blieb nichts erspart. Er mußte viele äußere und innere Schwierigkeiten überwinden, bis er zur Wahrheit fand. Dem Leser wünsche ich, daß auch er diesen Weg beschreitet, und daß er das Ziel erreicht! Ich bin ein «Koyote-Lehrer».

Über den Autor

Tom Brown begegnete seinem Lehrer Stalking Wolf, einem Schamanen vom Stamm der Apachen, bereits mit acht Jahren. Seine ersten Erfahrungen beschrieb er in seinem Bestseller «The Tracker» (Der Fährtensucher) sowie den Folgebänden «The Search» und «The Vision». Dazu verfaßte er noch eine Reihe von praktischen Naturführern und Büchern zum Thema des Überlebens in der Wildnis. Seine weltbekannte Überlebensschule vermittelte Tausenden von Teilnehmern eine neue Sicht der Natur und unseres ganzen Planeten.

Auf der Höhe seines Ruhmes zog er sich für ein Jahr in die Wildnis zurück und vertraute – nur ein Messer mit sich tragend – den erworbenen Fähigkeiten, die er in seiner Überlebensschule und in seinen Büchern lehrt.

Das vorliegende Buch ist das letzte einer Trilogie über die geistige Suche.

Wenn Sie mit Tom Brown in Kontakt treten oder an einem seiner Kurse teilnehmen möchten, hier seine Anschrift:

Tom Brown, Tracker Inc., P. O. Box 173
Asbury, N.J. 08802-0173, USA

Der spannende Bericht einer Ausbildung zum spirituellen Krieger unserer Zeit

Tom Brown
DAS VERMÄCHTNIS DER WILDNIS
Visionen und Prophezeiungen zur Rettung unserer gefährdeten Welt

268 Seiten, broschiert
ISBN 3-7157-0159-5

Schon als Junge von acht Jahren begegnete Tom Brown seinem geistigen Lehrer Stalking Wolf, einem alten Schamanen vom Stamm der Apache, den er mit liebevollem Respekt «Großvater» nennt. Mit den offenen Augen und dem empfänglichen Geist eines Kindes läßt er sich einführen in die ahnungsvolle Welt der Visionen. Er wird eins mit der reinen Welt der Wildnis, in der die Natur ihn lehrt, durch ein Leben in beispielhafter Verantwortung für die Schöpfung seine eigene Zukunft und die der gesamten Menschheit zu bestimmen.

Tom Brown durchläuft eine harte und abenteuerliche Ausbildung zum spirituellen Krieger unserer Zeit – zur Rettung einer gefährdeten Welt. Denn die Erde ist in großer Gefahr und mit ihr alles Leben, wie wir es kennen. Vier große Prophezeiungen sind es, die der alte Weise seinem jungen Schüler mit auf den Weg gibt als Warnung und Unterweisung für alle, geschildert in der einfachen und würdevollen Sprache der Indianer. In diesen erschütternden Prophezeiungen, bereits vor Jahrzehnten ausgesprochen, erkennt jeder, der Augen hat, die großen Gefahren unserer modernen Zivilisation.

Gewaltig ist die Autorität, mit der ein alter Schamane diese Warnungen ausspricht. Und groß ist auch der Mut und die Kraft eines Jungen, der auf seine eigene Visionssuche geht und während langer Wanderungen in der Wildnis nicht nur lernt zu überleben, sondern auch seinen Urängsten begegnet und schließlich in einer überwältigenden Schau seine Bestimmung erfährt: einen ganz konkreten Weg zu zeigen, wie jeder bewußte Mensch die Zerstörung der Erde aufhalten kann.

Sein spannender und ergreifender Bericht wird viele Menschen dazu bewegen, vom Zug der Verderbnis abzuspringen!

Einweihung in das Wissen und Weltverständnis der Indianer: Die Lehrjahre eines spirituellen Kriegers

Tom Brown
DAS WISSEN DER WILDNIS
Botschaften der Hoffnung und Harmonie für eine lebenswerte Zukunft

308 Seiten, broschiert
ISBN 3-7157-0170-6

Ausgreifend über die abenteuerlichen Erlebnisse und Visionen, die in *Das Vermächtnis der Wildnis* geschildert worden sind, begegnen wir in seinem neuen Buch einem älteren Tom Brown, der, herangereift auf seinem Weg, zurückblickt auf seine Lehrzeit bei «Großvater», dem alten Schamanen.

Tom Brown hat eine Lebensgeschichte, die man sonst nur aus Romanen kennt. Sieben Jahre war er alt, als er dem Mann begegnete, der sein Leben prägte: Stalking Wolf. Der alte Indianer erfüllte dem Jungen einen Traum, den wohl alle Kinder haben: Er nahm ihn mit in die Wildnis und zeigte ihm zehn Jahre alles, was er wußte.

Für den jungen Tom Brown begann eine Lehrzeit der ganz anderen Art: «Lernen durch Tun»! Die Wildnis wurde seine Welt. Jede freie Minute verbrachte er in den Wäldern der Pine Barrens, dem Paradies vor der Haustür. Das Leben in der Natur wurde für ihn nicht mehr zum Gegenstand des Kampfes, sondern zu einem Akt der Hingabe. Er wurde unterwiesen in den Fähigkeiten des Fährtensuchens und Spurenlesens, aber auch im Wissen und Weltverständnis der Indianer: vom harmonischen Eingebundensein des Menschens in die Natur und in den Geist der Schöpfung.

Tom Browns Leben in der Wildnis wurde zu einer langen Reise zum Ich, eine Reise durch Ängste, eingebildete und echte Gefahren, durch Mangel und Überfluß. Anschaulich erläutert er, wie er lernte, Brücken zu schlagen zwischen den beiden Welten, die in Großvaters Denken und Handeln so eine wichtige Rolle spielten.

Alles kommt zum Leser in einer Lauterkeit, Lebendigkeit und Erlebnisfrische. Dies macht das Buch zum geistigen Kernstück des Lehrens und Wirkens von Tom Brown.